日本近世の自立と連帯

百姓的世界の展開と頼み証文

白川部達夫――［著］

東京大学出版会

Independence and Solidarity among People in the Tokugawa Era

Tatsuo SHIRAKAWABE

University of Tokyo Press, 2010
ISBN 978-4-13-026223-1

目次

序章　日本近世の自立と連帯
――頼み証文研究の視座

人はいかにして結びあっているのか。その結合は歴史のなかで、どのようにして支配と従属（依存）から自立と連帯、そして共生を生み出しえたのか。グローバル化のなかで人びとの生が寸断され、脅かされている現代社会において、強い個人主義が唱えられるいっぽうで、共同体への回帰願望が歯止めなくかき立てられている。そのいずれにも与しないで、もとめられている共生への課題にどのように応えられるかを考えることが本書の基調となっているテーマである。

本書では、この点を近世百姓が生み出し、発展させた文書様式である頼み証文に即して考察した。頼み証文は、頼みを証文として書き表した文書であり、そこには日本における社会的結合とこれをめぐる社会的意識の変容が表されていた。近世百姓の自立と連帯をかけた営みが、頼み証文の成立と発展をささえていたのである。

本書収録の各論文は、さまざまな状況に応じて個別に書いたものであり、全体に必ずしも統一がとれたものではない。直接の先行研究がないため手探りの状態から研究の進展に応じて視野が開けてきたという側面もあり、いまではとらえ方の浅さや表現の不備を感じる点もある。また論文を発表した後に、優れた研究成果があらわれている分野もある。そこで各論文でとらえきれなかった点や現在の研究史の進展状況、本書が前提にしている問題意識などについて論点をできるだけ広げることで、頼みと頼み証文をめぐる問題の位置を明らかにするように試みたい。

義理と頼み

頼み意識のもつ日本的性格について、直接ではないにしても、これにふれているものは意外に多い。とくに義理と頼みの関係はその一つの手がかりとなる。源了圓『義理と人情』（中央公論社、一九六九年）は義理の一般化について、義理には①好意に対する返しとしての義理、②信頼に対する呼応の義理、③体面をたもつ名誉としての義理の三つがあり、信頼に対する呼応の義理が成立して義理と称されるようになり、つづいて事実としておこなわれていた①が義理という言葉で把握され、ついで③が生まれて義理の大系が成立したと主張している。

ところでその事例をみると頼まれたことに応えるという表現が一般的で、信頼に対する呼応の義理が頼み意識と表裏の関係にあったことがわかる。むしろ義理意識が定着する以前には、それは頼みという表現でとらえられていたといってもよいのである。また①についても音信・贈答の代表として、タノミの節句（八朔）が早くから注目されている。ここでは頼みを義理に先行する、あるいはその基礎となる社会意識ととらえることで、その広がりを考えようとしている。

義理については、すでに豊富な研究史の蓄積があり、これを参照することで、多くの頼み意識の資料を収集することができた。しかし頼みから義理への言語表現の転換について注目するものは、源了圓の指摘以上にはなかったように思う。この転換は一七世紀末に生じて、それまで頼みという表現で把握されていた諸関係が義理という表現でとらえられるようになった。近松門左衛門など都市社会の文芸・芸能の隆盛のなかで義理の規範的側面が鼓吹され普及していった結果（原道生「虚構としての『義理』」相良亨他編『講座日本思想』三、東京大学出版会、一九八三年）、それまで頼みが帯びていた社会的結合を律する規範的性格が低下していったのである。

それではそれ以前の頼みのもつ規範的性格とはどのようなもので、それが義理という言語表現に置き換えられていった意味はどこにあったかということが問題として浮上してくる。頼みの意味変容は、頼み証文成立の前提でもあるのである。こうして頼みから義理へという筋道を考えてみたとき、基層言語としての頼みがどのような意味変容をとげて社会の表層にあらわれ、ふたたび基層へともどっていったか、その長期波動を観察する視点が開けてくるのである。

語彙の意味変容

そこでつぎに日本語学の側面の検討についてふれておく。この分野は、本書に収録した論文以後に、優れた研究が多く発表されており、古代以来の頼みの意味変容について見通しをえられるようになっている。

頼みの言語的な意味について、すでに近世の国学者近藤芳樹『たのむの雁』（天保三年刊）は、頼むは、タ・ノムであり、タは「発語」（接頭語）で意味はなく、ノムは神前に額をついてうやまうという意味があり、そこから祈る、信じまかせるという意味となったとしている。日本語のタミル語源説を唱えた大野晋『日本語の形成』（岩波書店、二〇〇〇年）でも、同意の対応するタミル語（ナム）があり、熱望する、信じるといった意味があることを指摘している。

頼むの古代から平安期にかけての語彙的検討については、大塚英子「小野小町における『花の色』と『たのみ』」（『駒澤國文』三九号、二〇〇二年）が豊富に用例を紹介している。大塚の本論についてははぶくが、『万葉集』では万葉仮名で「多能美」などと書き、男女間に重い意味をもって使われ、「大船の思ひたのみ」などという掛詞がおこなわれていた。史書では「朕頼神祇之佑、蒙宗廟之霊、久有神器」（『続日本紀』神亀四年聖武天皇の立太子詔）などと書かれ、「タノミ、ヨル（霊が憑依）、コウブル」などの訓がおこなわれ、皇祖・神・仏・霊の助けとのかかわりで使用されたといわれる。また中世で一般に使われた「憑」の文字は古代では仏教の攘災招福の表明に使われたとされる。いっぽう平安文学を中心に検討した滝澤貞夫「平安時代散文作品における『頼む』『頼もし』」（『中古文学』

七〇号、二〇〇二年）は頼みにかかわる表現は女性から親・兄弟・親族などの男性に向けられて使われることが一般で、生活を庇護してくれるものの意味が多く、ミウチ的関係についていわれたとする。ここから父親については「頼む人」などの表現があるが、妻問いの夫にたいしては使われなかったという。

平安期まで頼みには主従制的性格を強調する側面がなかった。しかし平安末から鎌倉期の武家主従制の発展のなかで、頼みは主従制を媒介する重要な文言として性格をあらわす。鎌倉期の成立とされる『保元物語』には、乱後、降人となった源為義の殺害を源義朝に命じられた鎌田正清にたいして、波多野義通が、源頼義が鎌倉に居を定めたとき「東八か国の侍、八幡殿（源義家――筆者）を主とたのまぬ者やはありし」――その譲りで為義を主とし、その子義朝に仕えているのに、念仏もさせないで殺害するのは忍びないと訴えている場面がある。平安後期の説話集『今昔物語』や戦記物『将門記』『陸奥話記』にはみえない頼みの主従制的側面が色濃く表明されているといえるであろう。その転換の詳細は、まだ明らかにできないが、鎌倉期以降、頼む人といえば主従制の主人を示すことが普通になっていったことは、室町時代の狂言によく示されている。

歴史学の立場からは、笠松宏至『徳政令』（岩波書店、一九八三年）が検討した『御成敗式目』一九条があげられる。ここでは「人を憑むの輩」が主人から知行をあたえられたのに、その死後子孫にそむく場合、知行をとりあげることを定めている。室町時代の注釈書『清原宣賢式目抄』（池内義資編『中世法制史料集』別巻、岩波書店、一九七八年所収）はこの部分について「牢人トシテ人ヲ憑ハ主従ノ礼ヲナセ」と説明している。また興味深いのは「侍ハ衰タル時ハ、盛ナル者ヲ憑ムホトニ、憑タ者ト云、公家ニハ不可云事也」と述べている点である。ここで「憑タ者」という表現は武家にはあるが、公家にはないことだとしている。主従制的秩序は、頼みにより依存を深める人びとを家人化してゆく傾向があるが、官僚制的秩序をもとにした公家社会では、これにたいする強い抵抗があり、摂関家などが公家を配下とした場合も家礼の関係にとどまった（家礼については、平山敏治郎『日本中世家族の研究』法政大学出版局、一九八〇年）。また家礼となった公家も、その自立した公家としての体面の維持に腐心した（松澤克行「近世の家礼について」『日本史研究』三八七号、一九九四年）。このことは鎌倉中期に武家社会に広まり主従儀礼となったタノミの節句（八朔）についてもいえることで、タノミの節句を記録した公家の日記は盛んに公家の習慣ではなく、鎌倉からつたわった武家の習俗だと否定的に記している（和歌森太郎「八朔考」同『日本民俗論』千代田書房、一九四七年）。

鎌倉期の主従制的頼みの関係は『太平記』に示されるように、南北朝期には惣領制の解体のために深刻な動揺に見舞われ、近世に向けて再編されていった。こうしたなかで日本語学的観点からも変容があったといわれる。森山由紀子「依頼を表す動詞の用法史試論」（同志社女子大学『学術研究年報』四二巻Ⅳ、一九九一年）はこれについて、「頼む」と「願う」の意味の変化を指摘している。頼むは人を信頼して頼りにするという意味から、人にゆだねるという意味をへて、人に事を依頼する意味をもつようになった。また中世では目上にたいして丁寧な依頼をおこなうときに用いられたが、近世になって人を頼りにするという意味が失われると、上向きの機能も衰退したという。いっぽう、願うは本来神仏などに自分ののぞみを念ずる言葉であったが、近世になって広く人間相手に用いられるようになり、依頼の意味をもつようになる。さらに上向きの待遇的配慮が必要なときは願うが用いられ、それ以外は頼みが用いられるようになったという。頼みは人にゆだねることから、身を託す意味をもち、主従制的関係へと広がるものの、それが近世にかけて次第に緩やかになってゆき、変わって願いが上向きに用いられるようになったと理解できる。中世から近世の間で、「憑み」から「頼み」へ漢字の使用が変化したことも、ほぼこれに照応している。この点について金龍静『蓮如』（吉川弘文館、一九九七年）は、蓮如が「弥陀ヲタノム」などと片仮名か「憑む」を使用し、「頼み」を使用しなかったことを指摘している。「憑み」が「私のすべてを託しきる」ような含意があったのに、当時広まった「頼み」はそうした性格が弱く、「自立的個人間の双務関係下での契約・交換的」意味合いが強くなっていた。そこで蓮如は「憑み」と書かない場合は、あえて片仮名を使用し、契約的な語感があった「頼み」を避けたのだという。

近世の領主への願書と村や地域での頼み証文成立とを考える言語学的な手がかりがここにあるといえる。まさに頼み証文は、人と人との関係がイエの自立としてあらわれたことを前提に出現したのであった。頼みから義理への置き換えはこうした潮流を締めくくるものであった。頼みのもつ人格的依存の規範性が衰退していった結果、これに替わる新しい倫理性を帯びた表現がもとめられ、義理の民衆社会での受容が進んだのである。義理は内的規範として成立したものが、ただちに外的規範となり、人びとを拘束して義理と人情の葛藤を生み出したとされる（たとえば源了圓・前掲書）。しかしこれでは人びとが義理を受容した契機が、上からの教化の結果としてしか説明されない。むしろ人びとの関係が自立化し、対自的なものに変化していったため、もとめられている新しい規範は初めから対象化した世界を律するものでなければならなかったのであり、外的規範の性格をもたざるをえなかった。外的規範であったからこそ、民衆社会に積極的に受容されたと考えるのである。そう考えることで、公儀が義理を媒介とすることで民衆社会に自らの正当性を浸透させることや、義理が近代を通じた規範であったことの意味が明らかになるというのが本書の理解である。

人格的依存と社会的権力

頼み意識について、人格的依存意識の側面から注目しているのは、土居健郎『「甘え」の構造』（弘文堂、一九七一年）である。土居は中根千枝『タテ社会の人間関係』（講談社、一九六七年）にふれながら、日本的社会構造の特徴をタテ関係重視とみると、日本人の甘えに対する偏愛的な感受性にその原因があるともいえるとして、その意識を決定している言葉の検討をおこない、「たのむ」を事例としてとりあげている。また土居によって注目されたイギリスの日本学の研究者R・P・ドーアの指摘も興味深い。戦後改革期の日本社会を調査したドーアは、生活保護制度の適用が客観的基準でおこなうオフィシャルなものではなく、有力者に「頼むこと」によっており、選挙の際に聞き入れてくれた恩人の申し出を受け入れて投票することで返礼される事実をあげて、日本の行政と政治の前近代的関係を指摘している。このなかでドーアは、「頼む」という言葉は英語の「願う」（ask）と「たよる」（rely on）の中間ぐらいの意味で、「まず自分自身を他人の手にゆだねることを意味している。そしてその人の決定は、法律的にきめられた機構の行使としてではなく、パースナルに好意をあたえるか、差控えるかといったものであると考え、したがって、好意的な決定はパースナルな感謝の心を必然的にともない、ひいてはある種の負い目を認めることになる」と頼みのもつ人格的依存と従属の性格を分析している（R・P・ドーア著・青井和夫他訳『都市の日本人』岩波書店、一九六二年）。

頼みの人格的依存と従属の性格は、いまでは薄れてしまっていて、ドーアの指摘の重さが感じられないかもしれないが、数十年前にはそれは日本社会の体質にかかわる深刻な問題であったのである。こうした頼み意識のもつ人格的依存の性格を社会化してとらえる場合、参考となるのはM・モースの贈与論的アプローチである（M・モース『社会学と人類学』I、有地亨他訳、弘文堂、一九七三年）。義理の研究では、早くからその互酬的性格が注目されており、それは同時に頼み意識の性格にもなっているといえる（桜井庄太郎『恩と義理』アサヒ社、一九六一年はM・モースの贈与論に着目している）。またピーター・M・ブラウ『交換と権力』（間場寿一他訳、新曜社、一九七四年）の相互作用論の指摘も同様に注目すべきであろう。ブラウは、M・モースらの贈与論的立場から、好意にたいする返しという社会的交換が相互の結合を強化し、権力に帰結することを論じている。両者の視点から、人のできないことを依頼されてはたすものは、その人の上に立つという、頼みと社会的権力の相互関係をとらえることが可能であろう。頼みは互酬性をふくんだ日本における社会的権力の生成の内的要因であった。

本書は、頼みの社会的結合から社会的権力への転換を視野において、さらにその変化が公儀権力へ展開したり、頼み証文を生み出すことに注目している。人びとは頼みにより社会的権力を生み出すだけでなく、社会的権力関係を制約し、委任関係へ変容させる力も発揮した。それは近世の公儀権力や百姓的世界の展開に結実する大きなものであった。とはいっても、それは依存と従属の関係からまったく自由な自立と連帯の世界として展開したわけではない。近世では、なお委任の人格的性格は強く、委任されたものが権威化する動きは絶えずあらわれた。また近代に向けても、それは契約文書による従属という不可避の側面をともなって進行した。依存と従属、自立と連帯（共生）はつねに緊張関係をはらんで展開する二重らせんのような構造をもっていたのである。

公共性と個

本書は頼みを媒介に社会的結合から戦国期の公儀や近世の地域社会の公共的秩序形成を考えようとしている。頼みは縁の論理であるので、網野善彦『無縁・公界・楽』（平凡社、一九七八年）や勝俣鎮夫『戦国法成立史論』（東京大学出版会、一九七九年）、東島誠『公共圏の歴史的創造』（東京大学出版会、二〇〇〇年）の展開した無縁を基礎とした公共形成とは対極をなす立場からのアプローチとなっている。無縁論の仕事には大きな刺激を受けてきたが、本書では縁と無縁を対立概念ととらえないで、盾の両面のような対（つい）概念ととらえる方向で問題を把握しようとしている。東島誠は「不在」の公共圏を歴史的に創造する仮説的作業として鋭い問題提起をおこなって、日本におけるそれを「江湖」にみようとしている。東島の主張の特徴は、徹底した個のなにものにもとらわれない自由な交流・交通の場として、公共圏を創造することにあるといえる。

これにたいし本書で論じられるものは、主従制的性格を含み込んだ頼みから、頼み頼まれる関係として上下秩序が連帯へ変容させられたり、頼みによる私的利害のつらなりとしての権力が、その克服のために公儀権力として、無縁の場としての一揆の法を取り込んで、公的性格を帯びるという変化の過程である。ここでは人びとは頼みを操作しながら関係を生きる。その関係性は歴史的に蓄積されてきたものであって、制約的なものである。したがってつねに共同体的な社会的結合から自由であることはできない。とはいってもここにもまた公共圏を目指す動きはある。公儀権力の生成もそうであるが、頼みから頼み証文の形成へ、そして地域型頼み証文への展開の背後にはやはり、自立的に向き合う個の関係を読み取ることは可能であろう。網野善彦のいう無縁の論理の、失うべきものは何もないといったものではないにしても、それなりに自立的な個の関係性が問われているのである。

また、それが仮説的作業を通じてしか創造されえないものであったことは、頼み証文が発見されたことひとつとってもいえることである。頼み証文という呼称そのものが、研究の初発においては、実在ではなく創造された言説であった。頼み証文の意義を最初にとりあげた藪田貫は、頼み証文の呼称のある文書にもとづいて、頼み証文を論じたのではなく、「頼一札」などの文書の総称として、頼み証文という命名をおこなったのである。その呼称の実在は本書が証明したところであるが（七章参照）、頼み証文という概念を創造することで括られる証文の出発点は一七世紀前半にさかのぼる。ところが一七世紀前半には人びとは、自ら作成した証文を頼み証文という言葉では理解していなかった。後世、頼み証文という呼称で括られることを知らず、ただ必要に応じて作成した証文が、頼み証文の様式と一致するということなのである。その限りでは、一七世紀前半には頼み証文は不在であるともいえるが、現在において頼み証文を集成し、その様式概念を整序し、これをさかのぼらせる仮説的作業をおこなうことで、頼み証文の一七世紀前半における実在を証明することが可能となる。大事なのは、どの条件・レベルで不在なのか、実在なのかを問うことであろう。その意味では無縁だけでなく、縁もまた不在と実在の間をゆれうごいているのであり、創造されなければならないものなのである。国訴に代議制をみようとして藪田貫は頼み証文を発見した。著者は、これを近世百姓の社会的結合の表象ととらえた。その観点から初めて、頼みが証文となる歴史過程とその意味を追究する視点が開かれたのである。

地域社会論と本書の問題関心

頼み証文について最初に問題提起をおこなったのは、藪田貫「国訴の構造」（『日本史研究』二七六号、一九八五年、後に『国訴と百姓一揆の研究』校倉書房、一九九二年所収）であった。藪田は近世後期に畿内先進地域でのブルジョワ的民衆運動とされる国訴を再検討して、錯綜した支配領域をこえて地域性原理にもとづいて結集し、その地域惣代を頼み証文により委任したという政治社会的運動形態に国訴の近代へ向けての新しい側面を認めようとした。地域単位で頼み証文により惣代を委任する点に近代代議制の前提を読み取り、国訴のブルジョワ的民主主義運動の意義を提起したのであった。藪田はその後、非合法の直接行動とされる百姓一揆のなかにも頼み証文をともなう代議制的形態があることを明らかにして、近代の議会制につらなる民衆運動の達成を追究しようとした。またこの視点からさらに地域の結集や運営などにおける民衆的蓄積を明らかにする地域社会論へと進んでいった。地域社会論については、吉田伸之「社会的権力論ノート」（久留島浩・吉田伸之編『近世の社会的権力』山川出版社、一九九六年）の批判などがあり、議論がおこなわれている。

本書の立場はこれらとは別に、社会的結合論として展開されている。両者が地域社会を構造的に把握することに関心が強いのにたいして、本書はその社会的結合の質や社会意識の変化に強い関心をもっている。もっとも関心のちがいはあっても、相互に補いあう面が多いと考えている。前著『日本近世の村と百姓的世界』（校倉書房、一九九四年）で示した「近世百姓の所有と自由、そして社会的結合」を問うことで、百姓的世界の意識構造に迫ることが筆者の問題関心であり、その関心にしたがって頼みと頼み証文の展開を分析しているのである。

証文の形成過程

以上の問題関心で、頼み証文を集成し古文書学的手法により分析を試みることから始めた研究の成果が本書である。そこで頼み証文集成と分析の成果について簡単に要約することにする。

頼み証文は、頼みを証文にあらわしたもので、頼みが言説としてではなく、証文として記録し、対象化されたところに意義がある。頼みは、中世では人格をかけて身や事柄を託す意味合いをもっていたから、人と人との即自的結合を媒介した。したがって証文などを取り交わすということはなかった。ところが一七世紀頃から村落ではこれが証文としてあらわされ、やがて頼一札・頼証文・頼状・頼書・頼談書などと称されるようになる。頼み証文はこれらを総称したものである。したがって頼み証文は、人びとの社会的結合がそれぞれの自立を前提に、対自的に結ばれる段階になって生まれていったということができる。

頼み証文は、こうした状況の下に自然発生的に作成された証文が、やがて形を整えて、証文の名称が生まれ、文書認識が確立するという過程をとって展開した。その過程は、事実上の頼み証文の成立と文書様式と認識の確立、普及の三段階があり、第一段階は一七世紀で小百姓の台頭にともなう社会結合の変化を背景に村内文書として作成されることが一般的であった。第二段階は、一八世紀前半から中葉にかけてで、小百姓的編成が地域社会を変容させてゆく過程で村むらの間で作成されるようになり呼称が定まっていった。第一段階と第二段階の過程は主として甲信越・関東地域で継起的に確認することが可能で、他の地方では一般的にはむずかしい。ことに上方地域では、頼み証文が基礎過程から発展していった状況は確認できない。上方地域では、戦国期から惣村的結合が強く、訴訟などに出ることも鬮取りや順番でおこない、全員で担うという形式がとられることが多かった。文書もその条件を定める形式の伝統が強く、惣代を頼む関係が強くなかったのである。

いっぽう東国では、小百姓の展開で一七世紀を通じて、家父長制的縦型の結合の緩やかな解体が進み、村の結合もそれぞれのイエの自立を前提にしたものへと変化した。村役人など土豪的性格をもっていた百姓を小百姓的秩序のなかにとらえてゆこうとする動きが強まる反面、有力百姓も村をとりまとめたり、訴訟などを担うだけの力を失っていった。そこで村方騒動や他村との出入が起きると、証文を作成して相互に頼みと負担を確認する必要が生じた。この過程で頼み証文が作成されるようになり、一八世紀には地域にも広がり、呼称も定まるようになったのであった。

こうした意味では、頼み証文は小百姓を中心とした百姓的世界の展開のなかで生まれたものであり、その共生のありかたや公共性をあらわすものであった。その展開の過程では、小百姓は有力百姓を頼むことで、彼らを村や地域の惣代として取り込んでいった。頼んだ場合、まかせなければならない側面（委任）があり、これが頼まれたものの優位や威信となって、権力化する可能性をつねにはらむことになった。しかしいっぽうで村のなかで百姓相続への要求にそむくものを私欲として批判・排除する動きが高まることで、その公的性格は維持され、共生がはたされる構造が形成されていった。こうした頼み証文の形成過程は、百姓的世界にのみ一般的に確認でき、町人にも武士にも認められないものであった。頼み証文は百姓的世界が生み出した固有の文書なのである。

第三段階は、一八世紀末から一九世紀前半で、各地に普及するとともに、藪田が指摘した国訴や地域の代表委任に加えて、専門性や報酬をともなう業務委任の文書として使用されるようになり、その利便性が知られるようになると、さまざまな場面に使用が広がってゆく。とくに一九世紀になるとそれまで村や村むらの間でしか作成されなかった頼み証文が、民衆の間で個人を担い手に作成されるようになる。そのなかで名目金の借用申し込みの頼み証文や遊女の請人に出された頼み証文、医療の頼み証文など一定地域で定式化されたものもあらわれた。地域型の頼み証文が、地域をめぐる公共的秩序の形成を背景にしているとすると、これらは私法的秩序のなかにあらわれた証文であった。民衆の間に文書による依頼の確認ということがあらわれたといえる。この局面では、文書作成の主体や場面は、村や村むらではなく、個人間となり、百姓という枠組みではとらえられない広がりを示した。

それは個人間の契約による新しい関係の始まりでもある。頼み証文に限らず、一九世紀には民衆世界にも次第に契約観念が浸透し始める。それは民衆の自立の基礎にもなるが、いっぽうでは文書による契約の強制、新しい従属を不可避的にともなうものでもあった。文書による契約の強制にたいする民衆の抵抗は広い意味では、世直しの民衆抗議の背景にあるものである（拙稿「世直しの社会意識」岩田浩太郎編『民衆運動史』二、青木書店、一九九九年）。頼み証文が村や村むらという枠組みをはなれて、個人的に作成されるようになる過程は、同時に百姓的世界の解体を映し出しているのである。身分制的世界としての百姓的世界の解体のなかで、公共的秩序と私法的秩序の展開は、国家と社会の分離と契約社会としての市民社会の形成を反映したものであった。そしてそれは人びとを富民（資本）と窮民（賃労働）へと区分してゆく階級社会としての性格をもっていた。そのような枠組みのなかで、一九世紀の頼み証文の広がりがあったのである。

比較の視点

比較史の観点からは、柴田三千雄『近代世界と民衆運動』（岩波書店、一九八三年）、二宮宏之編『結びあうかたち』（山川出版社、一九九五年）のソシアビリテ論や岸本美緒「明清時代の郷紳」（柴田三千雄他編『シリーズ・世界史への問い』七、岩波書店、一九九〇年、後に同『明清交替と江南社会』東京大学出版会、一九九九年所収）などから学んだ点が多かった。ことに岸本の科挙試験に受かったものへ財産や身を託して、その傘下に加わることで生活の安全をはかるという人びとの動きが郷紳を成長させる基礎にあるという指摘は、日本の近世とくらべて興味深いものがある。明清時代には地域秩序が動揺し、競争社会といえるような社会の流動化が出現したため、科挙官僚を軸とする有勢の集団の傘下に入ることが、身の安全をたもつ重要な条件となったとする。日本の近世では、安全の保障は領主支配と村によってなされており、そこに頼みによる社会的結合が機能した。この両者のちがいがどのような広がりと意味をもっていたのか、あるいは他の地域でどのような形をとっていたのか、学んでゆきたい点である。

また寺田浩明「明清法秩序における『約』の性格」（溝口雄三他編『アジアから考える』四、東京大学出版会、一九九四年）も同時代の中国の社会的結合の性格を指摘して示唆的である。寺田は皇帝が民を統治するために出す「国法」と民の「私法」、また人びとの水平的合約と有力者が下す宣示命令という両極の結合形態の内実を、首唱と唱和を通じて人びとを日々「約」してゆく意識構造がささえており、首唱は庶民にまで開かれているという開放的な社会関係について指摘している。それ故に、人びとは日常的に膨大な「約」を結び続けたということであろう。日本の頼み証文の背景にしている契約観念との共通性と異質性が問題となろう。

いっぽう、委任ということで言えば、ローマ法の委任は無償であるという観念も重要である。吾妻栄『債権各論』

（中巻三、岩波書店、一九六二年）や吉野悟『ローマ法とその社会』（近藤出版社、一九七六年）によれば、委任による弁護・医術・測量は法廷で報酬を要求できないとされた。弁護は貴族の道徳的義務であり、測量は神官団の固有の技術に出たものであったためといわれる。委任をはたすのが貴族の道徳的義務であるとすれば、その代償は名誉となるが、当然ながら賞賛にともなう支持が彼にあたえられ、貴族としての地位が保障されるという構造になっていたと考えられる。そう考えるとパトロン関係とのかかわりが気になるところであろう。頼みがもつ人格的依存の構造との比較が課題としてあがってくる。

『日本近世の自立と連帯』

最後に、本書の題名ともかかわってふれておかねばならないのは、入間田宣夫『百姓申状と起請文の世界』（東京大学出版会、一九八六年）である。「逃散の作法」など作法や心性論、「起請文の成立」などの文書論からは大きな刺激を受けた。著者が頼み証文を本格的にとりあげた日本史研究会の大会報告「近世の百姓結合と社会意識」（『日本史研究』三九二号、一九九五年、本書三章）の副題を「頼み証文の世界像」としたのは、入間田の仕事を意識して、中世の百姓申状や起請文などに匹敵する近世百姓の創出した文書として、頼み証文を提起したかったからである。中世から近世へ、そして近代へ、民衆の自立と連帯がどのように展開したか、本書が汲み取りたいと思ったのはこの点である。本書を『日本近世の自立と連帯』とした理由もまたそこにあるといえる。

本書の収録論文については、重複などをさけるため若干の調整をおこなった。また史料も、近世史料については、常用漢字に直したり変体仮名を平仮名に改めるなど表記の統一をおこなっている。

I　中近世移行期の頼みと義理・公儀

第一章　民衆の社会的結合と規範意識
――頼みと義理

はじめに

1　近世民衆の社会意識によせて

近世民衆の意識諸形態についての研究は、これまで民衆思想という枠組みでとらえられている[1]。それなのに、ここで民衆意識、あるいは社会意識として問題を立てようと考えたのは、人びとの社会的存在に直接かかわる部分から立ち上がってくる思惟形態を問題にしたいからである。人びとの日常生活の欲求から生じる意識と諸規範が、ここでの対象である。

日常生活は、個人の再生産にかかわるものとして個別的圏として把握されるが、その生活圏は孤立しているのではなく、相互に結びあい、浸透しあっており、それが重層して社会的圏をなしている。またその場は、任意に選択できるものではなく、それぞれの日常生活が始まった時点からすでに所与のものである。その所与のものであるということのなかに、人びとの日常生活が積み重ねてきた歴史的な行為の様式があり、これをめぐる意識がある。こうした部分で生じる意識は、明確に自覚的に感知されているものではないし、急速に変化するものでもない。しかし意識が、具体的な人びとの思惟をはなれて存在できない以上、それがたとえ即自的なものにすぎなくとも、人びとに了解されたり、反発されたりしているといえるし、また長い時間の間に、変化もしてきたのである。

このような社会意識を近世の民衆とのかかわりで問題にすることは、どんな意味をもつであろうか。それは全体としてみれば、主体と構造の関連の問い直しという方向をもつだろう。個々の人びとの主体的努力だけでは、容易には変わらず持続し、どちらかというと変化を阻止する方向で機能する、いわば構造化の要因をふくむ一方で、だからといって支配的意識のなかに包摂され切っているわけでもなく、抵抗のよりどころになるような、双方から独自の社会と意識の領域が存在する。そういう領域を媒介にしながら、主体と構造が関連している。このように考えることは、主体や構造を追究することを否定することではない。むしろ両者の生き生きとした関連を取り返すことにほかならないだろう。

こうした観点は、新しいものではない。しかしこの問題提起の重要さは、たんに新しい枠組みを提示することにあったのではなく、民衆意識それ自体の固有の価値を認め、豊かに把握する作業の積み重ねのなかから、抽出されたところにあったと理解するなら、その論理的帰結を移し替えるような仕方で、満足するわけにはゆかないだろう。やはり、それぞれの歴史具体的な民衆の社会意識のありかたを一つ一つ明らかにする地道な作業が必要であり、それは始まったばかりなのである。

2　頼みの位相

ここでは、近世の人と人のきずなとその意識を頼むということを手がかりに検討する。(2) 頼むことは、頼まれるものの優位とそれへの依存を生み出し、やがて上下の地位関係に帰着する。しかし、それだけが頼みのありようではない。人びとは頼みあうことを通じて、連帯していった。また頼みあう連帯から、上下の秩序が生まれることもあれば、上下の秩序が連帯に変容することもある。いっぽう、頼むということは、どちらかというと個別的で、私的な行為である。しかしそれにより、人びとがきずなを結びあっているとすると、やはりそこには公的性格があらわれる。かと思えば公が頼みにより、私的利害に解体されることもある。

さらに、こういうこともできるだろう。頼むのは下位のものだけに限らない。上位のものが下位のものを頼みとすることもある。その立場の上下・公私にかかわらず、人は頼むことも、頼まれることもある。頼みは人びとにより、そのときどきの状況のなかで、都合よく持ち出される。頼みを操作しながら人びとは関係を生きるのだ、と。こうした依存と連帯、公と私の間に、ゆれうごく人びとの関係が頼みの機能する場なのである。

近世に即していうなら、社会のもっとも基底に、頼みをめぐる人と人のきずながあり、そこを出発点に、公儀が形成されているということになる。公儀が、村から将軍権力までをつらぬく正統性原理として機能することができたのは、社会の基底にある人と人とのきずなをふまえていたからにほかならない。そして両者を媒介しているのが、頼みをめぐる諸関係であり、それはやがて義理という規範意識を展開させることになった。ここでは歴史的状況のなかで、人と人とのきずなを頼みということを通じて、流動する相のままに描いてみようと試みた。

一　中世の頼み関係と意識

1　頼み関係の成立と構図

「たのみ」という言葉は、すでに『万葉集』にもあらわれる古語の一つで、(3)現在に至るまで、広く使用されている。この「たのみ」あるいは「たのむ」という人と人との結びつきを示す言葉が、その状態を直接的に言い表すだけでなく、一つの規範や秩序としての性格を強く帯びて使用されるようになったのは、中世に入ってからのことであったらしい。『源氏物語』には、

頼み　頼みを掛ける　頼み顔　頼み交わす　頼み過ぐ　頼み少ない　頼み強し　頼み所　頼み無い　頼み慣う

頼みふくる　頼み渡る　頼む　たのめ　頼め契る　頼もしい　頼もしげ　頼もしさ　頼もし所　頼もし人

などの言葉があり、(4)頼みをめぐる主要な語句がすでにあらわれている。しかし、ここには頼みが規範とか秩序を律する言語として、使用されている様子は認めることができない。

これにたいし中世では、頼みが規範や秩序形成の意味合いを強く帯びて使用されるようになる。たのみの節句はそのよい例である。(5)たのみの節句は八月朔日に贈答しあう習慣で、贈られる人を憑む人、贈り物を憑物といい、贈られた人は相当の物を返しとしてあたえた。一二世紀頃から武家に始まった習慣で、室町幕府には、憑物奉行というこの行事を司る役職さえ成立した。たのみには、田実と書き、田の実りを言い表す言葉もあり、本来は、初穂を田の神に供えたり、贈答する田実の儀礼が、音が通じることから憑みとなったといわれる。古代的王朝都市の世界ではなく、農村からこの習慣があらわれたことは明らかで、その接触の過程で、田の実が憑みに変わったとすれば、(6)それは武家が百姓を支配に組み込み、その農耕儀礼を自らの主従の儀礼に取り込んでゆく過程だったとみることは、容易である。中世では「弓矢取身ノ習、人ニ被憑テ叶ハジト云事ヤ可有」(『太平記』)ということがいわれ、(7)頼まれたならば理非を問わずこれを庇護するのが武士の習いとされていたから、たのみの節句は主従のきずなを深める儀礼にふさわしいものだったのである。

たのみの節句が主従の儀礼となり、頼む人が主人としての性格を強めるのと同じように、このころより主人を「頼うだ人」という用法もあらわれた。狂言では、

こちの頼うだ人のように、物を急に仰せ付けらるるお方はござらぬ。さりながら、何時　物を仰せ付けらるるとあっても、ただいまのごとく、わっさり　わっさりと仰せ付けらるるによって、御奉公が致しよいことでござる。

(「粟田口」)

ある。

といった表現は、きまり文句であった。[8]「頼うだお方」(『粟田口』[9])、「頼うだ者」(『萩大名』[10])というのも同様の表現である。

また狂言では、主人の家を「頼うだ御宿」ともいった(『烏帽子折』[11])。「けらい」は古くは、家礼(けらい・かれい)と書き、公家で摂関家などに出入りして、儀礼・学芸を学び、その師弟の礼から随身の役割をはたす者であったが、家頼と書く用法も広くおこなわれ、家を頼むといった意味合いもふくまれたらしい。公家の記録では、しばしば家礼は、家僕ではないということが強調されるが、武家では家僕としての「けらい」は、早くから存在しており、家礼にたいし家人などと称された。さらに近世になると「けらい」は家来と書かれ、家臣の意味で一般的に使用されるようになった。このように「けらい」は、家の成長とともに、その家に包摂されるものとして、頼みの関係が制度的性格を帯びていった結果、意味が派生して変化していったとみられ、家の庇護と密接に関連していたのである。[12]

やや後になるが、永享の乱につづく結城合戦で、足利持氏の遺子に「憑レ」た結城氏朝は「二心ナク憑レ」て、迎えを出す一方、重臣を集めて評議した。その最中、遺子が入城したことをつたえられた重臣は、もはや事態が後戻りできないことを悟ったとともに、そうした重大事を知らされていなかったことに衝撃を受け、失望して城を退去した。[13] 城は、武家の家の象徴であり、そこに迎え入れることは庇護をあたえることを公然と示すことを意味した。『太平記』で、道を塞がれた護良親王は、敵方に通行を「打憑テ」みようと試みたところ、敵方の住人は「宮ヲバ我館へ入進ラセズシテ、側ナル御堂ニ置奉リ」、使者を遣わして、後の証に、名のあるもの一名か、御紋の旗を渡せば通行を認めるとつたえた。[14] ここでは敵方の住人は、自分の館へ護良親王を入れないことで、周到に味方からの非難を避ける配慮をしている。これも武家の弓矢の作法の一つだったのではないだろうか。

頼みは従者の立場からなされるだけでなく、主人側からも従者にたいしてなされた。主従関係はどういう形でも、互酬的で双務的なかかわりをふくんでいる。そのなかで中世前期に主人が主人たり得た重要な契機に、貴種性があったと考えられる。源頼朝は、挙兵にあたって、従者を一人ずつ呼び出して、ひとえに汝を「恃《たの》」むと頼んだ(15)。しかしほどなく鎌倉殿としての資質をあらわにする。石橋山の敗戦の後、安房へのがれ兵力を回復して、墨田川にいたったときに上総介広常が大軍を率いて参上した。頼朝はこれを遅参として、しばらく許容しなかったが、上総介広常はかえって「人主之体」にかなっているとして、心服した(16)。この後、二〇日ほどの間に、関東の武士は帰順して、頼朝は鎌倉に入った。

ことの事実はともかく、『吾妻鏡』は鎌倉入りの前に広常の挿話をおいて、頼朝が鎌倉の主にふさわしい威令を備えたことを示したのである。頼朝が危急のさいに大軍を率いてきたものを頼みにするどころか、遅参を責めたのは、その人主としての矜持によるものであり、それをささえているのが、三浦義明のいう「貴種」性であった。三浦義明は頼朝の挙兵を聞いて、源氏重代の家人として「貴種再興」のときがきたといって喜び、勇戦して死んだ(17)。こうした貴種性から導かれた武門の棟梁としての優れた資質を感じて、関東武士が本心から帰順したのである。

2　頼み関係の変容と民衆・一揆

いっぽう、中世後期になると、武家の家が動揺するなかで、頼みの関係も変容していった。『太平記』は、激動する世の中で、ゆれうごく武士の頼みのありかたを好んで描いている。権勢を誇った守護細川清氏が、将軍足利義詮に追われたとたん、二心なきものと「憑レケル」国人に裏切られたことを『太平記』は、朽ちた縄で六頭の馬をつなぐことができたとしても、「只、難憑、此比ノ武士ノ心也」と評した(18)。しかしそうなれば、なるほど、人は頼む人なしで、生きることはむずかしい。やはり細川清氏はこのとき、従兄弟氏春を京の将軍のもとに帰るように諭した。これに氏春は「讒人君ノ傍ニ有テ、憑影ナキ世ニ立紛レ候ハバ、何ツ迄身ヲカ保候ベキ」と同行することを訴えた(19)。

こうした戦乱の世になると、人びとは頼みあって、身の安全をはかろうとした。この時代には頼み・頼まれるということが、盛んにいわれるようになった。狂言の「烏帽子」では、長寿と果報にあやかりたいと、子供の烏帽子親となることを頼まれた寮主の比丘尼が、いったんは「時めく殿達を頼ましませ」と断りながら[20]、たっての願いで引き受けて、引出物に米銭をあたえる。そして祝いの舞を、

〽ヤラヤラ　珍しや珍しや。〽昔が今に至るまで、比丘尼の烏帽子子を取ることは、これぞはじめの祝言なる。〽さりながら　方丈、〽さりながら　方丈　寺も庵もおあしも米も　多く持ちたれば、しじゅうの檀那に　頼み頼まるる、ただいまの引出物。〽米五十石、〽おあし百貫、比丘貞（烏帽子子の名前、筆者注）に取らせ、

と歌って終わる[21]。寮主は「おあしも米も」多くもつ富貴さで、それゆえに周囲の檀那と頼み頼まれていた。その果報が、武家の「時めく殿達」を烏帽子親に頼むより、魅力的であったのである。この時代の民衆の有徳（富貴）へのあこがれを、のびやかに語った祝言がこの曲の特徴のように思われる。

このころ盛んになる頼母子も、民衆の頼みあう関係を示すものであった。「おあしも米も」多くもった寺庵が周囲の檀那と頼み頼まれていたのは、なにかしら頼母子などとの関係を思わせる。頼母子が、たのみの節句に由来するという説は、早くから説かれており、力のないものが他人に助力をもとめるという意味があったともいわれる[22]。しかし頼母子の語源がどうあれ、人びとが頼母子をかけるのは、その共済機能に期待するからであり、頼みあうという理解は、頼母子が成立すると同時に起きたことに相違ない。明応七年（一四九八）の紀伊粉河寺東村頼母子掟では、頼母子の料足を必ず納入することを定めた後、「たのもしの衆中はつれてハなにことも合力あるましく候ものなり」としている。ここでは合力しあうことが必要だから、頼母子を結んでいるという様子さえうかがえる[23]。

この時代には、村むらが与力の郷に合力を頼み合戦争論をおこなった。近江の小松惣荘では志賀・高島郡境の争論で、「各可奉憑御合力候」と志賀郡内の村むらに合力を頼んだ[24]。近江菅浦荘では、寛正二年（一四六一）の大浦との争論で、日頃合力しあっている村むらに頼んだところ、菅浦のものが盗人となったことが、ことの起こりだったので断

られ、国人を頼んで代官松平氏に降参した[25]。またその後、文明三年（一四七一）の覚書によれば、菅浦の僧侶が知音のあった代官松平氏に説いて「大浦庄を知行のたよりニたのミ憑まれ申さんといふ契約」をして年貢をまけさせたという[26]。

難解な部分があるが、このとき、菅浦荘は大浦荘と同じ、貴族日野氏の荘園で、代官松平氏は大浦に政所を設けて荘務にあたっており、その支配の力点は大浦にあった。そこで僧侶は大浦の支配を堅めることが、松平氏にとって重要なことを指摘し、そのためには、菅浦の年貢をまけて、その協力を確保することが必要だと説いたといわれる[27]。代官と惣の間さえ、頼み頼まれる関係が持ち込まれたのである。しかもこの覚書では、その契約の真のねらいは、大浦代官を菅浦に入れないための準備だったと記している。「時めく殿達」に烏帽子親を頼まないことといい、菅浦の覚書といい、武家からすると実に頼みがたい、したたかな百姓たちであった。

一揆は、この時代を代表する横の紐帯であったが、ここでは衆力を頼むことが問題となった。宝徳三年（一四五一）九月の小早川氏の一家中連判契約状では、

一、憑衆力対自他致無理者、可放衆中事、

とある[28]。こうした表現は、永和三年（一三七七）の肥後・薩摩・大隅・日向国人一揆契約状にもみられ、「一揆衆中お憑」み粗忽な行動をとったものに合力しないことを定めている[29]。一揆そのものは、お互いに頼みあう関係ではあるが、そのなかでなお衆力を頼むことは、一揆の合意に反することとして批判された。一揆は、互いに平等な立場で、理非にもとづく、公を創出する行為だったから、そのなかで衆を語らって無理を押し通すことは許されないのも当然であった。こうしたなかで、頼むという言葉は避けられたといえるかもしれない。

「お奏者を頼うだとみえて」（『佐渡狐』）などといえば[30]、私的な結びつきを利用して、判決をまげたことが、すぐ了解されるほど一般的に使われていた。『今川仮名目録』の定でも、訴訟にあたって「内儀相憑之由」が、あらわれた

なら、理非を論じないで、相手の勝ちとするとしている。[31]一揆が、自らの連帯を積極的に表現する場合は、見継ぎ・見継がれるという言葉が使われた。応永一七年（一四一〇）陸奥五郡一揆の契状は、その連帯を「就大小事、堅相互見継、被見継可申候」と約している。[32]頼みとともに、見継ぐという言葉は、この時期、横の連帯・共済関係をあらわす語として、広く使われていた。頼みが上下秩序を形成しやすい性格があったのにたいし、見継ぐはほとんどそうした用法は認められないのが特徴で、成員間の平等を原則とする一揆にふさわしい言葉だったのである。

3　戦国大名と頼み

いっぽう、頼み頼まれる関係を媒介に、あらたに主従制を形成しようとする動きもあらわれた。国人一揆の結合のなかから成長した毛利元就は、息子隆元への書状で、尼子氏との合戦のため、「家中の者共には、何事も上より手をすり候て、万事弓矢方の儀を頼候体にて」家中の習いが悪いと、その統制のむずかしさをなげいている。[33]また備中・備前の戦況を心配した書状では、「毎度如申候、わるく成行き候ハん時は、当時は誰もたのまれす候」といっている。[34]しかし書状の文面そのままに、主人からむやみに頼んでいるようでは、この時代を生き延びることなど、とうていできない。これらの書状よりはるか以前、元就は重臣井上一族を討ち、家中の上に立つ公儀としての地位を固めている。それだけの実力がなければならないのである。元就によれば、それは主人の「器用」であった。[35]戦国大名は、つねに器用・器量が問われた。戦乱のなかからあらたな主従制が成長するとき、もはや出自にもとづく貴種性は問題ではなく、将来を託することのできる頼もしい器量があるかどうかが主人の条件となった。[36]元就の晩年、永禄末年より「我等於身上は、元就様ならてハ奉頼方無御座候之間、御厚恩之段、到子孫申伝」といった、頼み文言のある起請文が家臣から出されるようになった。[37]

戦乱のなかで、あらたに展開される主従制は、はるかに広い範囲にその網の目をおよぼすようになったが、その媒介となったのが寄親・寄子制度であった。寄子として組織されたのは農村からおきてきた地侍で、彼らを被官化することが、大名権力の基盤を拡大することになった。この寄親・寄子関係がまた「指南に頼まれ」（『結城氏新法度』）たり[38]、「取次」（『今川仮名目録』）を頼む関係であり[39]、『六角氏式目』では、寄親に「頼親」と「頼」の字をあてている[40]。もちろん被官化は、戦国大名からの一方的な働きかけだけで、展開したものではない。

『今川仮名目録』は、みだりに寄親を変えることを禁じている。しかし実際は寄親が頼みにならないと、前後を知らない「他人をたのみ」取り次ぎをえて、ことを有利に運ぼうとするものが多かった[41]。寄子は大名から寄親につけられるが、より頼みになる寄親について、目的を達しようとしたのである。在地ではこうした内容の被官化と「主ヲ持タジ」（「本福寺跡書」[42]）とする動向とが複雑に絡み合っており、一向一揆となれば「阿弥陀仏をたのミ[43]」ということになった。

そして寄親・寄子に組み込まれる地侍・百姓のもとにあった「脇者・下人」も、主体的に頼みの関係に参加するようになっていた。天文一五年（一五四六）、今川氏の武将井伊直盛が遠江国引佐郡祝田御厨の百姓中にあたえた判物では、祝田百姓らの「脇者・下人」が「地主」にそむいて「余人え成被官、或号烏帽子々、成契約」ことを禁止し、そむいたものは地下中の談合で成敗してよいとしている[44]。脇者・下人もまた、自らの生活の自立をかけて、頼みになる庇護者をもとめようとしていた。また、ここでの百姓中は領主からの判物をえて、地下中としてこれを抑圧しようとして、せめぎあっていた。こうした社会の深部での頼みをめぐる秩序の変動こそが、戦国の動乱を規定するものであったといえるだろう。

戦国期には、人びとは自己の願望を達成しようとせめぎあい、頼みになる者をもとめた。戦国大名は、その実力・器量をもって、頼みを引き受けることで、権力を確立したのである。しかしさまざまな私的利害を直接反映した頼みを、そのままで引き受けることは、利害の対立のなかで、自らの権力を分裂の危機に追いやることになる。これを回避することが、戦国大名による分国法の整備の重要な契機であった。『結城氏新法度』は、縁者・親類の沙汰のときに、「縁者・親類又指南其外にたのもしがられべき覚悟」で「無理を言たて」て、朋輩の間で非難しあうことを抑えるために制定された(45)。そこでは縁を通じた無理な頼みは、内儀として否定され、その対極に奉行人・大名による理非の裁許がおかれ、それが公儀であるとされた。したがって公儀は、「たより（便り）なき者」（『今川仮名目録』）にも開かれるようにつとめられたのである(46)。

二　近世前期の頼み関係と意識

1　近世村役人の成立と頼み

近世の公儀は、こうした戦国大名の公儀を継承して発展させたものであった。戦国大名段階と大きくことなっているのは、それまでは大名と民衆の間にはさまざまな階層がつらなって、頼みを媒介する役割をはたしていたのが、武士身分と百姓・町人身分との間が隔絶され、頼みの連関に断層が生じたことであった。またその断層を媒介するものとして、奉行所の制度が整備され、広く民衆に開かれた。奉行所での裁許は、理非の裁断ということより、願いの力と力の調停ということに力点があったが、それでも、それまでより格段に多くの人びとが訴訟に参加する機会を開いた。またここでは頼みは、訴訟ないしは願いに変わっていった。

こうしたなかで、村の頼みの関係も再編されていった。惣村の伝統の強い地域では、領主が設定した庄屋を小百姓を中心とした秩序に包摂することで、近世村役人が成立したが、そこでも頼みの関係が大きな役割をはたした。

摂津国島上郡柱本村では、慶長一二年（一六〇七）より慶長一五年頃まで、算用の処理をめぐり争論が発生した。争論は、初め村の庄屋をふくむ年寄衆の算用に対して、脇百姓が対立し、年寄衆の不和があらわれたが、それぞれは別系統のものとして、とりあえずは年寄衆が起請文で結束を堅めることで調停された。しかし慶長一四年以降は、年寄衆の一部と脇百姓が庄屋をふくむ年寄衆の一部と対立するようになり、その争論を調停する過程で、庄屋が近世村役人としての地位を固めていった(47)。惣村的な年寄衆集団から庄屋が離脱していったのであるが、そのさいこれを媒介したのが頼むということであった。

慶長一四年三月、年寄衆と小百姓の一部は、庄屋と年寄の一部に、争論で問題となっている米の処理について承認した上で、「如此互ニ入魂申上は、後々まて貴殿惣中より頼申候間、可被成其意候」と以後も庄屋を頼むことを起請している(48)。また慶長一五年には、小百姓がすべての算用を「貴殿へまかセ申候間、いかやうニも在所之始末頼申候」と頼み、なにかと悪くいう者がでても同心しないので、「我も人も在所ニかんにん罷成候様ニ御才覚頼申候」とした。さらにその年の「免合」をどれくらいで請けるかについて以外は、代官に相談ごとをしないと起請した(49)。この文書は小百姓の署名者六名を残して、後欠となっているため、村の小百姓（あるいは年寄もふくめて）全体の合意の上で作成されたかどうかは不明であるが、庄屋を頼んでまかせるという方式で、年寄集団から庄屋の離脱がはたされたことが示されている。

さらに慶長末から元和初めと推定される減免を願った文書では、百姓が庄屋の交渉した減免額を請けては、「在所之かんにん成間敷候」といい、「すこし之出入にて候ハ、各々ニまかセおき可申候へ共」、過分にちがうので請けることができないから、何度でも願ってほしいと要求している(50)。慶長一五年には、小百姓は「在所ニかんにん」なるように庄屋の才覚を頼んでまかせたのであるが、それがはたされないとなれば、まかせることはできないとして、保留した年貢を請けるさいの代官への願いの権利を発動するように要求したのである。ここでは小百姓が、庄屋を頼むにあたっての主体的側面が強くあらわされている。

いっぽう、惣村が発達しなかった地域でも、肝煎・名主などが百姓側からの頼みを媒介に、百姓の代表としての性格を強く帯びるようになったことが認められる。信濃国高井郡壁田村では元和末年に、肝煎の算用不正が発覚した。扱いの結果、新肝煎が立ったが寛永元年（一六二四）の領主替えを機会に、前の肝煎が百姓を「たらし」て味方につけた。新肝煎によれば、旧肝煎は新領主への差し出しの村高を代官衆と談合して、四年前の検地高があるのに、それより以前の低い検地高で出して、「百姓・肝煎徳」としようと百姓をさそい、これに反対する新肝煎を「御百姓りやく不罷成候ニ付、我等おばつき離し」たという。新肝煎は、ぜひ肝煎を勤めたいわけではないが、「申合きしやうもんまて致申候」て、肝煎にさせられたのに不当だと訴えたのであった(51)。

この結果、旧肝煎は自分についた百姓を組下として、新肝煎とともに肝煎に復活した。代官衆と談合して百姓に利益をあたえるという呼び掛けが、とりあえずは成功したのである。ところが寛永一七年三月、旧肝煎についた百姓七名が今度は「えんこそ御座なく候哉」と、新肝煎を「庄屋ニ頼申度」申し出て一札を出した(52)。百姓のためになるものを村役人として頼んでゆく動きが、ここにもあらわれているといえるだろう。

2　頼みとまかせ・加勢

しかし頼むことは、一方ではすこしのことはまかせなければならなかった。寛文七年（一六六七）三月、信濃国佐久郡大沢村の名主を訴えた訴状では、すぐ訴訟しようとしたが「名主を頼入申候ニ付、只今迄延引」したとしている(53)。また頼んだことの代償として、百姓が家事に労役を提供することもおこなわれた。元和三年（一六一七）二月に陸奥国田村郡南小泉村の肝煎は、肝煎免二反の田地のほかに、自家の「田うえ・田うない」に、年に二度ずつの「人足のこうりよく《（合力）》」は、どの村でもおこなっていると主張している(54)。寛永初期より能登国鳳至郡の時国村では、中世以来の土豪百姓時国氏の支配をはなれようと、曽々木集落が分村をはかって対立していた。万治二年（一六五九）正月、時国氏の訴えにたいして、曽々木村は返答書を出したが、その一節に、以前は「時国殿万事頼申候へハ、かせいも」おこなったが、近年代官が取り立てられ、「時国殿ヲ頼申事無御座候ニ付て、かせいも仕不申候」と年に四、五日宛割り当てられた「かせい」をしなくなったことを弁明している(55)。

さらに相模国津久井県鳥屋村では、寛文二年（一六六二）に村方騒動がおき、名主が郷中の百姓一人あたり、年に二人ずつの「すけ」をとることが問題となったが、幕府代官の裁許では「毎年名主ニすけ申候由、百姓あいたいニてすけ候へハ尤ニ候」と容認された(56)。土豪百姓が大きな力をもっている地域では、頼めば相応の「かせい」をおこなうことは、めずらしいことではなかった。家事への手伝いは土豪百姓が、門屋・被官・下人などにかけた門役を拡大したもので、村中の頼みを土豪的な家の支配の論理のなかでとらえた場合に生じたものであった。

惣村の伝統のある村では、年寄だけでなく、さまざまなものに村の訴訟を担うことができる社会的力量が蓄積されていた。狂言の「右近左近」では、左近の牛に田畑を荒らされた右近が領主に訴えるといきまいたところ、女房から公事訴訟は言いようによって、理も非となる。あなたは口不調法だが「あの左近殿は、村での口ききにはござり、地頭殿をば手一ぱいにせられまする」から、勝てるわけがないととめられる(57)。また「横座」では、牛博労が自分の飼っていた牛の名前の由来を「総じて私は、地下でも口をきく者でござるによって、寄合の座敷では皆の者より上座をするが、ある寄合の最中に牛が生まれ、それを脇においたことから、横座と名付けたと説明している(58)。

公事訴訟に勝つには「口きき」という才能が必要で、牛博労といった者でも、その才能があれば上座におかれて尊重された。またその逆もある。『河内屋可正旧記』では、「利発ダテ」をして、年寄衆の上座を占めていたものが、負けるときまった争論に出ざるをえなくなって、磔となってしまった事件を紹介している。本来ならば年寄衆で鬮を引いて争論に出る者をきめるのが道理だが、日頃から「利発ダテ」をしていたため、いまさら引けなかったのである(59)。こうした地域では彼らに訴訟を頼む場合、手当や報償、まけた場合の保障などを細かに定めて負担することが早くからみられた。

しかし惣村的伝統があった地域やその周辺でも、いつでも「口きき」といった適当な人物がみつかるとは限らない。闔できめるという作法もあるが、それでは現実に訴訟に勝てる保障はない。そこでやはり有力な土豪百姓などのもつ社会的力量や機能に頼むことが多くならざるをえなかった。寛文三年（一六六三）一一月に近江国伊香郡柳瀬村では、余呉庄上の郷四カ村との中世以来の山論に初めて勝利したことを喜んで、訴訟に一人で出向いた侍分百姓に永代諸役免除の特権をあたえる手形を差し出した。村中は、この侍分百姓に村には「御断立候様之申分ケ仕者壱人も無御座」いので、「村之ため」ぜひにと頼んで、訴訟に出した。この侍分百姓は訴訟費用を一人で賄い、田地までも売ったので、村では「心付之御礼」を申し出たが、とめられて、永代諸役を免除することにしたという(60)。

こうした村中の頼みをはたすことが、土豪百姓の役割として期待されており、それがまた、彼らの社会的権力の源泉でもあったから、山野争論などでは、積極的にその先頭に立つことも少なくなかった。万治三年（一六六〇）正月の摂津国豊島郡新稲村のある年寄の訴状では、隣村との山野争論が起きると、親子で代官・庄屋を勤めていた百姓が小百姓を大坂へ棒を買いにいかせ、今度は相手村の者を五人でも三人でも打殺せと命じた。公儀に訴えないで死人などでてはと、村中が躊躇すると、そのような臆病者を在所においても用に立たないといって、この年寄を追い出した。この代官・庄屋は、日頃から百姓に屋敷廻りの垣結い・木綿繰・萱刈などさまざまな手伝いをさせていたという(61)。

3　頼みと近世の村の公

しかし、加勢・すけ・合力といった村役人の家事への手伝いは、小百姓が台頭し、彼らの社会的役割の比重が低下するなかで、次第に我儘として非難され、制約されるようになった。上述の事例が、すでに村方騒動のなかで村役人による過重な手伝いの強要を我儘として非難したものであった。また初期にあたえられていた多額の名主役の免除高についても、その免除分が村方の負担となるため、百姓の訴えで削減され近世的な名主給が成立した。元和三年（一六一七）二月に陸奥国田村郡南小泉村の肝煎は肝煎免二反の田地の作徳を、村が困窮しているという理由から村中にとられたことを訴えているが、そのさい百姓は「百姓あり申候てこそ肝煎も可仕候、百姓なくしてハ、きもいりもせんなき」と肝煎を説いたという(62)。百姓あってこその村役人であるという要請が強くあらわれるようになり、それが頼みの関係を村役人の家秩序へ編成することをはばむようになったのである。

こうしたなかで一七世紀末になると、百姓のため、村のためという意識が強まり、これにそむくものを私欲として批判するようになった。元禄四年（一六九一）豊後国日田郡藤山村では百姓一二名が庄屋の我儘を訴えた。その訴状の最後の一条では、庄屋が百姓の田地一町七反余を押し取ったとして、庄屋が「有情人」ならば百姓を助けるところなのに、「私欲」が強いために、すこしの借銀・借米に大分の利息を加えて算用して田地をとりあげる。こういう「邪心」の者なので、「末々不頼母敷気」だとのべている。情けのない私欲の庄屋なので頼もしくないと訴えたのである。これにたいし庄屋は、田地は譲り受けたもので、百姓から押し取ったことはない。庄屋になってから「村中之儀は別て頼母子を仕、不如意之御百姓中へは相談之上助成仕置」ていると、頼母子講の制度の導入による百姓助成につとめていることを主張した(63)。

また享保初年に成立した農民教諭書『百姓分量記』では、村役人の替わるとき入札などがおこなわれるが、そのときは箇条書をして、その「器量」を選ぶべきだろうかとして、「第一正直にして心広、質朴にして貪らず、慈悲有て贔屓なく、分別有て奢らず、身上の余慶も有、頼もし気有て気長く偏屈ならず、大酒・好色の癖なく、芸能の偏なく」という基準をあげている(64)。ここでも「頼もし気」があることが、村役人の条件として認められる。その内容は、正直・質朴・慈悲・分別・身上の余慶すべてにかかわって生じる信頼感で、村役人の器量の中核をなしていたとみることができる。私欲の庄屋なので、頼もしくないという訴えは、そうした村役人観を背景としていたといえるだろう。

一七世紀末には村や百姓のためになる情けのある頼もしい村役人と村中の相談による村の運営が、百姓の相続と村の治まりを生み出すという方向で、村の公が構想され、これにそむくものが私欲として排除されたのである。そして、こうした村の公としての村為などを村方騒動などのなかから構想する主体となったのは、小百姓を中心とする百姓仲間の成長であった。すでに年寄層が横の連帯の関係を伝統としている惣村では、庄屋が小百姓の頼みとまかせという形式で支持を取り付けることで、年寄層から抜け出た存在となっていった。

いっぽう、惣村的伝統をもたない地域では、名主を百姓側から選んで頼むことにより、土豪百姓の頼もしきものとしての社会的機能を村中に取り込んでゆく形式で、その村役人化が進んだ。いずれの場合も、近世の村はその公的機能を強化させる方向で成立することになった。

これにともない惣村の伝統をもつ地域では、究め状・堅め状が作成され、訴訟の手当などが定められた。また、こうした伝統をもたない地域では、頼み証文が作成され、百姓と村役人の頼み関係が文書として確認されることも生じた。さらにさまざまな訴願が頼み証文により、頼まれ、まかされた惣代により遂行されるようになっていった。そこでは、名主や惣代の適格性が、頼もしいかどうかなど、人間的徳性として問われる性格や、まかせへ転化しかねない構造は根強く残ったが、しかし村方騒動などでそれを不断に問いつづけることで、村と村役人の公的性格が維持され、百姓の生きるよりどころとなったのである(65)。

4　河内屋可正の頼みと世

一七世紀末の頼みの状況のなかで、人はどのように生きたのだろうか。『河内屋可正旧記』によってみてみよう。河内屋可正は河内国石川郡大ケ塚村の有力百姓であったが、元禄期に同村の由来と見聞を書き残し、子孫の教訓としようとした。

可正は人と人とのきずな全体を頼みで把握していた。まず主従、親子、男女、朋友の関係について、

一、従者ハ主君を頼、主君は従者を頼、子ハ親を頼み、親ハ子を頼、女ハ男をたのミ、男ハ女を頼。兄弟朋友の中もかくのごとし。互いにたのまれツ、たのミツせずバ、世の中ハ有べからず。但心の信よりなさずバ、末のとをる事あらじ。

と相互に頼みあうものととらえ、互いに頼みあわなければ、世の中は「有べからず」とする(66)。また、その核心は「心の信」であるとしている。これは、人と人とのきずなのレベルでの把握と思われる。またこうした人と人のきずなが広がってできる「所」についても、可正は村の富裕な百姓が出先で、難題を申し掛けられ難儀していたとき、通りかかった所の馬追いたちに救われたことをあげて、

一、是ヲ以テ思ヘバ、同ジ国同ジ所ニ住者ハ、常ニ中ヲ能シ、互ニ堪忍ヲ致シ、頼ミツタノマレツ、世ヲ渡リタキ事也。一樹ノ陰ノヤドリ、一河ノ流ヲ汲モ、皆是他生ノ縁トアレバ、況ヤ同ジ里同ジ町、遠キ親コヨリ、近キ隣ニ住者共ハ、過去生ヨリイカ計深キ因縁カアラン。

としている(67)。ここでは「馬追風情」の者との間にさえ、所を同じくする者の互いに世を渡る連帯が説かれた。それは遠い親子より、近い所に住むものは、過去より「イカ計深キ因縁カアラン」という「他生ノ縁」によって説明されている。また可正は、所をこえて広がる世界についても、

一、国に四恩有と仰せられしは、天地の恩、国王の恩、父母の恩、衆生の恩。其内衆生の恩と云るは、天地の間に生れ来りたる、もろ〳〵の人々の事也。寔に故有かな。主人は家来の者を頼み、家来は主人をたのむ。売る者は買ふ人を頼み、買ふ人は売る者を頼む。金銀米銭等をかる者は、かす人を頼み、かす者はかる人を頼む。されば、えもしらぬ遠つ国々の輩迄も、互にわが為となり、人のためとなる。

と説明する(68)。人びとは互いに頼みあい、人のため、我がためとなっている。それがそれぞれの人にとっては、衆生の恩となるのである。その広がりは遠い国々にまでおよび、一つの世界を構成している。

こうした理解は、同じ頃書かれた加賀の僧侶任誓によるとされる農民教諭書『農民鑑』にも、「人ハ我に依て立、我亦人を帖《たのみ》て立てり。互に因縁して一家斉一国泰」とあり(69)、可正一人のものではなかったことがわかる。しかし可正のここでの頼みの相の独自性は、金銀の貸借・売買（流通）を媒介に遠い国々にまで広げられていることにある。可正の住んだ大ケ塚村では、かつて北国を中心に遠国との商売を手広くおこなったものが多かった。この時代には、すでにそれは行き詰まっており、可正は他国との商売は当地には不相応だと戒めていた(70)。しかしそれでも売り買いを通じて、遠い国の人びとが頼みあうのだという視点を可正のなかに残したのである。

可正は、人びとのきずなから出発して、所、遠い国々まで、いわば世間を頼みによって把握していたのであるが、その上で可正は頼みを生きる生き方について説いた。可正は人の世にあれば、頼むことも頼まれることもあるが、頼まれた場合、あまり安易に「強て約束」しないように注意する。頼まれごとが思いのほかうまくゆかなかったとき、面目も失い、無理をして事態を悪くしてしまうというのである(71)。ただし可正は、人の頼まれごとを堅く断れというわけではないといっている。頼まれるのも道であるが、そのさい、なるべく広言をせず、一心にやってみて成功したら、功を人に譲れというのである(72)。

可正は旧記で、人に先んじて功をあげるという生き方に対しては、身を滅ぼすもととして、何度も子孫に忠告している。その点で、頼まれることの危うさをよく知っていた。可正が実際見聞したできごととして、吉野山山論の処刑者のなかで、「ワキ〳〵ノヤセ商人」が「能物ヲ云タリシ故」に「是非共此度江戸ノ対決ニ頼申ス」と頼まれて大将分として処刑されたことをあげている(73)。また父の代に盗人が入ったさい、「家頼」の一人が、「我河内屋の家を頼ミてあまたの年を経たり。此度一命を捨て多年の恩を報ぜん」といって、真っ先にその潜んでいると思われた部屋に踏み込んだことに感じる一方、父が事件の最中、出てこなかったことについてふれている。

頼みになる家来に対して、頼みにならない主人だったので、可正も親ながら臆したのだと認めながら、父は知恵があって、すこしのものをとられても、子供やわが身の無事をはかったのだといい「勇のなき事百姓に相応せり」「民百姓ハ莵角無事をはかる物ぞかし」と子孫に分別をもとめている。[74] 大ケ塚村は、慶長一九年（一六一四）大坂の陣のさいに襲われ、祖父は討ち死にして、河内屋は一家離散の危機に遭遇したことがあり、[75] 無事をはかるのは現実的課題だったのであるが、それが武士の倫理とことなる百姓の生き方として強く意識されているのであった。

三　頼みと義理

1　町人の頼みの状況

可正は、頼みを引き受けることの恐さを十分承知した上で、なお頼み頼まれる生き方を肯定的に受け止めていた。これにたいし町では、事態は矛盾にみちたものとならざるをえなかった。寛永四年（一六二七）に、版行された『長者教』では、貧乏になる方法としてあげた条目の第五条目に、

第五　たのもしだてつかまつり、人にほめらるべき事、

とある。[76] また近松門左衛門の『曾根崎心中』では、命替わりの金を命をかけて頼んだため親友に貸して、[77] 裏切られた主人公の不幸を恋人の遊女が「頼もしだてが身のひしでだまされさんしたものなれども」となげいて心中を勧めている。[78] 男気を出してなんでも頼まれる、頼もし立ては身の破滅を呼びかねなかった。

「大福新長者教」という副題をもつ井原西鶴の『日本永代蔵』が、嫁取り・婿取りのむずかしいことを説いて、

今時の仲人、頼もしづくにはあらず、其敷銀に応じて、たとへば五十貫目つけば、五貫目取事といへり。

といっているのも、興味深い。[79] 近世前期では敷銀＝結納の金のことを「たのみ」という習慣があった。理由は、いくつか説明されているが、宝暦期に書かれた『貞丈雑記』では、婿・嫁・舅が「互にたのむ」という意味だとしている。[80]

その婚姻も、元禄期の町では、「頼もしづく」で、仲人に立つものはなく、「たのみ」の金に応じて、十分の一を報酬としてとったのである。西鶴は『日本永代蔵』で、「以前にかはり、世間に金銀おほくなつて、もうけもつよし、そんも有。商のおもしろきは、今なり。随分、世わたりにそりやくをする事なかれ」[81]と、金銀が多く出回って、儲けも損も大きく、才覚により一躍大商人となる者もあれば、始末を忘れて没落する者も多くなった、浮沈の激しい町人の世界を描いてみせた。そこでは金銀が人びとの関係を媒介したから、「万の売掛けする共、其人と次第に念比にならぬやうに、常住の心入、商人のひみつ也、親敷成て能事もあれど、それは稀なり」[82]と、油断のならない世渡りが説かれる。

もちろん店棚をかまえるほどの町人ならば、一家一門、町内、同行などの付き合いがあり、それぞれに頼みの関係はあったが、「世界のひろき」[83]、また「せわしき世」[84]であってみれば、さほどあてにすることはできない。さらに町の大多数の人びとは、職人や日用取り、雑業で生活する店借り・裏店住まいの者であった。彼らは、家の存続そのものがたしかではなかった。江戸の寺院では、拡大する人口から、墓地が手狭になったこともあり、三年付け届をしなければ無断で墓所を取り払うという書付を墓所に出しているところさえあった。墓所を維持して供養をほどこしつづける者がまれだったのである。日頃しっかりした檀那寺ももてず、死んだ後「頼入」たり「口入」などをして埋葬したものが多かったといわれる[85]。

近松門左衛門の『女殺油地獄』で、義理の子の悪行をなげいた親徳兵衛が、自分は果報が少なく、生きている内は奉公人も使えなかったが、死んだときには「兄弟の男子に先輿跡輿舁かれて、天晴れ死光りやらうと思うたに。子は有りながら其の甲斐なく」となげくのも[86]、切実な響きがあったのである。そうした頼りない世を生きるよすがとして、情けということが強調されるようになる。近松の『冥途の飛脚』の道行は、

あだし。情の世を頼み。人を頼みのヲ　綱切て。

と唱いあげた[87]。可正がもとめた頼み頼まれる関係が、そのままでは、あらわれがたい世界がここには広がっていたのである。こうした金銀のうずまくなかで、流動する人と人とのきずなの不安定性を抱えながら、なお強い結びつきをもとめる人びとの意識は鋭い緊張を生み出した。頼もし立てなどにあらわされる男だてが共感をもって受け止められ、そこに武家社会に発達した義理意識が受容される条件が生まれた。

2　義理と頼み

義理は、本来、正しい筋道、意味、意義といった意味で、古くから使用されていた。しかし中世に入ると、弓矢の義理などと武士のあるべき心がけを示すものとして使われた[88]。近世初頭になると、寛永一二年（一六三五）の「諸士法度」が、「常に文道武芸を心かけ、義理を専にし、風俗をみたるへからさる」こととしているように[89]、義理は風俗をみだすことと対比されており、近世の儒学者の説く、治者としての「士」の自覚が強調されるようになった。近世では、儒学が武士の間に浸透すると、「明徳のあきらかなる君子は、義理をまぼり《（守り）》道をおこなふほかには毛頭ねがふことなく、欲心のまよひすこしもなきゆへに、義理をたて道をおこなひ」（中江藤樹『翁問答』[90]）と、欲をこえて義理を守り道を実践するものが君子であると主張される。そこに利欲に生きる民衆に対して、私利をさり、公につくことで公儀を体現する統治者としての存在意義をみいだそうとしたのである。

しかし儒者の説く治者論理としての義理の生き方は、当時の一般の武士にとって現実を規定するものではなかった。むしろ、武士相互の結びつきを一分や意地をかけて守りぬく生き方の方が、義理ある生き方として重視された[91]。そして、こうした結合論理としての義理の観念が武士を中心とした人びとに浸透してゆくことを媒介したのが、頼みの関係であった。『葉隠』に紹介されている元禄一〇年（一六九七）の武家屋敷への駈け込み事件では[92]、刃傷におよんだ武士が、京都の有馬藩邸に留守居の者を数年前に「近付」きになったとして、「御頼み可申」と駈け込んだ。留守居は、武士道にそむいていないことを確認した上で、これをかくまい追手を追い返した。追手は京都の奉行所に訴えたため、留守居は駈け込み人を出すように説得される。これにたいし留守居は、たしかに「拙者を偏に頼み申候」が、有馬家では駆け込み人をかくまわないという掟があるので、「不義理」とは思ったが、裏口から逃がしたとのべた。

しかし実は、かくまっており、傷の癒えるのをまって路銀をあたえて落としたので、留守居は見事に武士の義理をはたしたとして評判になり、「狂言」にもなったという。実際どのような言葉がやりとりされたかは不明であるが、『葉隠』の著者は、頼まれたものの義理という言葉と文脈で、この問題をとらえていたことはまちがいない。やや後になるが、『御定書』の制定の過程で、喧嘩口論で人をあやめた科人をかくまった者を追放とする案を提出した幕閣にたいし、将軍吉宗は、「義理以、頼れ申たる儀ニて、武士之上ニも間々有之」ことで、厳しい処分にするのは適切ではないと、急度叱りに処すという、下げ札をつけている(93)。

義理と頼みの関係は町人においても変わりはなかった。町人への義理意識の浸透には、浄瑠璃や歌舞伎などの演劇や読み物の影響が強かったが、そのなかで、近松門左衛門の世話物が大きな役割をはたした。

その完成した形態を示すのが、享保五年（一七二〇）初演の『心中天網島』である。ここでは紙屋与兵衛が遊女の小春と馴染みになるが、逢瀬もままならず、「まだ五年有る年の中。人手に取られては私はもとより主は猶一分立たず。いっそ死んでくれぬか。ア、死にましょと引くに引かれぬ義理づめにふっといひかはし」た(94)。ところが、小春は与兵衛の仇役に身請けされる話が出る。無念がる与兵衛の話を聞いた女房おさんは、

女は相身互事。切られぬ所を思切り夫の命を頼む〳〵と。掻口説いた文を感じ。身にも命にも代へぬ大事の殿なれど。引かれぬ義理合思切るとの返事。わしゃこれ守に身をはなさぬ。是程の賢女がこなさんとの契約違へ。おめ〳〵太兵衛に添ふものか。女子は我人一向に思返しのないもの。死にゃやるわいの死にゃやるわいの。

と小春に手紙をやって夫の命を救うように頼んだことを明かし、そういう女だから、小春は死ぬつもりだろうという(95)

ことに気がつく。そこで小春を死なせては、「女同士の義理立たぬ」と、小春を身請けすることを夫与兵衛に頼んだ。結果的には、それもうまくゆかず、与兵衛と小春は情死することになる。ここでも女房おさんの頼みは遊女小春によって義理として受け止められ、両者の間に、「女同士の義理」が成り立っているのである。これらは義理の内容からいうと、信頼に対する呼応の義理といわれるもので、義理の民衆への浸透はまず、この部分から始まったといわれる。そしてそれは、頼みの関係を理想化したものにほかならなかったのである。

3 百姓と義理

ところで百姓の間では、河内屋可正にみるように、頼みの関係がなお比較的安定していたから、武士や町人のように頼み頼まれる関係が、緊張した個と個の関係として倫理性を帯びて強調され、美化されて義理観念でとらえられることは、まだみられなかった。可正の旧記には、義理という語句は、ほとんど使用されていなかった。もちろん義理は狂言には、すでに「義理のかたい人」(「八句連歌」[96])「義理のかたいことを言う者じゃ」(「文荷」[97])と、きちょうめんなことや、それを皮肉って、理屈っぽいといった意味で使用されており、広く知られる言葉であるにちがいはなかったが、人びとの関係を律する規範として、百姓の間に広まるのは、ややことなった側面からであったとみられる。

天和年間(一六八一—八四)の三河・遠江地方に成立したといわれる農書『百姓伝記』は、「義理に達する土民」を説いて、公儀・地頭に大切な難儀のあるときは、妻子・家の子もろともに命を限りに御用を達し、一類の難儀を救い、同村友百姓の約束も少しも違えず、他の田畑の畔をかすめず、人に受けた恩を忘れず、妻子などに偽りなく、家の子などへも依怙贔屓なく、物をもらったところへはそれぞれに相応の返礼を贈り、金銀米銭を使うところには惜しまず、使わないところには一銭も使わない、所用で見舞うところに無沙汰なく、いうこととおこなうことにちがいがなくつとめるのを「義理者」というとしている[98]。同書では、仁義礼智信の五常が説明されており、それぞれに守るべき徳目が配分されている。百姓としてもっとももとめられる、役儀を勤めることは仁の項に配分されているので、つぎの義の項で「義理者」を論じると、このような説明となったのであるが、不義理の説明の部分では「公儀をかすめ」とあり、年貢諸役のこともふくまれているといえるだろう。

ここに説かれる義理者としての百姓は、公儀のもとめる百姓であり、現実の民衆の義理の受け止め方とは、距離があるのは当然である。しかしそれでも、百姓が受容している義理の部分になにほどか触れている。物をもらったことに対する相応の返礼や見舞いをおこない無沙汰をしないということは、現在に至るまで民衆の義理の受け止め方のもっとも基本的部分であった。そのことを享保初年の農民教諭書『百姓分量記』は「世間にて、音信・付届を義理・順義という」といい、同じところで「見廻《みまい》」も世間の義理にふくめている(99)。

こうした理解は、寛文年間（一六六一―七三）に刊行された熊沢蕃山の『集義和書』にもみられるから、近世前期には広く使われたらしい(100)。これは好意に対する返しとしての義理といわれ、義理という言葉でいわれるようになる以前から、民衆の世界におこなわれてきた事実上の義理関係であったといわれる。たのみの節句はその一例として、早くから注目されているから(101)、ここでも義理は頼みの関係の上に、入り込んでいることがわかる。ここでは義理は、頼みの関係の秩序化された表現である贈答や見舞いの関係（世間付き合い）に、まず定着の足がかりをみいだしたということが考えられよう。少なくとも『百姓伝記』は、公儀・地頭の難儀に御用を達することを、贈答や見舞いと同じ義理で説明することで、百姓にできるだけ身近に理解させようとしたのである。

『百姓分量記』では、贈答や見舞いの義理は「小義理」「世間末の義理」とされ、「本の義理」の観念を教諭しようとした。それは近世前期の儒学者の義理観念を受けたものであるが、そこでは本来の義理とは、君は知行恩賞をほどよくあたえ、依怙贔屓なく撫育すること、臣は勤仕を怠らず、君に非があれば諫め、難があれば一命を惜しまないこと、親は子を慈しんで育て、善人にすること、子は親の心にそむかず、身をおこない養い返すことであるとされ、以下同様に夫婦・兄弟・朋友の義理が説かれた。ここでは主従・親子・夫婦・兄弟・朋友という、人と人とのきずな全体が義理によって説明されている。[102]これを河内屋可正の社会観と比較すると、可正が頼みあう関係ととらえていたものが、ここでは義理として把握されていることがわかる。ここにいたって、百姓的世界にあっても義理は、贈答関係から人と人との頼みあうきずなへと、浸透し始めたということができるだろう。

おわりに

こうして頂点に、理にかなった正しいありかたや公につく治者としての倫理という意味をもち、その底辺には人と人との頼みの関係から贈答の秩序までをふくみながら、義理の大系が成立した。その大系は、「本の義理」と「小義理」が対置されるような、大きな重層性と多様性を前提としていた。しかしそれでも、それが一つの大系として機能したのは、中世以来蓄積された頼みをめぐる人びとのきずなを媒介にすることができたからであった。その頼みの関係の豊かな蓄積と頼みを生きる人びとのありようを明らかにすることが、ここでの課題であった。

このように頼みの関係を媒介に、義理の意識が形成されるようになると、頼みという言葉の規範や秩序形成的側面の多くは義理と呼ばれるようになり、頼みは次第に人と人との結びつきを直接に表現する範囲に限定される方向に進むことになった。もちろん頼むという言葉は、日本社会の深層における人びとの結びつきをあらわした言葉であり、現在に至るまで、われわれの思考と行動の様式を規定しつづけているのではあるが、それが歴史のダイナミズムを表現しえた時代はひとまず終わろうとしていた。[103]

しかしそのことは、支配思想としての義理が頼みの関係を統合していったことを意味しているのではない。義理は最初、人びとの内側からの規範として成立したものが、たちまち外的規範として人びとを拘束するようになり、義理と人情の葛藤を生み出すとされる。そこに町人社会の行き詰まりをみることが一般的にいわれる(104)。ここでは、民衆社会への義理の定着は上下秩序の確立と固定化とともに、どこまでも上からの教化の結果として説明される。

しかし、これでは民衆が外的規範である義理を積極的に受け入れていった理由が抜け落ちてしまうことになるだろう。むしろ頼み頼まれるという人びとの即自的な結びつきが次第に変容して、対自的関係を創出し始めたことが、あらたな規範意識としての義理を民衆が受容する条件となったことが見通されるべきだろう。少なくとも一七世紀末には、頼み頼まれる関係は百姓的世界では、頼み証文を生み出し、頼みの即自的関係を証文として対象化する方向へ踏み出していた。町人の世界では、初めから人びとの関係が金銀に媒介されてはいたが、その度合が急速に高まり頼みの関係が不安定なものとなっていた。こうしたなかで新しくもとめられている規範は、初めから対象化された世界を律するものでなければならなかったのであり、外的規範の性格をもたざるをえなかったのである。そう考えなければ、義理が外的規範であり、しかも民衆に広く受容されていったという一見矛盾する現象は理解できないのではなかろうか。義理が上からの契機しかもたない規範であるならば、近代を生き延びることはなかったであろうし、ベネディクトの『菊と刀』（社会思想社、一九六七年）が書かれることもなかったのではないかと思われるのである。

（1）　その代表的成果として、安丸良夫『日本の近代化と民衆思想』（青木書店、一九七四年）がある。また同「『民衆思想史』の立場」（『一橋論叢』四四五号、一九七七年、後に同『〈方法〉としての思想史』校倉書房、一九九六年所収）は民衆思想と民衆の社会意識を明確に書き分けており、民衆思想を社会意識の深みからとらえようとする方向を示している。

（2）　社会的結合については、二宮宏之編『結びあうかたち』（山川出版社、一九九五年）参照。頼みについては、白川部達夫「近世の百姓結合と社会意識」（『日本史研究』三九二号、一九九五年、本書三章）。

（3）　高木市之助他校注『万葉集』三（日本古典文学大系6、岩波書店、一九六〇年）四一〇—四一一頁。「駿河の海磯邊に生ふる濱つづら汝をたのみ母に違ひぬ」とある。

(4) 日本大辞典刊行会『日本国語大辞典』七巻（小学館、一九七五年）から、『源氏物語』を典拠とする言葉を拾った。
(5) 西角井正慶編『年中行事辞典』（東京堂出版、一九五八年）の八朔の項、六三八―六四〇頁。
(6) 和歌では、頼みと田実をかけることが早くからおこなわれた。たとえば、『古今和歌集』には、「秋かぜにあふたのみこそかなしけれ　わが身むなしくなりぬとおもへば」と歌われている（佐伯梅友校注『古今和歌集』日本古典文学大系8、岩波書店、一九五八年、二六三頁）。
(7) 後藤丹治他校注『太平記』三（日本古典文学大系36、岩波書店、一九六二年）四〇九―四一〇頁。本章では、煩雑さを避けるため、振り仮名などは適宜、省略した。
(8) 小山弘志校注『狂言集』上（日本古典文学大系42、岩波書店、一九六〇年）一四七頁。
(9) 同前、一五三頁。
(10) 同前、一八九頁。
(11) 『狂言全集』（日本古典全書、国民文庫、一九一〇年）三頁。
(12) 福田豊彦「家礼」（『国史大辞典』五巻、吉川弘文館、一九八四年）、同「家来」（同前）。石井進「主従の関係」（相良亨他編『講座日本思想』三、東京大学出版会、一九八三年）。
(13) 『結城市史』一巻、古代中世史料編（結城市史編さん委員会、一九七七年）六一〇頁。内容については『結城市史』四巻、古代中世通史編（結城市史編さん委員会、一九八〇年）四〇四―四〇七頁（永原慶二執筆分）参照。
(14) 後藤丹治他校注『太平記』一（日本古典文学大系34、岩波書店、一九六〇年）一七三頁。
(15) 黒板勝美・国史大系編修会編『吾妻鏡』前編（新訂増補国史大系32、吉川弘文館、一九六九年）三三一頁。
(16) 同前、四六頁。
(17) 同前、四一頁。
(18) 『太平記』三、（前掲）三六五頁。
(19) 同前、三六三頁。
(20) 小山弘志校注『狂言集』下（日本古典文学大系43、岩波書店、一九六一年）一八九頁。寮主は、「時めく殿達」ならば、太刀・鞍を引出物にあたえるが、自分はそのようなものをもたないからと、米銭をあたえる。太刀・鞍をあたえるのは、

「時めく殿達」が武家であることを示している。

(21) 同前、一九四―一九五頁。

(22) 三浦周行「頼母子の起源と其語原」(同『法制史の研究』、岩波書店、一九一九年所収)は、それまでの頼母子の頼みあい(共済)説に対して、助力をもとめる救済説を対置して、頼母子のもつ階層性に鋭い目を向けた。これを継承して発展させたのが、三浦圭一「中世の頼母子について」(『史林』四二―六、一九五九年。後に、「中世後期村落の経済生活」と改題の上、同著『中世民衆生活史の研究』思文閣出版、一九八一年所収)であるが、ここでも共済的な頼母子があったことは必ずしも否定されてはいない。

(23) 笠松宏至他校注『中世政治社会思想』下(日本思想大系22、岩波書店、一九八一年)一八八頁。三浦圭一「中世の頼母子について」(前掲)参照。

(24) 酒井紀美「中世後期の在地社会」(『日本史研究』三七九号、一九九四年。後に「徳政一揆と在地の合力」と改題の上、同『日本中世の在地社会』吉川弘文館、一九九九年、I第四章所収)。

(25) 『中世政治社会思想』下(前掲)三二七―三二八頁、三三一―三三四頁。

(26) 同前、三三四―三三五頁。

(27) 解釈については、赤松俊秀『古代中世社会経済史研究』(平楽寺書店、一九七二年)四九四―四九五頁参照。

(28) 石井進他校注『中世政治社会思想』上(日本思想大系21、岩波書店、一九七二年)四〇八―四〇九頁。

(29) 同前、三九八―三九九頁。

(30) 『狂言集』上巻(前掲)九七頁。

(31) 『中世政治社会思想』上(前掲)二〇七―二〇八頁。

(32) 同前、四〇六―四〇七頁。

(33) 同前、三六六―三六八頁。

(34) 『大日本古文書』家わけ第八、毛利家文書二、一四一―一四三頁。

(35) 『中世政治社会思想』上(同前)三六四―三六五頁。

(36) 相良亨「戦国武将の精神」(石田一良編『日本文化史概論』吉川弘文館、一九六八年)。君主の器用について近年の研究として、福田千鶴「幕藩制的秩序についての一考察」（『日本歴史』五三一号、一九九二年。後に同著『幕藩制的秩序と御家騒動』校倉書房、一九九九年、一部一章の一、二節所収）がある。
(37)『大日本古文書』家わけ第八、毛利家文書一、二二一―二二二頁。永禄一一年（一五六八）二月、毛利元就宛、和智元郷起請文。ほかに永禄一一年六月、毛利輝元宛の富田元秋起請文に、「輝元様も可預御憐愍事奉頼候」（毛利家文書一、三三八―三三九頁）とあり、元亀年間（一五七〇―七三）の毛利輝元宛、小早川隆景起請文に「御一人之外、奉頼儀、無之身上ニ候条」（同前、三四二―三四三頁）とある。また天正一三年（一五八五）一二月の同じく毛利輝元宛の末次元康起請文では、「上様ならてハ奉憑方無御座候之条、骨之髄迄、一筋ニ御奉公可仕候之間」となっている（同前、三六七―三六九頁）。
(38)『中世政治社会思想』上（同前）二五四―二五五頁。
(39)同前、二〇〇―二〇一頁。
(40)同前、二九八頁。
(41)同前、二〇〇―二〇一頁。
(42)笠原一男他校注『蓮如　一向一揆』（日本思想大系17、岩波書店、一九七二年）二三〇頁。
(43)神田千里「加賀一向一揆の展開過程」（『東洋大学文学部紀要』四八集史学科篇第二〇号所収、一九九五年、（天文六年）証如書状（『明厳寺文書』）。後に同『一向一揆と戦国社会』吉川弘文館、一九九八年所収）。
(44)佐藤進一他『中世法制史料集』四（岩波書店、一九九八年）二三七頁。菊池武雄「戦国大名の権力構造」（『歴史学研究』一六六号、一九五三年。後に、永原慶二編『戦国大名の研究』戦国大名論集一、吉川弘文館、一九八三年所収）参照。
(45)『中世政治社会思想』上（同前）二四六頁。
(46)同前、二〇六頁。
(47)水本邦彦「近世初期の村政と自治」（『日本史研究』二四四号、一九八二年。後に同『近世の村社会と国家』東京大学出版会、一九八七年所収）。
(48)同前、一一八頁―一一九頁、f文書。
(49)同前、一二一頁、i文書。
(50)同前、一二一―一二二頁、j文書。

(51)『長野県史』近世史料編、八巻一、北信地方（長野県、一九七五年）七八四―七八五頁。本書第五章参照。
(52)『信濃史料』補遺、下巻（信濃史料刊行会、一九六九年）六九六―六九八頁。
(53)青木虹二編『編年百姓一揆史料集成』一巻（三一書房、一九七九年）三六二頁。
(54)同前、九三―九四頁。
(55)同前、一五三―一五四頁。
(56)『神奈川県史』資料編六、近世三（神奈川県・県史編集室、一九七三年）八一二―八一五頁。
(57)『狂言集』下（前掲）四六頁。
(58)同前、四一六頁。
(59)野村豊他編『河内屋可正旧記』（清文堂、一九五五年）五八頁。
(60)『余呉町誌』資料編下巻（余呉町誌編さん委員会、一九八九年）七二六―七二九頁。
(61)『編年百姓一揆史料集成』一巻（前掲）二八二―二八四頁。
(62)同前、九三―九四頁。
(63)青木虹二編『編年百姓一揆史料集成』二巻（三一書房、一九七九年）三一―三四頁。なお拙著『日本近世の村と百姓的世界』（校倉書房、一九九四年）一四〇頁、および拙稿「近世の百姓結合と社会意識」（前掲）では「有情人」を私情をさしはさむ人と訳したが、情けある人と訳すのが正しいように思われるので訂正した。解釈が明確になりにくいのは、これにつづく部分に破損があって全体の文意がはっきりしないためである。
(64)中村幸彦校注『近世町人思想』（日本思想大系59、岩波書店、一九七五年）二七九―二八〇頁。
(65)「近世の百姓結合と社会意識」（前掲）。なお本章および同論文では、村の段階での頼みと公の形成を追究しており、家支配の段階での頼みと村との関係については、中世で脇者・下人が烏帽子親などを勝手に頼むことが広がったことのなかに、頼みの主体としての成長を指摘する程度にとどめている。この点については課題は多いのであるが、とりあえずは、拙稿「元禄期の小百姓的所持と家」（村上直編『幕藩制社会の地域的展開』雄山閣出版、一九九六年）参照。
(66)『河内屋可正旧記』（前掲）二四四頁。
(67)同前、七五頁。「所」については、田村憲美「中世前期の在地社会と『地域社会論』」（『歴史学研究』六七四号、一九九五年）が、日蓮の所の意識を分析している。
(68) 同前、三四一頁。
(69) 中川一富士『加賀の傑僧任誓』（石川県鳥越町史別巻、一九七二年）一一一頁。元禄一〇年書の記載がある。
(70) 『河内屋可正旧記』（前掲）二〇九頁。
(71) 同前、二四二―二四三頁。
(72) 同前、二四三―二四四頁。
(73) 同前、五七頁。
(74) 同前、一七四―一七五頁。
(75) 同前、四八―四九頁。解題、三頁。
(76) 『近世町人思想』（前掲）一四頁。
(77) 重友毅校注『近松浄瑠璃集』上（日本古典文学大系49、岩波書店、一九五八年）二四―二五頁。
(78) 同前、三〇頁。
(79) 野間光辰校注『西鶴集』下（日本古典文学大系48、岩波書店、一九六〇年）五〇頁。
(80) 島田勇男校注『貞丈雑記』一（平凡社、一九八五年）二六―二七頁。また土井忠生他編訳『邦訳日葡辞書』（岩波書店、一九八〇年）によれば「たのみ」は手付金の意味もあった。
(81) 『西鶴集』下（前掲）一八三頁。
(82) 同前、一五〇頁。
(83) 同前、一八四頁。
(84) 同前、一四五頁。
(85) 西木浩一「墓は語る」（岩波講座『日本通史』一四巻、月報16、岩波書店、一九九五年）。檀那寺を「頼寺」ともいった（『日本国語大辞典』七巻、前掲）。
(86) 『近松浄瑠璃集』上（前掲）四一五―四一六頁。
(87) 同前、一七九頁。

(88) 義理については豊富な研究史があるが、桜井庄太郎『恩と義理』(アサヒ社、一九六一年)、源了圓『義理と人情』(中央公論社、一九六九年)、原道生「虚構としての『義理』」(相良亨他編『講座日本思想』三、東京大学出版会、一九八三年)などがそのときどきの研究を要約している。また最近では、宮沢誠一「町人文化の形成」(岩波講座『日本通史』第一二巻、近世2、岩波書店、一九九四年)がある。ここでは、義理の理解そのものについては触れずに、その意識が民衆に定着するさいの媒介項としての、頼みの関係の重要さについて問題とした。このことはすでに、源了圓などにより、信頼に対する呼応の義理として注意されてはいる。しかしこの問題が深められたことはなかった。義理の前提となる人びとの頼みの関係の厚い蓄積を明らかにすることが、義理の研究にも大きな刺激となる。

(89) 高柳真三他編『御触書寛保集成』(岩波書店、一九三四年)一三頁。

(90) 山井湧他校注『中江藤樹』(日本思想大系29、岩波書店、一九七四年)六〇頁。

(91) これらは義理の内容からいえば、信頼に対する呼応の義理といわれるものである。源了圓『義理と人情』(前掲)五九―六〇頁によれば、義理には、①好意に対する返しとしての義理(義理的事実)、②信頼に対する呼応の義理、③体面をたもつ名誉としての義理の三つがあり、②が成立して、①が再定義され③が生まれて義理の大系が成立したといわれる。義理が社会に浸透するようになって、あるいは浸透してゆく基盤として、まずみいだしたものが、頼み頼まれる関係で、そこに信頼に対する呼応としての義理が説得力をもって定着するというのは、想定されてよいことだといえる。

(92) 相良亨他校注『三河物語　葉隠』(日本思想大系26、岩波書店、一九七四年)五二五―五二六頁。武家屋敷駆け込み慣行については、笠谷和比古『近世武家社会の政治構造』(吉川弘文館、一九九三年)、第三章・付論が、この記事の信憑性をふくめて検討している。

(93) 笠谷和比古『近世武家社会の政治構造』(前掲)、第三章・付論。

(94) 『近松浄瑠璃集』上(前掲)三六四頁。

(95) 同前、三七四頁。

(96) 『狂言集』下(前掲)四一二頁。

(97) 『狂言集』上(前掲)三七七頁。

(98) 『日本農書全集』一六巻(農山漁村文化協会、一九七九年)四七―四九頁。『百姓伝記』の民衆思想的把握を試みたものに深谷克己「近世的百姓人格」（『早稲田大学文学研究科紀要』二六、一九八〇年）。後に同論文をもとにした同著『百姓成立』（塙書房、一九九三年）の四、百姓の人格がある。義理者の部分についても、同書一五三―一五四頁に要約があるが、相応の返礼と見舞いの条は要約から落とされている。なお『日本農書全集』では、「用所ありて見廻所など無沙汰なく」という箇所を、用事で見回るべきところには無沙汰なくと訳しているが、「見廻」は後の『百姓分量記』などでは「みまひ」と読みをつけており、見舞いと訳すのがよいように思われる。

(99) 『近世町人思想』（前掲）二四九頁。

(100) 後藤陽一他校注『熊沢蕃山』（日本思想大系30、岩波書店、一九七一年）三一三頁―三一四頁。蕃山は、ここで「世間に義理・順儀」というのは、「公界の音信・往来・振舞」などをいい、これをつとめるのを「義理かゝず」というが、それは順儀とはいえても義理ではないという。義理というのは、ときを失って衰えているものでも、筋目があればすてないなど、「たのもしきところあるを義理といふ」としている。またこういったものは「本心よりなせる義理なれば、人にたのもしと思はれ、仁者のほまれあるは、くちせぬ名なり」といい、利益をもとめた付き合いにかかわれば、やがて「財用」も乏しくなり、ほんとうの義理もできなくなるから、「親類・知音の筋目ある人、家頼などには見おとされ、たのもしからぬ者」といわれ、ついには家が滅びる。「心・身・家・国・天下」ともに「幸福」は「仁義」にあると説いている。ここでは心から天下まで、「義理の実」の大切なことがいわれるが、同時にそれは「たのもしさ」として追究されていることが注目される。

(101) 桜井庄太郎『恩と義理』（前掲）一〇一―一〇二頁。

(102) 『近世町人思想』（前掲）二四九頁。

(103) 石母田正「歴史学と『日本人論』」（岩波文化講演会、一九七三年、青木和夫他編『石母田正著作集』八巻、岩波書店、一九八九年）。石母田は死の直前に日本人の意識の古層として、未開社会との原理とのかかわりで、義理人情と返しの問題を考えようとしていた。ここにも問題意識をともにする部分がある。

(104) 源了圓『義理と人情』（前掲）六五―六七頁。

付記　原論文では読みやすさを配慮して、中世史料については読み下し文にしたが、収録にあたっては原文にもどした。本論と本書第三章については、平川新「頼みと誓約」（『歴史』八七輯、一九九六年）の指摘がある。平川は著者の仕事について「頼み意識や頼み証文の歴史的展開過程に大きな筋道をつけた」と評価した上で、「頼み証文を媒介とする委任が村の枠組みとは異質な論理によって成立し、なおかつ農民世界以外にも広がって」いる可能性を指摘して、浦賀の干鰯問屋仲間の頼み証文を紹介している。貴重な事例であるが、平川の検討の限りでは、とくに農民世界の論理と商人仲間が異質の論理で頼み証文を作成しているようには感じられなかった。また論文の最後で「『義理』の世界から『契約』の世界への橋渡しとしての頼み証文、というのが白川部氏の描く頼み証文の歴史的意義だが、その背景には『義理』を断ち切って『契約』的関係に移行せざるをえない、強い緊張関係が存在していたように思われるのである」としているのは誤解である。著者の説明不足は反省するとして、著者の構想は、人と人の即自的結合をあらわした頼み意識が、人びとの自立により解体を始めた結果、百姓的世界では頼み証文を生み出し、並行して町人世界で外的規範である義理意識の定着、頼みから義理への言語表現の転換が進行したということである。いずれも契約社会への進展を示すものであると把握している。ただ一七世紀末には近代的契約として頼み証文が成立したわけではないので、著者は頼みの対象化されたものが頼み証文であると、対象化という概念をおくことで把握している。頼み証文が本来的な近代契約性格を強めるのは一九世紀であるが、平川の紹介した事例はこの時期のもので、議論のズレはこの点に起因しているのではないかと考えている。

第二章　戦国期の社会的結合と公儀形成

はじめに

戦国時代は、古代以来命脈をたもってきた貴種観念にもとづく秩序が崩れさり、新しい秩序観念が形成される時期であった。そしてそれは最終的に公儀権力の形成として結果するといってよいであろう。[1]

戦国期の公儀形成について無縁論の立場からこれをとらえて、戦国社会研究に大きな刺激をあたえたのは勝俣鎮夫であった。勝俣は室町から戦国期にあらわれる一揆を各領主の自立を前提に縁を絶った無縁の場とし、そこにおける多分や理非の裁許の原理などを明らかにした。またそこに開かれた「共同の場」や平和によって、喧嘩両成敗法や百姓土地緊縛をはたすような一揆の専制が生まれており、これが戦国家法の前提となったとする。さらに戦国家法は、主人の家中成敗権にもとづく家中法と領国全体を対象とした守護公権などにもとづく国法の側面があり、一揆に象徴される在地の公を取り込んで、公儀権力として成立したとする。またそこから戦国大名の公儀が領国のすべての民を「国民」ととらえる近代国民国家の出発点に位置する性格をもったとするなど多くの論点を提起している。勝俣の主張は、網野善彦のいう無縁・公界・楽の論理を戦国期において具体的に展開させたものであった。[2]これらの議論は、無縁の自由から出発して公共性と公権力の形成、そして平和と展開させるところに特徴があり、大きな展望のもとでの魅力的な議論であるといえる。

ところで頼みは、基本的には網野のいう無縁の対極にある有縁の論理であった(3)。ここでは有縁をもとめる頼みの状況の側から戦国期の公儀権力の形成を考えてみたい(4)。有縁と無縁は歴史の現実のなかでは、必ずしも相対するものではなく相互に絡み合っている。戦国期の公儀形成も、有縁の側から追究することが必要で、盾の両面のようなこの関係を忘れてはならないというのがここでの立場である。

なお中世では頼みは、憑みと書くことが一般であったが、近世以降は頼みと表記されるようになった。戦国期はその移行期で憑みと書くことが多いが、ここでは史料表記以外は頼みで統一して表記した。

一　下剋上と百姓

康安元年（一三六一）細川氏清は将軍足利義詮と対立して、守護を勤めていた若狭へ落ち延びた。そこで日頃重恩をかけて二心なきものと頼んでいた国人に裏切られた。このことを『太平記』は、ただ頼み難いのはこの頃の武士の心だとなげいている(5)。室町幕府が成立しても、こうした国人たちの動きは時代の底流に流れており、それはやがて戦国時代を生み出すことになった。

うち続く戦乱のなかで、人びとは自らの生活の安定と願望の達成をもとめて、多様な方向に頼みの網の目を広げていった。一つの方向はやはり、より頼みになる支配をもとめることであった。若狭の東寺領荘園であった太良荘では南北朝内乱で半済方が設けられ、守護勢力の侵略に見舞われ、その厳しい負担要求になやまされていた。いっぽう荘園領主の東寺は、守護方の侵略の上に、百姓の年貢減免要求などで力を失い、代官を派遣することも次第にままならなくなっていた(6)。南北朝内乱のさなか観応二年（一三五一）若狭では国人一揆が足利直義に荷担して国を掌握し、太良荘にも入部してきた。翌年、百姓は申状を東寺に出して、「当国のいつまの衆御憑候ハてハ、不可有正体候歟、先御代官此衆御憑候歟」と、在国の衆を頼まないではどうにもならないので、国人の脇袋氏を代官に頼むようもとめている。同氏が荘内の勢力で、荘内に名田ももっているので、「不忠」をおこなったなら、改易すればよいというのが人選の理由であった。脇袋氏は、鎌倉時代以来、太良荘に進出をはかり、百姓と対立して排斥されたものであったが、「両御雑掌そえんに参り申事候ハす」と雑掌が下向せず、東寺が頼みにならない事態ではやむをえない選択であった。[7]

内乱が収束して室町幕府のもとで東寺の支配は持ち直し、国人の代官は中絶したが、枠組みはそれほど変わったわけではなかった。応仁の乱に近づくにしたがって、守護方との交渉や荘内の安定のために百姓側が代官の現地派遣をしきりに頼む事態があらわれた。百姓だけでは、守護方があなどって減免もままならなかった。百姓としても東寺が将軍・幕府と深いかかわりをもっていたので、その力を期待せざるをえなかったのである。しかしときに代官が派遣されれば、百姓は盛んに年貢減免を要求しており、東寺の支配をそのまま受け入れているのではなかった。長禄三年（一四五九）には越前守護斯波義敏と守護代甲斐氏との争いが、若狭にも波及してきた。各地では代官が下向して所領の「御けいこ《（警護）》」にあたったが、東寺ではそれもなかった。そこで百姓は「たとい御百姓をハ人とおほしめされ候ハす共、上様を大事ニ思召、御領を御領とおほしめし候ハヽ、かやうの御ふそくハあるましく候哉、返々無面目次第」と代官交代を要求している。[8]いっぽうこのころ起きた隣郷今富荘との埋樋相論は長期にわたったが、太良荘半済方の守護方代官山内氏が扱いに奔走している。山内氏は荘内に自作地をもつもので、他荘との争いでは百姓と一致することもできたのである。代官を下向させられず、十分に荘園の百姓を保護する領主の役目をはたせないなかでは、百姓も次第に守護方の支配を受け入れざるをえなくなった。応仁の乱を契機に、太良荘は実質上、半済方の武士の支配下に組み込まれていった。その過程は明らかではないが、百姓が再三、代官の下向などをもとめていた経緯をみると、頼みにならない東寺よりも、地域に根を下ろし始めた半済方の武士を頼みにせざるをえなくなったということは大筋では間違えていないであろう。

こうしたより頼みになる領主権力や在地の有力者を頼むことで状況を打開しようとする方向とともに、相互に頼みあってゆく自力救済的な方向もあらわれた。近江などでは、相論が合戦におよんだ場合、与力の郷が軍勢を合力して助け合った。(9) 菅浦と大浦との合戦相論では相互に与力の郷が合力した。菅浦側には、海津西浜惣中が菅浦に合力することを表明した書状が残されている。文安二年（一四四五）の菅浦と大浦の日差・諸川をめぐる公事では、菅浦が押さえた鎌を海津西浜乙名が中人になって、大浦へ返還している。また七月四日に大浦方として菅浦に押し寄せたのは、海津東浜、今津、堅田、八木浜などで、これにたいし七月一〇日に菅浦が大浦へ押し寄せたとき、合力したのは八木公文殿、安養寺殿、河道南北、西野、柳野、塩津、春の浦、海津西浜などであったから、海津西浜は実際にも合力勢を出したことがわかる。もちろん双方とも自力での解決だけを目指したのではなく、京方への訴訟も怠らなかったが、「地下人もけなげ二つをくもち候」(強) ことが大事であったので、周囲の合力がかかせなかったのである。(10)

こうして頼み頼まれるということが広くおこなわれるようになった。狂言の「烏帽子」では、烏帽子親になってくれるように頼まれた寮主の比丘尼が、最初はときめく殿達を頼むようにと断るものの、長寿と富貴にあやかりたいとする百姓のたっての願いを聞き入れて烏帽子親となる。一献の後、謡と舞を所望され、比丘尼が烏帽子子をとることはめずらしいことだが、比丘尼は富貴で周囲の檀那と頼み頼まれており、烏帽子子に祝儀として銭をあたえることはめでたいという趣旨の謡を唄って終わっている。(11) 頼みが主従制的関係であったことは、「狂言」の多くが大名・主人を「頼うだ人」と称していることで明らかであるが、(12) ここでは頼み頼まれると互酬的関係に組み替えて広まっていたことがわかる。下剋上の状況のなかで、「頼うだ人」の力が失われ、頼みにならなくなってみれば、寺庵の富貴さが魅力的になってくるのも当然であった。百姓が侍分であるときめく殿達を頼まず、寺庵などを軸に横の連帯を広げている様相は下剋上の状況を端的に示すものであった。

寛正二年（一四六一）の菅浦・大浦の公事では、菅浦は解死人を出して降参するところに追いやられた。しかし代官松平氏が菅浦の解死人を許したことなどから、大浦は面目を失ったと松平氏と鋭く対立し襲撃した。文明一三年（一四八一）の覚書では、こうしたなかで菅浦の僧侶が松平氏に双方のためにという契約をして年貢をまけさせたという。ところが同じ覚書は、その後に「是ハ大浦代官地下へ不可入支度なり」と記しており、頼み頼まれようというこの契約も菅浦惣の計略の一つであったことが示される。[13]このように惣や百姓は自立をかけて、周囲と連帯と相克を繰り広げ、代官までを巻き込んでいたのが戦国期の状況であった。そしてそれは社会の深部まで達していた。天文一五年（一五四六）の遠江国引佐郡祝田御厨の百姓中に出した井伊直盛の判物には

（花押）（井伊直盛）

祝田百姓等脇者・下人之事、背地主之儀、余人江成被官、或号烏帽子々成契約事、堅可停止、若於有背此旨輩者、地下中以談合可成敗者也、為後日仍如件、

天文十五年丙午八月廿四日

祝田百姓中

とあり、脇者・下人が地主にそむいて、他のものの被官となったり、烏帽子子の契約を結ぶことを禁止し、違背したものは地下中が談合して成敗してよいとしている。[14]その宛所は「祝田百姓中」であった。脇者・下人もまたより頼みになるものの被官となったり、烏帽子子となったりすることで自立を目指し、百姓は地下中として結集して談合し、これを抑えようとしていたのである。

二　一揆の結合と意識

物領制の解体するなかで国人は、一つは一揆を結んで、自らの成長を確保しようとした。もう一つは、大名権力に結集する方向があったが、ここでは一揆の結合と頼みについて検討しよう。一揆を結んだ国人らは相互に援助しあうことを約束して一揆契状を結んだ。一揆では相互の援助関係は、主として見継ぐ（みつぐ）と称された。例をあげよう。

①
　　　　契約
　　　　　　　　（前略）
一、於拝領地他人競望之時者、不廻時日、契約衆中奉寄合、捨身命、以自粮米、可申見継候、此上者、互一諸輩
　　知行分、不可有望之儀者也、
　　　　　　（後略）(15)

②
　　　　五郡一揆之事
右条者、就大小事、堅相互見継被見継可申候、於公方之事者、五郡以談合之儀致沙汰、私所務相論□(者)、任理非可
有其沙汰候、（以下起請文言略）(16)

①は貞和二年（一三四六）、一乗院の所領を拝領した知行人が、その維持のために結んだ契約状で、他人が契約中の人びとの知行を競望した場合、契約中は身命をすてる覚悟で兵糧自弁で「見継」こと、また契約中のものが知行を競

望することを禁じている。②は応永一七年（一四一〇）の一揆契約状で、陸奥五郡のものが何事につけても見継ぎ見継がれることを契約し、公方方については談合して判断を定め、私の所領争論は理非にまかせて判断するとしている。②の本文はこれだけで、見継ぎ見継がれることを約束するために一揆を結んだといってよい。見継ぐということが一揆にとって、重い意味をもったことが明らかな例といえる。

ところで頼みについてはどうであろうか。

③

一揆契約条々

（中略）

一、或者本領再住、或者就新恩地に入部事、公方御意お請、能々加談合、衆議調可然以時分、各可致其沙汰候、一揆衆中お憑、楚忽沙汰候時者、一向不可有合力之儀候、如此申定候上者、公方訴訟事をも、以理運之儀、一同に可歎申候、

若此条々令違変候者、（起請文言略）

永和三年十月廿八日　（署名六一名略）(17)

④

小早河本庄新庄一家中契約事

一、大小事共相互不可捨事、

一、家中祖（庶）子彼（被）官人、惣領方へ出事可停止、若惣領方於有許要者、同心可申歎事、

一、雖為惣領、無理子細承者、一同歎可申事、

一、為一族惣領、致緩怠輩者、衆中可加成敗事、

一、憑衆力、対自他致無理者、可放衆中事、
（起請文言略）
宝徳三年辛未九月吉日
（連判一三名略）[18]

⑤
定同名中与掟条々
（前略）
一、於地下中公事出来之時、双方共ニ、内儀を以モ被頼候共、連判仕間敷候事、
（中略）
永禄拾参庚午年三月廿四日　同名中
惣[19]

③は永和三年（一三七七）、九州の島津氏が北朝に降伏したことを受けて、それまで北朝方の今川了俊に組織されていた肥後・薩摩・大隅・日向の国人が結んだ一揆契約状である。一条目では島津氏の降参がきまったので以後公方の意向を受けて行動するとしながら、島津方のものが一揆中の所領を競望して合戦におよんだ場合、公方の御意をまたず一揆中を応援する。二条目は所領争論のときは、一揆中が談合し、上裁をもとめ、多数決で調停するとし、この三条目で所領に入部のときは、公方の許可を受け衆議を調えておこない、一揆の衆中を頼んで粗忽の振る舞いがあった場合、合力しないとしている。島津方の降参を受けて、予想される所領の再配分と混乱のなかで、一揆中の結束がみだれることを恐れて作成されたものである。ここでは一揆の衆中を頼んで、粗忽の振る舞いをすることが、一揆の結合を危うくするものとして否定されているが、同様な規定は④でもみられる。

④は宝徳三年（一四五一）の安芸の沼田小早川一族の一揆契状である。一条で互いに助け合うことを、二条では物領家に一族の庶子・被官人が出入することを禁止することを定めている。また三、四条では惣領の「無理」と一族の惣領への「緩怠」を禁止し、最後に五条目で「衆力」を頼んで無理をするものは衆中を放つことを定めている。一条目が一揆・一味の約束として総論、二―三条目が惣領・一族、被官人の主従の規律を定め、五条目に一揆の結束をみだすものの追放規定と整った形式をもっている。ここでも衆力を頼んで無理を押し通すことが、一揆追放の条件となっている。

⑤は永禄一三年（一五七〇）の甲賀の大原同名中の掟書である。掟書とあるが内容的には一揆契約状とことならない。ここでは地下公事のときに内儀をもって頼まれて連判することを禁じている。内儀をもって頼まれるというように、頼みが公儀にたいして内儀とのかかわりで使われていることに注意したい。

以上、事例をあげてみたが、見継ぎが衆中で見継ぎあうというように積極的、肯定的に使われるのにたいして、頼みは衆中、衆力を頼み無理、粗忽な振る舞いを禁じたりと否定的に使用されている。また内儀の頼みを禁じたりするように、頼みは私的な結合として表現されている。

それでは、一揆契約状において頼みと見継ぎはどのような関係をもっているのだろうか、それを示唆的に示すと思われるのが、嘉慶二年（一三八八）の下松浦一族一揆契状と永禄一三年（一五七〇）の大原同名中の一揆契状である。

⑥

□□（下松）浦一族一揆契諸条々事

（中略）

一、此一揆中之人与一揆外之人相論出来之時者、縦雖為重縁、先闇一揆外之人而、馳寄於一揆中方而、令勘弁両方理非、為道理者、可見継一揆中、若雖為一揆中為僻事者、一同令教訓之、不承引者、両方共不可見継之、但、

一揆外之人計相論之時者、或依重縁、或任道理、可見継之此者也矣、

（中略）

嘉慶二年六月一日　次第不同
（署名者三一名省略）[20]

⑦
一、領中之間にて、他所より被頼、公事持を討手ニ被出候共、我人罷出間敷候、雖然、大犯仕候凡下之者を可討之由、従他家被申候者、大犯之旨聞究、同名中之送無之者、存分次第ニ、討手ニ可罷出候事[21]

⑥では、争論について、一揆内外の取り扱いを定めている。この一揆契状では、一条目で一揆中の談合と多分（多数決）による意志決定を定め、二条目で一揆中の争論の禁止と調停、三条目で夜討ち・強盗・山賊・放火・田畑作毛盗みの即決の処分などを定め、つづいて四条目にこの規定がある。また五条目は百姓逃散の対応、六条目は一揆中の相伝の下人が欠落した場合の引き戻しについて規定されている。全体に、一揆の平和と結合をたもつための予想される紛争に備えた規定であった。そのなかで、一揆中のものと一揆外のもの、また一揆外のものの争論にどう対処するかを定めているが、その基準は、一揆中、縁、理非であった。そこで一揆中と外部の争論では、一揆中のものは外部のものと「重縁」であっても、まず一揆中に馳せ参じて、理非を考えるとするいっぽう、一揆外のものの争論は、「重縁」か「道理」にまかせてそれぞれに見継いでよいとしている。縁については、応安六年（一三七三）に下松浦党の宇久・有河・青方・多尾一族などが結んだ一揆契状の第二条に「不依縁者・重縁、一同可為道理方人云々」とあり、また第三条には「此人数中有沙汰時、不依兄弟・叔甥・縁者・他人」に理非の意見をすべきであるとしており、血縁の親族を中心とする結合であったことがわかる[22]。一揆中ではこれらの縁をこえて結集せねばならないが、一揆外との関係では、それぞれが結んでいる縁にしたがうことは容認されている。当時、血縁を中心とした縁は人びとを結び、

その生活を保障している結合原理であった。惣領制という血縁的な縁の結合が解体して、一揆結合が生じてきたとはいっても、親子・兄弟・婚姻関係などの縁の網の目のなかで、人びとの生活が維持されている面も否定できなかった。一揆中でも、その成員は、内外に広がる縁の関係のなかで生きているのである。したがって基準を一揆におかないで構成員それぞれの生存・生活の保障という点においてみると、構成員は生存の保障のために、一揆に属しながら、同時に血縁の網の目を広げて相互に援助しあっているということになる。そこでの矛盾を一揆契約側からどう処理するかが、重要な課題であったために、このような規定が生まれたといえる。

⑦は、⑤の甲賀大原同名中の掟書の一カ条で、公事持ちのものがのがれてきた場合、他所から討手に頼まれて出ることを禁止したものである。ただし凡下が大犯を犯した場合、その内容を聞き同名中のものが保護していなければ討手として出てよいとしている。一揆の外のものとのかかわりでは、⑥と共通の部分がある。公事持ちのものが追及をのがれてきた場合、かくまうものもいれば、追っ手から協力を頼まれるものもいる。当然ながらいずれも縁を頼って、一揆中のものを頼んでくるので、これに応えれば、紛糾を一揆内部に持ち込むことになる危険が大きい。そこで一般には禁止するが、相手が凡下で大犯を犯し、同名中のものがかかわりなければ討つことを認めている。頼まれるには頼まれるだけのかかわり、則ち縁があってのことであるので、全面的に否定し切るのはむずかしかったのであろう。

⑥と⑦にある頼みと見継ぎについてみると、頼みは縁と結び、見継ぎは一揆中の理非と結んでいるということができる。ここでは頼みと縁とは史料上、明確に結んではいないが、戦国家法ではその関係はよりはっきりした形であらわされている。以下この点もふくめて検討を進めたい。

三　戦国家法

戦国大名の家法には、訴訟を中心とした頼みの規定が多くみられる。ここでは『今川仮名目録』、『結城氏新法度』、『六角氏式目』の関係条文をあげることから始めたい。

①(『今川仮名目録』追加・第二条)

一、各同心・与力の者、他人をたのミ、内儀と号し、訴訟を申事、停止之、其謂ハ、寄親前々訴訟の筋目を存、いはれさる事をハ相押、加異見により、前後しらさる者を頼ミ、我道理計を申により、無覚悟なる者共、取次事多也、但、寄親道理たゝしき上を、贔屓の沙汰をいたし押置歟、又敵方計策歟、又ハ国のため大事にいたりてハ、以密儀、たよりよき様に可申も、不苦也、(23)

②(『今川仮名目録』追加・第三条)

一、各与力の者共、さしたる述懐なき所に、事を左右によせ、ミたりに寄親とりかふる事、曲事たるの間、近年停止之処、又より親、何のよしみなく、当座自然之言次憑計の者共を、恩顧之庶子のことく、永同心すへきよしを存、起請を書せ、永く同心契約なくハ、諸事取次間敷なと〻申事、又非分の事也、所詮内合力をくハふるか、又寄親苦労を以、恩給充行者ハ、永同心すへき也、但寄親非拠之儀あるに付てハ、此かきりにあらす、さあるとて、未断に寄親かふへきにハあらす、惣別各抽奉公の筋目あれハ、当座の与力ハつく事也、一旦奉公を以、あまた同心せしむるといふ共、寄親又奉公油断の無沙汰あるにより、昼夜奉公の者によりそひ、一言をもたのむにより、もとより別而真切の心さしなき同心は、をのつからうとむ也、己が奉公を先として、各に言をもかけをかは、故なき述懐なく同心すへき歟、能々可為分別也、(24)

③（『結城氏新法度』・一九条）

一、人のたのミ候とて、むり《(無理)》とき《(聞)》ゝなし候事、又しうもん《(証文)》・しうこ《(証拠)》のなき事、披露すへからす、[25]

④（『結城氏新法度』・三一条）

一、近臣こと《(殊)》に在郷之者共、まへ〳〵《(前々)》より指南を持へく候、いかに当時これに身ちか《(近)》く走廻候とて、人之指南ニたのまれ候とて、何事も不可申上、又人之指南別人をたのミ、さた《(沙汰)》以下ぢそ《(自訴)》以下不可申上、なすへき義なりとも可払候、但、しなん《(指南)》をやかた《(親方)》慮外□義は、其ものニとりつき《(取付き)》侘言ハなるましく候、□モ可申上候、[26]

⑤（『結城氏新法度』・七八条）

一、酒によい候て、人ものたのミ候とて、目の前へ罷出、かりそめ之義をも不可申、よくさけ《(酒)》をさまし、本心の時被罷出、何事をも可披露、可被心得候[27]

⑥（『六角氏式目』・第五八条）

一、与力寺庵等、不帯頼親吹挙状、猥致訴訟儀、不可被聞召入、但、不出吹挙状者、其旨趣与力寺庵輩可令言上、然者対其頼親等、為上可有御尋、其付而存分可申上、但、於御前近習之与力者、可為各別様躰事[28]

①②は『今川仮名目録』追加の二、三条目である。『今川仮名目録』追加は今川義元の代の天文二二年（一五五三）に作成されたものであるが、ここでは同心・与力と寄親との関係について、頼みをめぐる規定がみられる。

①は与力・同心が本来の寄親でない他人を頼んで、内儀といって訴訟をすることを禁じている。その理由としては、寄親に頼むと事情をよく知っているので、訴訟することをたしなめられたりする。そこで事情を知らないものを頼み、頼まれた側はこれを安易に取り次ぐので訴訟が多くなるという。そこで禁止をするが、寄親の贔屓で訴訟を抑えられたり、敵方の計略、あるいは国のための大事である場合は、密かに「たよりよき様」に申し出てもよいとしている。

ここでは、与力・同心のなかには本来、縁のある寄親を頼まないで、他人を頼んで訴訟を取り次いでもらい、願意をはたそうとするものが多いことが示されている。

これにつづく②の第三条目は、前段を受けて、与力側についてはみだりに寄親を替えることを禁止するいっぽう、寄親がなんのよしみもないものを当座の頼みに事寄せて、恩顧の庶子のように被官化することを禁止している。注目されるのは、言葉のついでに頼んだようなものにたいして、永く同心せよと起請文を書かせたり、同心がなければ取り次ぐことを拒否するといった動きに示される頼み—取次の関係である。①のことと、この問題は深い関係をもっているのである。当時の訴訟は、取り次ぎを頼んで大名に披露され、裁判におよんだが、ことを有利に運ぶには、取り次ぎの人物の力量や主人との関係に負うことが大きかった。そこで同心・与力もより頼みになるものをもとめた結果、寄親を替えるといった動きが広くみられたのである。同心・与力は大名から寄親へつけられるものもあったが、いっぽうで、寄親が世話をして参陣させて、軍功をあげさせ、これを大名に取り次いで、取り立てられるといったものがいた。(29) ②の後半は寄親にたいして、苦心して合力したり、知行をあたえたようなものは、永く同心すべきである。またとくに親切のこころざしを懸けないものに同心せよと迫っても、結局は「うとむ」ものだと教訓しているのも、こうした関係があったからである。

③・④・⑤は弘治二年（一五五六）、『結城氏新法度』である。③と⑤は、訴訟の一般的な規定で、③は証拠のない無理な訴訟を取り次いで披露することを禁止している。また⑤は酒に酔った上で、訴訟を取り次ぐことを禁止している。④は近臣で在郷のものについて指南のものをへないで、上訴することを禁じたものである。大名の側近くに仕えているために、他人から指南を頼まれて大名に「申上」、つまり取り次ぐことを許すと、家中の不和をきたす危険がある。そこで近臣についても、しかるべき重臣に指南を受けるようにさせて、これを回避しようとしたのである。

⑥は永禄一〇年（一五六七）の『六角氏式目』の規定である。ここでは訴訟を頼むという表現は使われていないが、①—⑤とほぼ同様な訴訟をめぐる寄親と与力・寺庵の関係を示しているのであげておいた。また寄親を「頼親」と表

記しているのが『六角氏式目』の特徴で、頼みの親とでもいうべき表現となっている。表記が音通にすぎないのか、実際にそのような意味がもたされているか知るところではないが、検討課題としておきたい。⑥では寄親の「吹挙状」なしに与力・寺庵が訴訟した場合、とりあげないと定めている。「吹挙状」を寄親が出さなかったと訴えた場合は、その旨を返答するという。当時は、訴訟をする場合、寄親などの挙状を携帯するのが普通であった。便りともい い、しかるべき便りにより、訴訟を有利に運ぶことが期待された。

以上、戦国家法の頼みの表現をみたが、その多くが寄親―同心・与力を律する規定とその訴訟についてあらわれていることが注目できる。そこには自らの願望を達するために頼みになるものをもとめて、寄親を替える同心・与力の動きがあり、またこうした叛服常ならない同心・与力を押さえ込んで家臣化して勢力を拡張しようとする寄親の動きがあった。戦国大名はこうした下剋上化してせめぎあっているものを家中として抱え込んでいるのであるが、それが訴訟の場でとくに問題になるのは、大名権力が取次―指南の関係の連鎖として構成されているからであった。大名権力は人びとを家中に編成し、その主従制的人的結合にもとづいて領国経営にあたったが、その中枢では、年寄や奉行人などが主人との人格的結びつきをもとに、それぞれ取り次ぎや披露をおこない、主人の意向を指南という形式で家中におよぼした。そして家中は取り次ぎや指南を頼むことでそれぞれの願望を実現したのであった。当然、こうした権力構造のもとで自らの私的な願望の達成をもとめて活性化した同心・与力は、頼みになる取次や指南をもとめて寄親を替えることを辞さないのであった。

ところで戦国家法には「見継ぐ」という表現がほとんどみられないことにも注意しておきたい。ここにも主従制を前提とする家法と各人の自立と連帯を前提とする一揆契状の社会関係のちがいがあらわれているといえるであろう。

四　戦国大名の公儀形成

戦国大名権力は、主従制原理を基本としたので、一揆とことなって権力自体の生成には、頼みを回避する理由はなかった。むしろ頼もしきものとして領主・領民から頼まれることこそが権力の源泉となっていた。武士が頼みを重んじて弓矢の義理としたことは、『太平記』に結城直光が、畠山義深に逃してくれることを「平ニ可憑由」と頼まれ、「弓矢取身ノ習、人ニ被憑テ叶ハジト云事ヤ可有」と助けたことに示されている(30)。現実にも、寛正二年(一四六一)の菅浦と大浦の公事で、代官松平氏は菅浦の降参を許した。この処置を恨んだ大浦が訴えると、松平氏は菅浦が在地の有力者熊谷氏を「たのミ」「ひらにたすけをかうふるへき由、色々申上ハ、且ハ弓箭の義理と申、且ハいつれも領地の百姓」であるとその処置が正しかったことを主張している(31)。また、奥州大崎合戦をめぐる介入について、天正一六年(一五八八)伊達政宗は「当方へ無二ニ被相頼候条、侍道之筋目無余儀候間、少々及加勢候」と正当化している(32)。領域保持になやむ境目領主などさまざまな領主、そして百姓の頼みに応えられる頼もしい存在として大名権力は期待され、その競合のなかで、実力を発揮できたものだけが生き残った。ここでは惣領制的な貴種秩序はもはや役に立たず、大名の器量が問われたのである(33)。

ところでこうした私的願望による頼みをそのままで引き受けては、大名権力は私的利害の衝突のなかで分裂しかねない。大崎合戦の事例によれば、大崎家中の二人の領主の訴訟をめぐる対立は、当主大崎氏と執事氏家氏との対立となり、自ら解決する能力を失って、相互に伊達・最上両氏を頼み合戦におよんだ。その危ういバランスが崩れれば、家中は崩壊しかねなかった。また伊達・最上両氏の対立を呼び起こし、奥州全域の争乱に発展するところだったのである(34)。『結城氏新法度』はこうした危険性をあからさまに表明している。新法度の冒頭では

①（『結城氏新法度』）

各如被存、年之上に大□□及五年、一日モ心易躰無之候、人□気候遊山活計さへすかぬ身上、殊六ヶ敷こさた《御沙汰》以下、更以□□□□へ候、我等不養生命之つまる義にて候、其上当方□老□□時は、道理非をさゝやき候□□、あるいハわが身上之義歟、縁者・親類のさた《沙汰》の時、鷺をからすニ言たて、縁者・親類又しなん《指南》其外ニたもしかられへきかくこ《覚悟》にて候哉、とても死得間敷ニ、目つくり、刀つきにて、無理を言たて、おほ《多》からぬはうはい《傍輩》間にて、にあ《似合》ハぬさんとうの刷、わけ候モなつきお□□候、然間私法度をあけ候、各可被心得候、此新法度□□をしをかれ候さた、又身かまへ〳〵《前々》仕来候刷、□□以後此法度に不用、すい《随意》ニ物申へき人□□さらふ歟、当名字ニ不忠をかまへ□□事取くつし、ゐしよを取べき刷歟、法度そむかれ候御人躰、たれ《誰》人ハ不可入候、をしよせこすき可申候、無何事時、各心得のため、条目ニあらハし候、於後代モ可為此法度候[35]、

と法度制定の趣旨が説明されている。破損などによりはっきりしないところもあるが、要点は、評定の人びと（宿老か）が自分の身上や縁者・親類の訴訟のときに、縁者・親類・指南の人びとに頼もしがられようとして、理非をまげて鷺をカラスと言い立てる。そのあまり目をつり上げ、刀を突き立てて言い争って、多くもない朋輩が激しく対立する。そこでこうした家中分裂を抑えるために、法度を制定したというのである。ここに戦国大名の矛盾があり、家法に一揆の法を吸収する必要性があった。そこで縁によって内儀を頼んでの訴訟を抑え、理非による訴訟処理をおこなうことで、大名権力の安定をはかろうとして、大名の公儀があらわれるのであるが、『今川仮名目録』の追加につづく「定」はこれについて、さらに踏み込んだ規定をしている。「定」も追加同様、今川義元時代のものとされるが、つぎのような条文がみられる。

②（『今川仮名目録』定・第二条）

一、たよりなき者訴訟のため、目安之箱、毎日門之番所に出置上ハ、たしかにはこに入て、毎月六度之評定にこ

れをひらき、名を沙汰し定へき也、但誰なにかし、いつれの在所と云事名不実之者、訴訟と号し、彼箱になけ入、落書同前に披露すへきにをひてハ、讒言のわさはひたるへし、所詮五日に一度之評定の当日に、彼訴訟之人、門外に祗候せしめ、箱之内之目安、一度に合点せさる訴訟人ハ、落書たるへきの間、則衆中として、焼つへし、若又其日不出合ハ、重而以目安可申事、(36)

③（『今川仮名目録』定・第六条）

一、訴訟之便有とて、謂なき事共かきあつめ、をのれか意趣計いひ立たらん奉公の者にをひてハ、所帯名田なき者にをひてハ、分国中を追却すへし、事のやうにより成敗すへき事、(37)

④（『今川仮名目録』定・第一一条）

一、目安披露之上、奉行人請取、公事落着なき間、論人、訴人共に、奉行の宿所へ出入すへからす、但奉行人かたへ、公事催促之儀ハ、出仕之上か、又寄親をもて催促すへし、自然内儀相憑之由、相手申かくる処に、頼処歴然に付而ハ、理非を論せす、公事を相手に落着すへし、又虚言申にをひてハ、これも理非にをよはす可落着也、たのまる丶奉行人にをひてハ、堅可処罪科事(38)

「定」は評定の奉行人の服務規律を定めたものであるが、②の第二条目では「たより」のないものにも訴訟を開くために「目安箱」を設けることとし、その管理を定めている。また③の第六条目では「訴訟之便」があるからといっていわれないことを訴えたものの追放規定である。さらに④の第一一条では、訴訟の審理中に訴人などが奉行人の宿所に出入りして「内儀相憑」むことを禁止し、ことが露見した場合は、理非を論じないで頼んだ側をまけとし、頼まれた奉行人を処分するとしている。第一一条は評定の場の信頼性を担保するための規定で、内儀の頼みを断ち切ることで、公儀を確立しようとしたといえるであろう。また公儀がそのようなものであったからこそ、訴訟は「たより」のないものにも開かれる必然性をもったといえる。

以上、戦国大名の公儀形成の要因を頼みとのかかわりでみてきた。下剋上の戦国状況のなかで大名は、領主・領民のさまざまな願望をはたしえる頼もしきものとして権力を形成するが、そのまま彼らの願望を取り込んでは、家中の私的利害の衝突のなかで内紛を抱え崩壊の危機にさらされることになった。そこで大名権力は内儀の頼みを否定して、公儀による理非の秩序を構築することを目指さざるをえなかった。この過程で一揆の法の取り込みが生じたのである。ただ一揆の法が自立した領主の多分にもとづいて、理非が判定されるのに対して、戦国大名の法は主従制原理にもとづき主人の裁許権によって決裁された。そこに戦国大名の専制があったといえる。とはいってもその裁許が、人びとの合意をえて家中・領国の統合を確保するものとなるには、大名専制の行使が合意をえられる基準で客観化されていることが望ましかった。こうして戦国家法が制定される条件が生じた。そこに成立した公儀が、「たより」なきものにも開かれてゆくのも当然であった。

おわりに

以上のように考えてみると、戦国大名の権力が家臣の内儀を否定し、無縁の原理にもとづく一揆の法を吸収して公儀として自らを確立し、領国に専制的権力をおよぼしたという理解には一定の留保が必要に思われる。戦国大名は下剋上状況のもとで沸き起こる頼みの圧力にさらされており、そのなかでかろうじて公儀を選び取っていったという方が真実に近いのではないかと思われるからである。それは一揆であっても同様で、たしかに衆力を頼んで無理を通すことは禁じられていたが、それは縁を頼んで自らの願望をはたそうとする現実の圧力を克服し切ったことまでは意味しなかった。むしろその相克のなかで漂っていたとみるべきであろう。

こうした状況に大きな転機をもたらしたのは、やはり統一政権の成立であった。とりわけ豊臣政権の惣無事政策と太閤検地・兵農分離は、領主および百姓の訴訟を公儀の裁定のもとに編成することで自力救済の否定を進めた[39]。また兵農分離が推進され、大名とその家臣団が在地から切り離されるとともに、領主と百姓の公事は区別され、百姓の公事が領主の境界争いとなり、合戦におよぶといった戦国的紛争構造は断ち切られていったのであった[40]。

いっぽう、取次―指南と奉行人の評定で運営される大名権力の構造は戦国期をこえて近世初頭にまでおよんでおり[41]、この間公儀権力は不安定性を免れなかった。取次制は、主人との人格的結合にもとづく権力編成のありかたを象徴したものであり、人びとは取次の縁を頼むことにより権力に自らの要求を結びつけた。取次制は主人の個人的信頼と取次のものの力量に依存しており、その取り扱う範囲はその能力と信頼によって大きくなった。そこで誰を取次に頼むかはことの成否を左右する大事となった。近世初期では将軍への取次に誰を頼めばよいかというのは大名の重大な関心事であったのである。こうした状況が薄れるのは、江戸幕府では寛永期に老中・若年寄・三奉行の制度が整えられてゆくなかであった[42]。

また惣無事により百姓にたいして喧嘩停止でのぞんだ豊臣・徳川政権は、「たより」なきものへも訴訟を開くことで公儀の正当性を担保し、その基盤を拡大する方向をいっそう強化し、直訴を容認するようになった。徳川家康が慶長八年（一六〇三）将軍就任にあたって出したといわれる「諸国郷村掟」は直訴を認めた嚆矢であった[43]。この法令については不明な点もあるが、家康が各地で直訴を受けていたことは事実としてよい。また同じ頃と推定されるが、京都所司代であった板倉勝重が町代に出した条々は、町人が訴訟のあるときは目安箱に入れること、板倉氏家中にたいして町人が訴訟を申し出ることを禁止し、勝重に直訴せよとした上で、

一、公事ニ付てよしミをたのミ、他所より状を持来候を〔は〕、不立入理非、其者まけに可申付事[44]、

と、よしみを頼んで状（便り）をもって訴訟にくるものは、それだけで敗訴とすると定めている。さらにこの触れでは、板倉氏の名前を出して掛け買いをすることを禁じ、奉公人が同氏の名前で申触れをつたえても不審な点があれば、

直接尋ねることを許した。板倉家中が所司代の権威をもとに町人と私的な結びつきをもち、訴訟を左右したり、市中で非分を働き、公儀の信頼を失うことを恐れて、町中にこれを抑える原則を示そうとしたのである。そのなかで目安箱による訴訟を認めたことや、よしみを頼み「状」を持参したものを敗訴とする規定があらわれたのであった。これは所司代役人を兼ねる板倉家中の私的な取り次ぎを抑え、公儀を所司代機構として確立しようとするもので、町代制や町触制とともに近世的町行政システムを形成するものであった(45)。このことはこの時期、戦国大名的な公儀から、近世的公儀へとそのありかたが大きく変貌しようとしていたことをあらわしている。

（1）白川部達夫「近世の百姓結合と社会意識」（『日本史研究』三九二号、一九九五年、本書第三章）、同「民衆の社会的結合と規範意識」（岩田浩太郎編『新しい近世史』五、新人物往来社、一九九六年、本書第一章）。
（2）勝俣鎮夫『戦国法成立史論』（東京大学出版会、一九七九年）。
（3）網野善彦『無縁・公界・楽』（平凡社、一九七八年）。
（4）遠藤ゆり子「執事の機能からみた戦国期地域権力」（『史苑』一六七号、二〇〇一年）、同「戦国期地域権力の歴史的性格に関する一考察」（『地方史研究』二九六号、二〇〇二年）、同「戦国時代における公権の形成と国郡・探題職」（『歴史評論』六二七号、二〇〇二年）などの一連の仕事は、戦国大名領国とされたもののなかにふくまれた国衆などが独自な「国家」を形成しており、その統制・従属関係や戦国大名間の関係を視野に入れた公権論になっていないと、勝俣的な戦国大名国家観を批判する立場から戦国期の公権形成を探ろうとしている。このさい「頼む者を助けることは『侍道之筋目』」という正当性の主張がおこなわれたことに注目して、旧稿にふれていただいた。また近年では「慶長五年の最上氏にみる大名の合力と村町」（藤木久志他編『荘園と村を歩くⅡ』校倉書房、二〇〇四年）で有縁と無縁との関係について考察している。本論は同氏の研究に刺激されて、再検討してみたものである。
（5）後藤丹治他校注『太平記』三（日本古典文学大系36、岩波書店、一九六二年）三六五頁。
（6）太良荘については、網野善彦『中世荘園の様相』（塙書房、一九六六年）、『小浜市史』（通史編、上巻、小浜市史編纂委員会、一九九二年）を参照した。
(7) 笠松宏至他校注『中世政治社会思想』下（日本思想大系22、岩波書店、一九八一年）二九三―二九四頁（以下、表記は『中世政治社会思想』下と略す）。
(8)『中世政治社会思想』下、二八五―二八六頁。
(9) 酒井紀美『日本中世の在地社会』（吉川弘文館、一九九九年）一〇七―一一〇頁。
(10)『中世政治社会思想』下、三二四―三二七頁。
(11) 小山弘志校注『狂言集』下（日本古典文学大系43、岩波書店、一九六一年）一八七―一九五頁。第一章参照。
(12) あまりに一般的用法なので、とくにあげるまでもないが、たとえば大名狂言の「今参」、小山弘志校注『狂言集』上（日本古典文学大系42、岩波書店、一九六〇年）一三五頁。
(13)『中世政治社会思想』下、三三七―三三五頁。
(14) 佐藤進一他編『中世法制史料集』四巻（岩波書店、一九九八年）、二三七頁（以下、表記は『中世法制史料集』四巻と略す）。
(15)『中世法制史料集』四巻、五〇―五一頁、貞和二年一〇月五日、一乗院領知行人等契約状。
(16)『中世法制史料集』四巻、一〇一頁、応永一七年二月晦日、陸奥五郡一揆契状。石井進他編『中世政治社会思想』上（日本思想大系21、岩波書店、一九七二年）、四〇六―四〇七頁（以下、表記は『中世政治社会思想』上と略す）。以下、史料は『中世法制史料集』によったが、解釈に『中世政治社会思想』を参考にした場合があるので、両者を示すことにした。
(17)『中世法制史料集』四巻、七六―七八頁、『中世政治社会思想』上、三九八―三九九頁。
(18)『中世法制史料集』四巻、一二九―一三〇頁、『中世政治社会思想』上、四〇八―四〇九頁。
(19) 佐藤進一他編『中世法制史料集』五巻（岩波書店、二〇〇一年）一三〇―一三四頁（以下、表記は『中世法制史料集』第五巻と略す）。
(20)『中世法制史料集』四巻、八七―八九頁。
(21)『中世法制史料集』五巻、一三〇―一三四頁。
(22)『中世政治社会思想』上、四〇三―四〇四頁。

(23) 佐藤進一他編『中世法制史料集』三巻（岩波書店、一九六五年）一二三頁。『中世政治社会思想』上、二〇〇頁。
(24) 『中世法制史料集』三巻、一二三―一二四頁、『中世政治社会思想』上、二〇〇―二〇一頁。
(25) 『中世法制史料集』三巻、一二三二頁、『中世政治社会思想』上、二五二頁。
(26) 『中世法制史料集』三巻、一二三四―一二三五頁、『中世政治社会思想』上、二五四―二五五頁。
(27) 『中世法制史料集』三巻、二四七頁、『中世政治社会思想』上、二六七頁。
(28) 『中世法制史料集』三巻、二六九頁、『中世政治社会思想』上、二九七―二九八頁。
(29) 池上裕子『戦国時代社会構造の研究』（校倉書房、一九九九年）七一―七五頁。
(30) 『太平記』三、（前掲）四〇九―四一〇頁。
(31) 『中世政治社会思想』下、三三四頁。ところで頼みについて「ひらに」や「無二」に頼まれたとすることも注意したい。これらは『今川仮名目録』追加がいうような言葉のついでに頼むことと、対をなす言葉で重い意味をもったのではなかろうか。
(32) 『仙台市史』資料編一〇（仙台市史編さん委員会、一九九四年）一〇〇―一〇一頁、遠藤ゆり子「戦国時代における公権の形成と国郡・探題職」（前掲）。
(33) 相良亨「戦国武将の精神」（石田一良編『日本文化史概論』吉川弘文館、一九六八年）。
(34) 注(4)遠藤ゆり子論文参照。
(35) 『中世法制史料集』三巻、二二七頁、『中世政治社会思想』上、二四六頁。
(36) 『中世法制史料集』三巻、一二三一頁、『中世政治社会思想』上、二〇六頁。
(37) 『中世法制史料集』三巻、一二三三頁、『中世政治社会思想』上、二〇七頁。
(38) 『中世法制史料集』三巻、一二三三―一二三四頁、『中世政治社会思想』上、二〇七―二〇八頁。
(39) 藤木久志『豊臣平和令と戦国社会』（東京大学出版会、一九八五年）。
(40) 杉本史子『領域支配の展開と近世』（山川出版社、一九九九年）、序章。
(41) 山本博文『幕藩制の成立と近世の国制』（校倉書房、一九九〇年）。
(42) 取次制については藤井讓治『江戸幕府老中制形成過程の研究』（校倉書房、一九九〇年）、中世から近世の公儀観念の変遷と幕藩官僚制については、同『幕藩領主の権力構造』（岩波書店、二〇〇二年）。
(43) 深谷克己『増補改訂版百姓一揆の歴史的構造』（校倉書房、一九八六年）、第二部・補論二。徳川家康以下の近世初期の将軍が直訴を受けていたことについては、保坂智『百姓一揆とその作法』（吉川弘文館、二〇〇二年）五一―五七頁。
(44) 京都町触研究会編『京都町触集成』別巻二（岩波書店、一九八九年）一七七頁。
(45) 横田冬彦「近世社会の成立と京都」（『日本史研究』四〇四号、一九九六年）。

Ⅱ　頼み証文の成立と構造

第三章　近世の百姓結合と社会意識
――頼み証文の世界像

はじめに

頼み証文は藪田貫によって、国訴研究の過程で「発見」されたもので、藪田は頼み証文により惣代を選出して、訴願運動を形成する民衆運動のありかたのなかに、近代の代議制へつらなる代表委任の契機をみようとしている(1)。しかし頼み証文の歴史的意義を議論するために、われわれが頼み証文についてどれほど確実な知識をもっているかが、なお問われねばならないのが現状である。したがってここでは、古文書学的手法により、頼み証文の証文としての発展に即して問題を考えたい。

また本章の視座は、頼み証文を近世百姓の社会的結合の表象としてとらえ、人びとが結びあった頼みをめぐる歴史のなかに位置づけることで、そのもった意味をとらえようとするところにある。そこに近世の固有な百姓結合のありかたと社会意識をみようとしているのである。

頼みの意識と頼み証文の諸段階については、a戦国期よりの頼み意識の展開を基盤に頼み関係が水平的な方向に広がった段階、b一七世紀末より一八世紀初めの小百姓のイエの展開のなかで、頼み意識および関係が文書としてあらわされた段階（頼み証文の一般的成立）、c一八世紀後半よりの頼み証文が地域のなかに広まるなかで、証文の様式が整備され頼み証文という文書認識が生じるとともに、契約的性格をはらむようになる段階の三つの段階があったと考えているが、検討はb→c→aの順でおこなうことにした。頼みの意識は頼み証文成立の前提であるとともに、これをささえるより広い基盤をなしており、前提としてだけ取り扱うのでは不十分だからである。

最後にここでの目標は、頼み意識と頼み証文の全体像を明らかにするなかで、その一般的成立の意義を位置づけることにおいている。したがってその中心は一七世紀末より一八世紀初めにあるが、その一般的成立をみきわめるなかで、中世・近世、近世・近代の二つの移行期についておこなわれた委任論とのかかわりを考えることにしたい。(2)

一　頼み証文の成立

近世の頼み証文の成立と展開をみるために、関東と上方（上方一〇カ国に淡路を加えた）を中心に頼み証文を抽出して、年表としておいた（表1、2）。文化年間まで、つまり一九世紀初頭までのものはこれだけである。以後は多くなるので、要点のみを表に示すこととした（表3、4）。なお頼み証文とはなにかという問題があるが、①なんらかの頼みを直接の目的、主たる目的として作成された文書であること、②頼むもの（差出）と頼まれるもの（受取）が明示されていること、③証文であること（依頼の書状、願書ではない）、④頼み証文・頼一札・頼書・頼み状など文書そのものに明示があること、⑤堅め状・議定書などのほかの文書様式で把握できないこと、などを配慮して選択した。(3)

1　村役人と頼み証文

村役人の頼み証文は、初期に重要な文書もみられるので、簡単に紹介することから始めたい。

まずもっとも早いものとして摂津国島上郡柱本村の慶長期の文書がある。(4) この内、慶長一四年（一六〇九）以後の

表 1　頼み証文年表（関東）

年　月　日	国　郡　村		事　　書	内　　容	出　　典
1 明暦 2・2・16	下野・都賀・下国府塚		指上申手形之事	名主組替の頼み.	『小山市史』史料編・近世Ⅰ, 648-649 頁.
2 元禄 2・7・3	常陸・筑波・太田		相定申連判手形之事	山野争論の出訴の頼み.	白川部達夫『日本近世の村と百姓的世界』(校倉書房, 1994 年) 206-207 頁.
3 元禄 2・11・6	常陸・筑波・太田		相渡申一札之事	山野争論の頼み.	白川部達夫『日本近世の村と百姓的世界』(校倉書房, 1994 年) 207-208 頁.
4 (元禄 3)	下総・葛飾・芝崎他 7 カ村		一札之事	鷹野鉄砲御免訴願惣代の頼み.	『流山市史』近世資料編Ⅱ, 272-273 頁.
5 元禄 4・9・28	常陸・筑波・太田		相定之事	山野争論出訴の頼み.	白川部達夫『日本近世の村と百姓的世界』(校倉書房, 1994 年) 208 頁.
6 元禄 4・12・28	常陸・筑波・太田		相定之事	山野争論出訴の頼み.	白川部達夫『日本近世の村と百姓的世界』(校倉書房, 1994 年) 208-209 頁.
7 元禄 5・3・7	武蔵・入間・木蓮寺		進上申一札之事	組頭役就任の頼み.	『入間市史』近世史料編, 353-354 頁.
8 元禄 5・8・21	下総・猿島・仁連		(指上申奉願之事)	山野争論出訴の頼み.	『三和町史』資料編, 近世, 432-436 頁.
9 元禄 9・11・23	下総・相馬・布施		証文之事	年貢勘定の頼み.	『柏市史』資料編五, 69 頁.
10 元禄 9・11	下総・相馬・豊田		羽黒村入作出入ニ付村中連判帳	入作の高役負担出訴の頼み.	『龍ケ崎市史』近世史料編Ⅱ, 165-167 頁.
11 正徳 3・12・21	下野・都賀・下初田		以書付奉願候御事	上り年貢などの出訴の頼み.	『小山市史』史料編・近世Ⅰ, 597-599 頁.
12 享保 13・2・5	上野・新田・米沢他 18 カ村		村々組合証文之事	社参触次役の頼み.	『太田市史』史料編, 近世 2, 485-486 頁.
13 享保 14・3	下野・芳賀・飯貝他 1 カ村		無し	原地新開御免出訴の頼み.	『栃木県史』史料編・近世三, 338 頁.
14 享保 14・5	下野・芳賀・飯貝他 1 カ村		相定申一札之事	原地新開御免出訴の頼み.	『栃木県史』史料編・近世三, 338 頁.
15 享保 15・5	下野・都賀・黒田新田		覚	新田名主役就任の頼み.	『小山市史』史料編・近世Ⅰ, 1040 頁.
16 享保 19・10・12	下総・葛飾・駒木新田		一札	御料名主就任の頼み.	『流山市史』近世資料編Ⅱ, 496-497 頁.
17 元文 2・4	武蔵・入間・北野新田		一札之事	名主役就任の頼み.	『所沢市史』近世史料Ⅰ, 220 頁.
18 元文 2・閏 11	武蔵・多摩・上河原	○	定名主役願出候証文之事	定名主役就任の頼み.	『昭島市史』附編, 266-267 頁.
19 元文 4・9	下総・埴生・宝田		以口上書御訴訟頼上申候事	名子訴訟取り下げの頼み. (1)	『成田市史』近世編史料集, 四上, (村政Ⅰ), 335-336 頁.
20 元文 4・9	下総・埴生・宝田		以口上書御訴訟頼上申候事	名子訴訟取り下げの頼み. (2)	『成田市史』近世編史料集, 四上, (村政Ⅰ), 336-337 頁.

21 延享元年5月	武蔵・豊島・上落合他50カ村	× ○	相渡申村々連判証文之事	鷹野人足扶持の請取世話の頼み．	中野区立歴史民俗資料館（都立大学図書館蔵）・堀江家文書．大石学・落合功氏の教示．
22 寛延元・8	下総・相馬・布施		一札之事	検見願の頼み．	『柏市史』資料編五，446頁．
23 寛延4・2	下総・葛飾・駒木新田		一札之事	名主役就任の頼み．	『流山市史』近世資料編II，497頁．
24 宝暦7・12	武蔵・多摩・和田他38カ村	○	相渡シ申村々連判証文の事	御鷹野諸御用触次役継続の頼み．	『豊島区史』資料編二，518-520頁．
25 宝暦9・3	下野・都賀・下初田		乍恐書付ニて百姓共御願申上候覚	御蔵宰領などの罷免出訴の頼み．	『小山市史』史料編・近世I，1113-1115頁．
26 宝暦9・12	上野・緑野・藤岡下町		一札之事	絹市場取調返答書の惣代の頼み．	『群馬県史』史料編9，近世1，872頁．
27 宝暦10・11	武蔵・多摩・田無他8カ村	×	相渡シ申頼証文之事	淀橋普請人足の賃銭納の頼み．	『田無市史』第一巻，中世・近世史料，744-745頁．
28 宝暦12・6	相模・足柄下・久野他1カ村		証文之事	石の江戸表売口世話の頼み．	『神奈川県史』資料編9，近世（6），884-885頁．
29 明和元・11	武蔵・比企・大塚		相極申連判之事	増助郷免除出訴の頼み．	新編『埼玉県史』資料編11，近世2，121頁．
30 明和元・11	不詳（武蔵・熊谷宿助郷）		惣百姓連印を以願上候	増助郷免除出訴の頼み．	新編『埼玉県史』資料編11，近世2，247-249頁．
31 明和元・12・6	上野・甘楽・富岡		覚	増助郷免除出訴の頼み．	『富岡市史』近世資料編，806-807頁．
32 明和9・2	武蔵・多摩・境		一札之事	名主後役出入の頼み．	『武蔵野市史』資料編，264頁．
33 安永3・2	武蔵・多摩・熊川		入置申一札之事	名主役就任の頼み．	『福生市史』資料編，近世1，144-145頁．
34 安永3・9	武蔵・多摩・田無		一札之事	組頭出入の頼み．	『田無市史』第一巻，中世・近世史料，241-242頁．
35 安永5・正	武蔵・埼玉・下高柳他25カ村	×	一札之事	房川舟橋組合触頭惣代の頼み．	『久喜市史』資料編II，近世1，453頁．
36 安永5・正	下総・相馬・河原代他15カ村		（乍恐以 □ 願上候）	御普請組合の組分け願の惣代の頼み．	『龍ケ崎市史』近世史料編II，240-243頁．
37 安永5・正	下総・相馬・長沖他15カ村	（×）	村々連判帳	寄人馬触次役の頼み．	『龍ケ崎市史』近世史料編II，386-390頁．
38 安永5・3	武蔵・埼玉・小久喜他19カ村		一札之事	雇い人馬の頼み．	『白岡町史』資料10，近世文書I，42頁．
39 安永6・5	下総・相馬・青柳他6カ村		一札之事	藺草の勝手栽培差し止め出願の頼み．	『取手市史』近世史料編II，636-637頁．
40 安永9・7	武蔵・足立・大門宿他3カ村	○	相渡申議定書之事	水除堤御普請願惣代の頼み．	『浦和市史』第三巻，近世史料編III，134-135頁．
41 安永9・12	下総・香取・小見他82カ村		御頼申一札之事	薪百分壱取立請負人反対訴願の頼み．	『松戸市史』史料編（二），549-551頁．
42 天明元・7	上野・緑野・藤岡竹田町		書付を以願上候	糸，真綿改料御免出訴の頼み．	『藤岡市史』資料編，近世，963頁．
43 天明2・2	上野・緑野・藤岡		一札之事	絹騒動吟味の取りなしの頼み．	『群馬県史』資料編9，近世1，889-890頁．
44 天明2・10	下総・相馬・河原代他7カ村		（乍恐以書付奉願上候）	堀枠伏替普請願の惣代の頼み．	『龍ケ崎市史』近世史料編II，289-291頁．

45 天明 4・閏正・6	武蔵・秩父・薄	×	差出申書付之事	村方出入参加の取り消しの扱いの頼み.	『両神村史』史料編二，近世，出浦家文書，134-135 頁.
46 天明 6・6	相模・大住・横野		入置申一札之事	名主後役出入惣代の頼み.	『秦野市史』第二巻，近世史料 1，617-618 頁.
47 天明 8・5	相模・大住・横野	×	一札之事	村方騒動の惣代の頼み.	『秦野市史』第二巻，近世史料 1，620-621 頁.
48 寛政 2・正	相模・鎌倉・極楽寺		一札之事	身持ち不埒のものの出訴の頼み.	『鎌倉近世史料』極楽寺村編，384-385 頁.
49 寛政 3・5	武蔵・高麗・高倉		覚	村方騒動の連印を抜ける頼み.	『鶴ケ島町史』近世資料編Ⅳ，343-344 頁.
50 寛政 4・3	武蔵・埼玉・八条村他 31 カ村	×	<u>相頼申一札之事</u>	用水の圦戸開閉役の頼み.	『越谷市史』続史料編（一），326-328 頁.
51 寛政 5・4	武蔵・埼玉・八条村他 30 カ村	× ○	<u>相頼申一札之事</u>	用水の圦戸開閉役の頼み.	『越谷市史』続史料編（一），329-330 頁.
52 寛政 7・正・25	武蔵・比企・下唐子	×	<u>頼置一札手形之事</u>	村方騒動の出訴の頼み.	『東松山市史』資料編，第三巻，近世編，264 頁.
53 寛政 7・2	武蔵・多摩・境新田		一札之事	年寄役継続の頼み.	『武蔵野市史』資料編，267-268 頁.
54 寛政 10・6	武蔵・多摩・下保谷		以書付ヲ蓮印一札之事	名主役継続の頼み.(1)	『保谷市史』史料編 1，近世（1），243-244 頁.
55 寛政 10・6	武蔵・多摩・下保谷		以書付ヲ蓮印一札之事	名主役継続の頼み.(2)	『保谷市史』史料編 1，近世（1），244-245 頁.
56 寛政 12・正	下総・相馬・布佐		相願申一札之事	松戸河岸船宿の頼み.	『松戸市史』史料編（二），559 頁.
57 寛政 12・3	上総・望陀・板戸市場		差入申書附之事	相給名主出入などにより出訴惣代頼み.	『袖ケ浦町史』史料編Ⅰ，296-297 頁.
58 寛政 12・12	上総・望陀・奈良輪		差入申一札之事	御用継立問屋場の頼み.	『袖ケ浦町史』史料編Ⅱ，227-228 頁.
59 享和 2・8	武蔵・埼玉・鷲宮他 17 カ所		相談一札之事	川口堤御普請願惣代の頼み.	『鷲宮町史』史料二，近世，207-208 頁.

注）年表には実際に史料を見ることのできたもののみを採用し，目録などからは採用していない．大会では文化期まで示したが，ここでは享和期までとした．

下線は事書に「頼」の文言がある証文．×は書止に頼一札・頼証文・頼書・頼状など頼み証文を明示する文言がある証文．（×）は同一時期の他の文書で確認できるもの．○は雑用負担の金額などが明示された証文（事書）は願書を写した上で，それに続けて頼みの部分が加えられる場合で，（　）内の事書は願書のものであることを示す．

表 2　頼み証文年表（上方）

年　月　日	国　郡　村		事　　書	内　　容	出　　典
1 慶長末年	摂津・島上・柱本		無し	年貢減免出訴の頼み.	水本邦彦『近世の村社会と国家』東京大学出版会, 1987 年, 121-122 頁.
2 宝永 5・6・16	淡路・津名・王子		奉願口上之事	水論出訴の頼み.	『兵庫県史』史料編, 近世二, 889-890 頁.
3 宝永 7・5・11	河内・志紀・小山		一札之事	名跡譲りの恵み.	『藤井寺市史』第六巻, 史料編四上, 481-482 頁.
4 享保 6・7・24	丹波・船井・奥村		口上書仕候御事	山論出訴の頼み.	『和知町誌』史料集（一）, 225-226 頁.
5 享保 8・11・13	丹波・天田・畑中		村中口上	山論出訴の頼み.	『続々上豊富村関係資料集』, 14-17 頁.
6 享保 17・4	河内・古市・西浦		一札之事	水論（井路争論）の頼み.	『羽曳野市史』第五巻, 史料編 3, 350-351 頁.
7 元文 5・9・5	河内・丹南・丹南		村中より願申候	年貢減免出訴の頼み.	『松原市史』第四巻, 史料編 2, 684 頁.
8 延享 2・8・13	河内・丹南・伊賀		一札	新田開発反対出訴の頼み.	『羽曳野市史』第五巻, 史料編 3, 396-397 頁.
9 寛延 3・11	大和・高市・根成柿		連判証文之事	雨乞村順出入出訴の頼み.	改訂『大和高田市史』史料編, 161-162 頁.
10 明和 8・12	摂津・兎原・三条		口上書を以御頼申上候	鎌留め違反の侘びの頼み.	新修『芦屋市史』資料篇二, 326-327 頁.
11 明和 9・正・28	河内・丹南・丹南		御頼申上候	肥し代拝借出願の頼み.	『松原市史』第四巻, 史料編 2, 241-242 頁.
12 明和 9・9	和泉・日根・佐野		一札	波戸築出し出願の頼み.	『泉佐野市史』, 681 頁.
13 安永元・12	播磨・加古・東二見		一札之事	運上相続の江戸出訴惣代の頼み.	『明石市史』資料（近世篇）, 第六集, 415 頁.
14（安永 9）・9・23	摂津・有馬・田尾寺		口上	庄屋出入の取扱の頼み.（庄屋方）	『豊中市史』資料編三, 134-135 頁.
15（安永 9）・9	摂津・有馬・田尾寺		口上	庄屋出入の取扱の頼み.（百姓方）	『豊中市史』資料編三, 135 頁.
16 天明 4・6	播磨・加西・合山		村中一同口書之事	入会山手銀争論返答の頼み.	『西脇市史』史料篇, 375 頁.
17 天明 6・3・15	丹波・天田・額田		御頼申一札之事	土地買受けにつき年貢諸役の処理の頼み. 他村への業務連絡の頼み.	『福知山領井田村水上家文書』第二, 48 頁.
18 天明 6・7	摂津・大坂	×	一札	柏原船出入の返答方惣代の頼み.	『柏原市史』第五巻, 史料編（II）, 168-169 頁.
19 天明 8・4	摂津・豊島・東坊島		覚	賄い役（カ）非道の訴願惣代の頼み.	『箕面市史』史料編五, 386 頁.
20 寛政 3・10・16	但馬・城崎・今津		御願申一札之事	米納め撤回訴願惣代の頼み.	『城崎町史』史料編, 573-574 頁.
21（寛政 5・3・13）	摂津・島下・片山	×	乍憚口上	庄屋不帰依の願い下げの頼み.	『吹田市史』第六巻, 史料編 3, 342-343 頁.

注）表 1 の注と同じ.

表3　19世紀の関東の頼み証文

年　代 (年数) a	証文数b	事書・書止に頼み証文の明示のある証文数	複数村の証文数(制度)	雑用金の明記された証文数	b／a
文化（14）	24	15	11(4)	6	1.7
文政（12）	31	22	8(4)	5	2.6
天保（14）	47	37	29(11)	5	3.4
弘化（4）	9	6	5(4)	1	2.3
嘉永（6）	19	12	8(2)	2	3.2
安政（6）	24	21	11(3)	4	4
万延（1）	4	2	0(0)	0	4
文久（3）	16	13	12(3)	3	5.3
元治（1）	3	1	2(0)	0	3
慶応（3）	12	7	6(1)	1	4
明治（5）	13	11	8(4)	1	2.6
年不詳	1	1	1(0)	0	—
小計（71）	203	148	101(36)	28	2.9

表4　19世紀の上方の頼み証文

年　代 (年数) a	証文数b	事書・書止に頼み証文の明示のある証文数	複数村の証文数(制度)	国訴他	b／a
文化（14）	10	5	5(0)	0	0.7
文政（12）	10	2	6(0)	5	0.8
天保（14）	12	5	6(0)	3	0.9
弘化（4）	3	1	1(0)	0	0.8
嘉永（6）	3	2	1(0)	0	0.5
安政（6）	9	8	7(1)	5	1.5
万延（1）	0	0	0	0	—
文久（3）	0	0	0	0	—
元治（1）	2	1	2(0)	0	2
慶応（3）	4	3	4(0)	3	1.3
明治（5）	3	3	2(0)	0	0.6
年不詳	0	0	0	0	—
小計（71）	56	30	34(1)	16	0.8

注）大和については，谷山正道氏に史料を提供していただいた部分がある．

三通の文書は頼みや「まかセ」などの文言があり、村役人と村中の頼み頼まれる関係を考える豊かな手がかりがふくまれている。しかし慶長一四年（一六〇九）三月の証文は村方騒動の扱い、慶長一五年（一六一〇）一一月の証文は代官へ相談をしない点について、それぞれ起請することが主題となっており、起請文形式をとっていることといい、頼み証文とはいいがたいものである。最後の慶長末から元和期と推定されている文書は追免の減免を領主に申し出ることを願っているもので、頼み文言はないが、内容的には頼み証文といえそうなものである（表2―1）。いずれも頼み証文の成立の前提を示すものとして位置づけることができるであろう。

柱本村の慶長期の文書につづくものとして、信濃国筑摩郡青柳村の寛永五年（一六二八）一〇月の連判状がある。これは村方騒動の結果、新旧の肝煎が立つことになったさいの扱いの請状である。ここでは「理右衛門殿をきもいりニ頼申候所実正也」などとそれぞれが肝煎を頼むことが確認されている。主文は、後の名主の頼み証文とまったく同様なものであるが、宛所は扱い人となっており、頼まれた肝煎は差出者に名前をつらねている。本来、頼み証文は頼んだ相手にあてるものであるから、これも頼み証文とはいいがたい(5)。

この点で、寛永一七年（一六四〇）三月の信濃国高井郡壁田村の名主の頼み証文は、二人の庄屋の一方から他方へ組み替えを頼んだもので、「今より後は新左衛門殿庄屋ニ頼申度奉存候間、組中御入被成可被下候」とあり、宛所も頼んだ庄屋になっていて、頼み証文として、まずさしつかえないものと思われる(6)。同様に管見で関東の最初の事例であるが、明暦二年（一六五六）二月の下野国都賀郡下国府塚村の証文も組み替えのもので、「貴様へ様々訴訟申、名主ニ頼入申候」とある（表1―1）。

初期の村役人の頼み証文は、村方騒動の調停などのための起請文・扱い状などの文書のなかから成立してきた様子がうかがえる。ことに東国では、名主の支配を組分けすることになって、作成されるというケースが目立っている。組分けがおこなわれる場合、それぞれに各百姓が、どの名主のもとにつくか問われることになった。この段階で各百姓に選択枝がそれほどあったわけではないとしても、主体的な判断が問われたのである。そこで名主を頼むということが問題となり、頼み証文がいち早くあらわれたということができる。

2　村落間争論と頼み証文

村落間争論の場合、頼み証文成立以前の頼みのありかたについて、惣村型、土豪百姓依存型の二類型があり、そこから惣百姓の参加する頼み証文の成立にいたる筋道が考えられる。

惣村型　元和六年（一六二〇）五月、近江国神崎郡佐目村では山の公事にあたって、惣中の長衆・中老・若衆六名が「究之覚」を作成し、公事を頼んだ四人には費用はかけない、かりに鉄火取りになった場合、そのものには結果に関係なく、二代諸公事を免除すると究めている。(7) この文書では、四人に公事を「たのミ申候間」と頼んだ事実は確認されているが、そのことが目的でなく、頼んだものの保障をきめておくことが主題となっている。また文書は区有文書として残されたように、頼んだ相手に渡されたのではない。惣中の合意文書で、頼み証文とはいえないものである。その点で、「究之覚」という事書は適切なものといえる。中世ではこうした文書形式は多かったと思うが、その伝統は近世にも惣村地域に強く継承されている。延宝五年（一六七七）閏一二月、山城国相楽郡下狛村の庄屋二〇名が作成した「定一札之事」では公事の惣代と費用の負担方法を定めている。「究之覚」とよく似た文書であるが、ここでは公事の大将以下の惣代も連印のなかに名前がみえる。(8)

いっぽう「究之覚」「定一札之事」などにある惣代の部分と費用負担などの部分が分離するということがみられた。元禄四年（一六九一）閏八月、近江国余呉庄上の郷四カ村は、山野争論の訴訟を起こすことになり、結束を固めた。そのさい郷中寄合を開き四カ村から証人一五名が選ばれ、惣中よりこの内、一カ村一、二名ずつ出ることを頼んでも、異議をいわないという「究状」を作成するとともに、(9) 四カ村の惣百姓仲間二六三名が「かため状」を作成し、訴訟に出たものの費用と村割れしたものの過料をきめている。この「かため状」は車連判状で、庄屋・年寄・惣百姓の差別なく連判しており、もはや惣百姓型というのがふさわしいといえる。惣村型のなかで、惣百姓が訴訟過程にかかわるようになったとき、その結束をはかるため、「かため」状があらわれたとみることができる。

ところで、惣百姓が訴訟過程に参加し、頼むものと頼まれるものとが、文書の上で分離する傾向があらわれると、惣百姓側からいっそう強固に両者の一体性を強化しようとする方向と、両者の分離を前提に頼むものと頼まれるものとの関係を確認する方向とがあらわれた。享保一七年（一七三二）の河内国古市郡古市村と西浦村の井路争論は、そのそれぞれの対応を同時に示してくれる貴重な例である。古市村では、争論にあたって同年閏五月、「定目録」を作成したが、これは惣百姓が主導して結束の強化をはかったもので、公事の沙汰がもれないように詳細な規定を定めている。余呉庄上の郷四カ村の文書でいえば、堅め状にあたるといってよいであろう。いっぽう西浦村では争論にあたって、同年四月「何程之物入等御座候共、惣百姓一同ニ其心得ニ存罷有候」とした上で、「何方様迄成共、乍御苦労御願被下候様ニ頼上候」と惣百姓が庄屋・年寄に一札を差し出している。(10)この証文は、明らかに頼み証文であった（表2—6）。

惣村型からの展開の場合、究め状といった文書が、惣百姓の訴訟過程への参加で、次第に変化してゆくなかから、頼み証文があらわれる筋道が一応想定されるのである。しかし惣村の伝統を継承している上方の中心的地域では、この究め状や堅め状の影響はかなり強かったと考えられる。頼み証文の展開は必ずしも十分ではなく、むしろ堅め状や究め状が運動のなかで多く作成されることが認められるのである。

土豪百姓依存型　近江国伊香郡柳瀬村では、寛文三年（一六六三）一一月、中世以来の余呉庄上の郷四カ村との山論に初めて勝利したことを喜び、江戸での訴訟に一人で出向いた柳瀬弥兵衛に永代諸役免除の特権をあたえる手形を差し出した。(11)これによれば弥兵衛は村中の頼みで「村之ため」と二度にわたって、江戸へ出向いた。二度目は「御命迄も無心元」村人を同道したいと申し入れたが、村ではたとえ多人数出向いても「御断立候様之申分ケ仕者壱人も無御座」いため是非にと頼まれて単身江戸の評定所に出て、勝利をえた。この間、弥兵衛は訴訟費用を一人で賄い、田地までも売り払った。村ではこの代償に「心付之御礼」を申し出たが、とめられたので永代諸役を免除したのである。弥兵衛は京極氏に仕えた在地領主で、近世では、北国街道の柳瀬関所の番人を勤める侍分的な百姓だった。村中の頼みを一身に引き受けて、訴訟に立ち向かうという弥兵衛の姿には、こうした百姓が地域で担っていた社会的機能の重要な側面があらわれているといってよい。

惣村型の訴訟の惣代の頼みでは、費用の負担はかけない、遣銀の保障をする、勝利あるいは処分された場合の諸役免除などの保障など、訴訟にともなうさまざまな負担を村中が負う配慮が早くからなされていた。土豪百姓依存型がこの配慮をあまりしていないのは、彼らにとって、人びとがはたせない頼みを引き受ける頼もしい存在であることが、その社会的権力を維持する所以であったこと、また日頃からこうした役割を媒介に諸役を村中に転化していたり、百姓に「すけ」を広範にかけていたためであろう。

しかしこうした支配は、一七世紀後半には百姓中の力が強まり維持できなくなった。そのなかで山野争論がおき訴訟に出なければならなくなったさいに、頼み証文を村中から取り立てることをふくむ、いくつかの対応があらわれた。

実際には頼み証文がさきにあらわれており、その影響のなかで作成されたと思われるが、論理的に頼み証文の直接の前提となりそうな証文として、享保九年（一七二四）四月、下野国芳賀郡山本村の名主・年寄・組頭が、隣村との山論で惣百姓から取り立てた証文が興味深い(12)。村役人は訴訟を受けて立つ決意で、惣百姓を集めて、事情を説明し、費用・人足の負担を約束させている。ここでは惣百姓が「被召寄、一々御相談承知仕、御尤至極ニ奉存候事」と一札を出したのである。こうした方式は、ほかでもみられた。武蔵国荏原郡下丸子村では、享保三年（一七一八）八月、境論にあたって村役人が惣百姓から「御代官様迄御訴訟被成御尤ニ奉存候」として入用を村中が賄うという連判証文をとっている[13]。これらの証文は、いわば村役人などを主導とする、上からの合意形成が文書様式としてあらわされた場合を示している。こうした請状形式にたいし、頼み証文は下からの合意形成の文書であったところに特徴がある。

享保八年（一七二三）一一月、丹波国天田郡畑中村では山論にあたって「村中口上」という連判状を作成しているが、ここでは「惣百姓庄屋方え相詰相談仕り、御公儀様へ御願可申筈ニ相定」と訴訟を起こすことと、費用負担を確認し、「右之段々御願可被下候」と庄屋・組頭に頼んでいる（表2—5）。事実はともかく、ここでは惣百姓の方が「庄屋方へ相詰」て庄屋に出訴を迫ったのである。前者の証文が百姓を「御尤」と訴訟に他律的に組み込んだのにたいして、この証文は惣百姓が頼む主体として位置づけられているといってよい。

土豪百姓依存型からの頼み証文の展開の場合では、惣村型でみられたような究め状・堅め状的な文書と頼み証文の組合せが、同一事件であらわれることがみられた。元禄五年（一六九二）に下総国猿島郡仁連村では、出訴にあたって、六月、一八名（内六名捺印無し）の百姓名で名主宛の連判手形を差し出し[14]、つづいて八月、訴状を写した上で、名主に出訴を頼む頼み証文を作成して、惣百姓一四九名が連判している（表1—8）。また村落間争論ではないが、正徳三年（一七一三）一二月には、下野国都賀郡下初田村で、領主古河藩に上り年貢の撤回をもとめる出訴をおこなう頼み証文（表1—11）とそのさいの処分者への保障を確認した起請文を作成して[15]、名主・年寄に差し出している。集団の結束を固めるための連判状や起請文と密接な関係をもって、頼み証文が成立してきたことは同様であったといえるだろう。

3　頼み証文の一般的成立と村

頼み証文の文書としての発展に即して、その成立を検討してきた。成立期の頼み証文は、村むらの関連であらわれる場合はそれほど多くなく、村社会の内部に胚胎したといってよい。それだけに頼み証文の成立の背景には、村の社会的結合の変化がうかがわれるのであるが、以下その点について簡単にふれておきたい。

頼み証文の成立をいう場合、頼み頼まれる関係が文書としてあらわれること、そしてそれが他の証文から独自なものとして区別される文書様式をもつようになることが指標となる。この点で、頼み証文は慶長期（実際にはもっとさかのぼるかもしれないが）に端を発し、一七世紀を通じて成長し、一七世紀末から一八世紀初めに事実上一般化したととらえるのが妥当と考えられる。

村役人の頼み証文にみられる初期の頼み証文には、すでに百姓側が名主・庄屋を主体的に選択して頼むという状況があらわされているが、その頼む側の百姓は、数も限定されており、初期本百姓であったと思われる。この点は、村落間争論の土豪百姓依存型はもとより、惣村型でもあまり変わりはない。しかし頼み証文が一般化する時期になると、証文への連印は小百姓をふくむものとなり、多数のものが参加し、いずれの場合も惣百姓型のものに移行する。村中の意志決定へ小百姓が参加するようになったあらわれであった。村落間争論では、村中の一致した合意をはかるために頼み証文を作成するという側面も生じた。元禄二年（一六八九）より始まる常陸国筑波郡太田村と小田村の山野争論で、太田村は四度にわたって頼み証文を作成して、結束を固めて訴訟にのぞんでいるが、この内の一通は、「村中水のミ門屋迄」連印させ、入用・人足の差し出しを約束し、これにそむいたものは、「所ニ居不申後々末代当地え立帰り申間敷候」と約束している（表1―3）。ところが村中と意気込んだ証文の文面に反して、名前のあるもの四九名にたいし、捺印しなかったものが一〇名も出ており、結束がとりにくかったこと、それだけに頼み証文を作成して、結束を固める必要があったことを示している。

頼み証文は村落間争論など村中の枠組みを前提に展開することが多く、そこでは頼み頼まれる関係は、集団と個人との間に結ばれた。しかしその集団の性格は、小百姓が村中という集団に埋没しているというものではなく、その意志決定に主体的に参加しつつあった段階のもので、頼み証文はそうした集団の合意を形成するのにふさわしい文書として一般化したと考えるのである。

成立期の頼み証文では、入用はいくらかかっても出す、どのような結果になっても異議を唱えない、惣代一人に苦労はさせないなど、頼むものと頼まれるものが一体化して訴願を遂行しようとする表現が多くおこなわれ、即自的な結合の性格を強く帯びていた。しかし文書にあらわされることで、頼みの限定や代償の定量化など頼み頼まれる関係が、契約的性格をはらむ可能性を開いたことも否定できないのである。

二　頼み証文の様式整備と展開

一八世紀中葉から後半にかけて、頼み証文は次第に村むらの関係を取り結ぶ文書としての性格をもつようになる。またこれとともに証文の形式が整備される。成立期においては、文書を作成した当事者達がその文書を頼み証文であると認識していた事例は、確認できない。それにたいしこのころより頼み証文、頼みの一札、頼書などそうじて文書が頼み証文であるという認識が文書に明確に示され、事書・書止などにあらわされる。文書の形式が整い、頼み証文が完成するといいえる。

以下、関東と上方について検討し、それぞれの特徴を明らかにしたい。

関東　頼み証文の証文様式の展開についてみると、事書に「頼」の文言があらわれるのは、現在、元文四年（一七三九）九月の下総国埴生郡宝田村の証文に「以口上書御訴訟頼上申候事」とあるのが初見である（表1—19）。つづく宝暦六年（一七五六）二月の美濃郡上騒動の帳本にたいする一札は「御頼申一札之事」となっている[16]。宝暦期になると関東では、事書に「相頼申一札之事」（宝暦九年・相模国津久井県青野原村[17]）などとあらわすことは次第に広がり、文化期からは一般化した。文書の書止部分に、頼み証文であることが明示される場合は、延享元年（一七四四）五月の武蔵国豊島郡上落合村他五一カ村が中野村の鷹場触次に差し出した頼み証文が初見で、「為後日村々より頼証文連印ニて差出申処、仍如件」としている（表1—21）。宝暦一〇年（一七六〇）一一月、武蔵国多摩郡田無村他八カ村がやはり中野村に出した証文は事書が「相渡シ申頼証文之事」となり、書止も「為後日頼証文仍て如件」とあって、江戸廻りの村落に早くから、頼み証文の認識と様式の整備が進んでいたことをうかがわせている（表1—27）。書止に頼み証文であることを明確に示す文言がある様式は、関東では安永期にはかなり目立った傾向となった。

このころには、領主側にも百姓が訴願にあたって頼み証文を作成するということはよく知られるようになっていた。明和七年（一七七〇）、武蔵国那賀郡秋山村の惣百姓は名主の不正を江戸に住んでいた村の出身者に頼んで旗本領主に訴えさせた。これにたいし旗本は「頼之連印ニても有之哉」と尋ね、頼み証文が後日実際に提出されている[18]。また寛政五年（一七九三）、下総国印旛郡木下河岸の問屋争論で幕府の奉行所に欠込訴をするものがいたが、これが領主に下げられると領主役所では「惣代御吟味」をおこない、訴人は村方から頼みの一札を取り寄せた。しかし訴えられた問屋側では、これは虚言によって印を捺させたものだと主張している[19]。ここでは頼み証文などにより惣代吟味という吟味手続きをおこなったらしいことがうかがえるのである。

いっぽう安永期頃より、頼み証文は村をこえた地域秩序の媒介項としての性格を強めている。関東の場合、水利や助郷関連の運営や訴願惣代が頼み証文で頼まれることが中心となった。とくに村役人の頼み以外に、村をこえた用水管理や助郷会所の惣代など日常的な業務を頼み証文で頼むことがおこなわれるようになり、頼み証文により地域秩序が制度化されることになった。早くは享保一三年（一七二八）の日光社参の触次の頼み証文（表1—12）からあるが、文化期以降では三六件、村をこえた頼み証文の内の約三六％が制度的なものとなっている。またこの内、二三件は助郷惣代にかかわるものだが、ほかにも用水関連が六件、その他鷹場や寄場組合関連のもの七件などと使用が広がっていた。

頼み証文が地域制度に広がる意味についてよく示しているのが、中野村の御鷹野諸御用触次役の頼み証文である。この触次は戦国期には小代官を勤め、近世初期より中野村名主とともに鷹野の触次を兼ねていたが[20]、延享元年（一七四四）五月、村むらより人足扶持の配分の世話を頼み証文によって頼まれ（表1―21）、つづいて宝暦七年（一七五七）一二月には、村むらから筆紙墨代を支出することになったのを契機に触次役そのものをあらためて頼み証文により頼まれている（表1―24）。このように古くからその任にあったものでも、頼み証文によりあらためて頼まれることで、地域の側から位置づけ直されることが進んだのである。これは頼みを証文として形成する力が、地域秩序にも広げられていったことを意味しているといえるだろう。

これとともに頼み証文に両者の負担関係が明記される場合がふえていった（表3）。頼みの内容が詳細に書き上げられることはもちろん、頼まれた側の受け取る経費入用金額が規定されることが目立つようになった。寛政期より文化期には、かなり多くの頼み証文が頼まれる側の費用を明記していることがわかる。ことに助郷会所の惣代の場合、費用や人足負担の運用そのものが主要な課題であったので、詳細な規定がおこなわれた。その内容は、実質上は請負契約であった。武蔵国足立郡下谷塚村他三七カ村が草加宿助郷会所詰合惣代にあてた文化九年（一八一二）一二月の「議定頼証文之事」では、村むらの出す負担が見積られた後、毎年一二月に勤人馬賃銭などを清算して「残り候分ニて助郷会所諸入用惣代給料其外共相賄被下候様取極申候」としている[21]。こうした傾向は、用水管理でもよくみられた。また雇用契約的性格をもつ頼み証文もまれではあるがあらわれた。天保一五年（一八四四）五月、武蔵国埼玉郡八条村他三四カ村組合は、関東取締出役の命令で、道案内を給金年三両で頼む頼み証文を作成している[22]。ただし頼み証文の宛所は、道案内の居村の村役人になっている。雇用の相手ではなく、その関連者に頼み証文を出す例はほかに一例みられる[23]。関係が雇用の性格を強めると、頼みの範囲をこえてしまうことが、こうした形態を生み出しているのであろう。

こうして頼み証文にあらわれる人と人との関係は、契約的性格を強めるが、いっぽうで、それがなお頼み証文の枠組みでとらえられるように人格的性格も失われなかった。先述の武蔵国埼玉郡八条村他三四カ村組合の村役人の一人は、道案内に治安維持の期待をかけるとともに、「御威光を仮り村々ニおいて如何之取計ひ方も有之哉」と不安をかくしていない。(24) この場合、公儀の「御威光」と直接に結びやすい役目であるが、用水管理や助郷会所惣代など自治的な地域組織でも、頼まれていったんその職につけば役威や権威が生まれ、惣代出入となることがしばしばみられたのである。

上方　上方ではまずなんといっても、関東にくらべて、頼み証文の絶対数の少なさが注目されよう（表2、4）。絶対数が少ないだけでなく、関東と比較すると一定の特徴が認められる。

事書に「頼」の文言があらわれる初見は、現在のところ、明和八年（一七七一）一二月で（表2—10）、関東の元文五年（一七四〇）からはるかに下った時期である。また書止に頼み証文ということを明示した文言がある文書は、天明六年（一七八六）七月の大坂の柏原船の舟乗仲間たちが作成したものが初見となっている（表2—18）。これは広域訴願の訴願惣代ではなく、訴えられた大坂の舟乗仲間たちが返答人惣代にあてて出したものであった。(25) それより早く、明和四年（一七六七）七月の摂津国豊島・川辺三〇カ村の文書に「頼書」という記載があるが、これは写文書の端に書いたもので、写が明和四年（一七六七）だった確証はないし、内容も願書である。(26) 文書中に頼み証文であるということを明確に意識した表現が定着するのは、寛政期以降で、文化期には一般的になってくる。

上方では文書様式としては、一札形式もあるが、口上書様式の影響が大きかったようである。京都を中心に、関東ならば「乍恐以願書奉申上候事」というべきものが「乍恐口上」といった表現であらわされる文書が多様に展開している。頼み証文も「御頼申上候」（表2—11）などという事書になることが多く、証文形式の展開が独自であったと考えられる。頼みが本来、口上であるという原質が強く残されていて、これが証文の様式を整えさせるのを遅らせたともみられる。

文化期以前の頼み証文は、大和一例と摂河泉三国という先進的な惣村の伝統のある地域と播磨・丹波・丹後などその周辺の後進的地域とに分けられる。後進的地域の頼み証文は、山論三件（表2—4・5・16）に水論一件（表2—2）という村落間争論の頼み証文に集中しており、ほかは魚運上減免の江戸出訴惣代（表2—13）、銀納年貢の出訴惣代の頼み（表2—20）と他村村役人への地所の売買確認の頼み（表2—17）各一件で、比較的関東の頼み証文に近い展開を示している。しかし先進的地域のものは、慶長期の追免の減免（表2—1）のほか減免願（表2—7）・肥料代扶助の願（表2—11）の要請と、天明頃から村方騒動関連のものが四件（表2—14・15・19・21）と比較的まとまりをみせているほかは、遺跡（表2—3）・水論（表2—6）・開発反対（表2—8）・雨ごいの争論（表2—9）・鎌留め違反の侘び（表2—10）・港の修復惣代（表2—12）・柏原船一件の返答人惣代（表2—18）の頼みが各一件ずつとあまり系統性のある展開をしていない。関東にしても上方にしても、自然発生的に頼み証文が成立していったのだから頼み証文は多様な展開をしたといってよい。しかしあらたまって頼み証文を作成する必要のあるできごとは、近世前期の場合、ある程度限られていて、やはり山論・水論・村方騒動が中心になりやすい。ところが先進的な地域ではそうした部分に集中していない。年貢関連も、慶長期のものはともかく、ほかは一種の申請文書のようにも考えられ、どこまで頼み証文とできるか、検討の余地のあるものである。あるいは山論などの部分に、究め状などの惣村型よりの伝統的文書大系があり、頼み証文がこれに替わるのが困難だったとも考えられる。

また頼まれた側の雑用金など費用負担が具体的に記載された頼み証文は、現段階では認められない（表4）。もちろん頼み証文に費用負担の文言はあるし、究め状や堅め状など別の文書に金額が明記されていることも多く、実態は関東とあまり変わりはなかったとみられるが、頼み証文にあらわれないことは関東の頼み証文の展開とはことなった特徴である。上方では、関東同様に後期には頼み証文が地域に広がるが、上方の場合、村をこえた頼み証文のほとんどが、訴願惣代の頼み証文であった（表4）。地域の恒常的な惣代役を頼み証文で頼む例は、安政五年（一八五八）一〇月に河内国茨田郡諸福村他九カ村が肥小便取締惣代を頼んだ「頼一札」があるだけにすぎない[27]。また現段階では村をこえた訴願惣代の頼み証文も、それほど多いわけではなく、文化―嘉永期では、村をこえた頼み証文の増加のなかに、国訴の頼み証文があるというのではなく、国訴の頼み証文が村をこえた頼み証文の増加の直接の原因になっている印象がある（文化期が多いようにみえるのは同一事件で四通の頼み証文が作成されたからである）。

国訴で頼み証文が作成されたのは、安永六年（一七七七）一二月の河内国志紀郡村むらの頼み証文が初見とされている[28]。この文書は写文書で、差出の村名連印は省略されている。宛所については、明言がないが、もし宛所がなかったとするとこの文書を頼み証文とするには躊躇を感じる。これは直接、惣代に頼んでいる内容ではなく、惣代を頼む枠組みと、費用の支出を定めたもので、堅め証文の系譜に属する文書である可能性の方が高いように思われるからである。もちろんこの文書が堅め証文としても、運動論的理解に差障りはないが、頼み証文の発展史からみると、事態は大きく異なってくる。これが頼み証文ではないとすると、国訴で頼み証文が作成されるのは、文政六年（一八二三）の三所実綿問屋停止の国訴まで下ることになる。とすれば国訴への頼み証文の導入は、全国的に頼み証文の利用が一般化してからのことであったといえるだろう。ことに上方では、村をこえる訴願に頼み証文が用いられたのは、文政六年（一八二三）国訴以前には、文化八年（一八一一）の摂津国川辺郡金楽寺村以下、旗本長谷川氏領の四点の頼み証文[29]を一件と数えると三件しかなく、むしろ文政国訴から広域訴願に利用が広まった可能性もある。

頼み証文で地域の日常的制度を緻密に組み上げている様相は、関東の方に顕著で、上方ではこの様相は認めるのはむずかしいのである。頼み証文による国訴惣代制というとき、一般には上方に頼み証文による惣代制の緻密な圏が形成されており、これを基盤に、国訴の惣代制も展開したと受け止めがちであった。そう理解することで、国訴惣代制の意義が普遍的なものになったのである[30]。しかし現実はそうしたイメージを描くことは困難であった。今一度、国訴という広域運動が、運動の制度として、頼み証文を取り込んで発展させたことの積極的意義を問直さねばならないだろう。ことに文政六年（一八二三）の国訴が再検討されねばならないと考えられる。

三　頼みの意識構造

こうした頼み証文の背景にある「頼み」の意識とはどのようなものであったのであろうか。社会結合を直接反映して比較的短い時間軸で変容する頼み証文にたいし、頼み頼まれる関係意識は、長い時間軸をもっている。証文における「頼み」もそうした意識が前提となるから、その点に踏み込むことが、頼み証文を理解する上でも重要である。

1　戦国期の頼み関係と意識

頼み頼まれるという言葉が一定の規範意識として、生き生きとして使用されるようになったのは、戦国時代のことであったといわれる。永原慶二は、永享一二年（一四四〇）の結城合戦で、名族とはいえ幕府に対抗する実力のない結城氏が、足利持氏の遺子を擁して挙兵した理由について、イエを頼って立ち入ったものに庇護をあたえることが、武士の主従から、農民支配にまでつらぬく論理であり、頼まれたなら理非を問わずこれを庇護せねばならないという武士の倫理意識が結城氏を見通しの立たない挙兵に踏み切らせた原因だとしている(31)。中世のイエ支配と頼みとが深くかかわっていたことは、それほど古くさかのぼらなくとも、狂言の太郎冠者が主人のことを「頼うだお人」、主人の家を「頼うだお宿」といったことを想起すれば、理解できよう(32)。

しかし頼みの戦国的な特徴というのは、一方的に主人を頼むということにつきるのではなく、主人の方からも家来を頼みとする相互依存的なものに広がったことにあった。近江菅浦荘の文明四年（一四七二）の覚書には同荘の僧侶が、代官松平氏に説いて、今後「たのミ憑まれ申さんといふ契約」をして年貢をまけさせたという。この間の複雑な情勢については、省略するが、「たのミ憑まれ」るという関係が代官と惣という間にさえ広がっていたことは理解できるだろう[33]。

そして相良亨によればこうした頼み頼まれるという関係は、武士の上下関係を形成する契機にもなったという[34]。浅井氏初代の亮政は、朋友に挙兵を相談したところ同意をえた。亮政は朋友にいよいよ「頼む」と頼んだ。そこでこの人物はさらに友人のところへいって「貴殿偏に頼み申す仔細あり」というと、ことの内容を聞かない内に友人は「御辺の御用ならば一命をも参らすべし」と答えた。亮政はこれを聞いて「さても頼もしき心中かな」と感じいる。それは朋友の相互依存的な信頼関係として、まず水平的な関係であった。この点で、一揆的な結合を反映しているといってもよいであろう。しかしそれは同時に、主従をも形成する。話を聞いて、友人は亮政は若年なのに、こうしたことを考えるのは「侍の頭をもいたすべき者なり」というのである[35]。こうして近江浅井氏は戦国大名として出発したのである。

頼み頼まれる関係は相互依存的であるから、頼まれる側はつねにその器量が問われる。戦国武将はつねに真に頼もしきものであるように修練しなければならないというかたちで、家臣から制約されている。浅井氏についてみると、二代久政にたいして、家臣は「タノモシカラヌ大将ナリ」と評して、小谷城に出仕しなくなり、家勢が傾いたという[36]。

以上のように、戦国期の頼み頼まれる関係をみた場合、イエの庇護という関係は、基底として重要な役割をはたしているとしても、いっぽうで相互の関係は、個人的な頼もしさを媒介とした社会的結合の側面が表にあらわれている。そこにはらまれたパーソナルな人格的な頼みあう関係の内容は、頼む側と頼まれる側の両者が頼みを間に融合してゆくような、即自的な相互依存的な関係が強かったように思われるが、それを起点に上下秩序が構想されさえしたとすれば、それは下剋上の社会がきたえた人と人とのきずなの深さをあらわすものであった。頼み頼まれる関係が、イエの庇護という性格から、パーソナルな頼もしさを媒介とした頼みあう性格を強めたのは、中世のイエ支配の解体のなかから、その庇護のもとにあった個人や小集団があらわれ、あらたな社会的結合をきたえる過程のなかであったといえるだろう。(37)その影響は、狂言の太郎冠者がもはや主人に隷属したものとしては描かれなかったように、戦国の争乱のなかに成長し、一七世紀の村の展開のなかで、小百姓のもとへと達したのである。

こうした頼み頼まれる関係は、やがて戦国期より広まった義理の観念により、倫理化されながら、秩序のなかに組み込まれていった。義理が社会に定着する上で、信頼にたいする呼応の関係が義理の観念でとらえられたことが、大きな役割をはたしたといわれるが、信頼にたいする呼応の関係というのは、頼み頼まれる関係にほかならなかったのである。(38)

2　近世の頼み意識の構造

近世でも武士の間で、こうした頼み頼まれる関係が生きていたことは、武家屋敷の駈け込み慣行などにあらわされている。駈け込みでは、喧嘩などによって追手をかけられた武士が、大名屋敷などに駈け込み保護を頼むのであるが、頼まれたものは武士の面目にかけてこれをかくまうことが慣行として確立していた。武士の社会的連帯の証でもあるわけである。(39)

いっぽう民衆の頼み頼まれるということについて、豊富に論じているものに、元禄期の『河内屋可正旧記』がある。可正の頼み頼まれる関係の重要さは、それが社会観になっているところにある。可正は、主従、親子、男女、朋友の関係を頼みあう関係ととらえ、「互にたのまれツ、たのミツせずバ、世の中ハ有べからず。」とする。また頼みあう関係の核心は「心の信」であるとしている。(40)『浅井物語』の世界に共通するものがここにはある。ただ物語とちがって、命をかけて頼みを引き受けるという生き方を奨めないだけである。頼もし立てという言葉があり、男気を出してなんでも引請、人から頼もしく思われる仕業をするという意味で使用された。近松門左衛門の『曾根崎心中』では、「命代りの銀」を友人に「一命賭けて頼むにより」と貸して、かたりとられた主人公の不幸を恋人の遊女が「頼もしだてが身のひしで騙されさんしたものなれ共」となげいて、身の証に心中しようとつたえている。(41)

頼み頼まれるという関係にはときにこうした危うさがともなった。頼み頼まれる関係の本質は、両者がそれぞれの人格をかけて、信頼しあうところにある。この点で、頼むものと頼まれるものは、パーソナルな関係であり、その意味で立場をこえて意識の上では水平的関係を創りだす。人がたのもしく思われて、人の頭になる。つまり上下の秩序を形成するのは、その人のほんとうの意味での器量・度量によるのであり、河内屋可正のいう「心の信」のゆえである。だからなまじの頼もし立ては、身の破滅を呼びかねない。いっぽうパーソナルなレベルでの信頼関係の内容は、相互に一命を懸けるようなものをふくむ。パーソナルな信頼を担保しているのは、その人の存在そのものなのである。

もちろんこうしたことは文学作品にこそあらわれた虚構としての側面が強いのであるが、現実の頼み証文でもこういう意識がまったく虚構だとばかりもいえない。元禄二年（一六八九）一一月の常陸筑波郡太田村の山野争論の頼み証文は、訴訟の費用はいくらかかっても出し、出さなかったものは村を永久に追い払うと約束した上で、「此上ハ御情限ニ頼入申候」としている（表1—3）。この点は、宝暦五年（一七五五）の美濃郡上騒動の江戸訴訟の代表にあたえた頼み証文は、郡中から頼みの判形をとっているので「猶此党《ママ》、命を限りニ御願被成可被下候」と率直にいっている。(42)

いっぽう頼んだ方も、その存在をかけるという面がある。頼み証文に『曾根崎心中』では一命懸けて頼まれたので、「あいつも男磨くやつ」と信用して、裏切られたのである。(43)また駈け込み慣行でも、それほど深いなかでもないもの、あるいはまったく知らない屋敷に駈け込むのは、それ相応の覚悟で身を託し、駈け込まれた側はその覚悟の頼みを引き受けることに、面目をみいだすのである。頼む側の一般的態度として、頼んだ以上、身や事柄を託すということがのぞまれた。この点は、慶長年間の摂津国芥川郡柱本村の証文がいっている「まかセ申」ということである。もちろん「在所ニかんにん」がなるようにしてほしいという頼みがあってのことであるが、そうした以上は、すこしのことはまかせなければならない。[44] 寛文七年（一六六七）三月に信濃国佐久郡大沢村の惣百姓が名主を訴えた訴状では、すぐに訴訟しようとしたが「名主を頼入申候ニ付、只今迄延引」したと、しばらくはまかせざるをえなかったことをのべている。[45] それがはたしてどの程度であるかは、状況がきめることで、定量できることでない。頼み頼まれることが人格的な関係である以上、こうしたものは簡単にはなくならなかった。

頼み証文は、こうした意識を背景に成立したが、すでにのべたようにいっぽうで文書により頼むものと頼まれるものとの関係をあらわすことで、頼み頼まれる関係の即自的な人格的依存関係から一歩出たものとなった。武士にあっては、頼み頼まれる関係はあくまで、相互の人格をかけた即自的結合であることに、倫理的価値を認めたのであるが、民衆の間ではそれを文書であらわすことで対象化し、契約的性格を強める道を開いたのである。

頼み証文は、近世を通じて、村中、惣百姓と惣代の間、集団と個人の間に結ばれる性格が強かった。しかし頼むものと頼まれるものとのパーソナルな関係は小百姓のイエの自立により、いっそう強くなろうとしていた。たとえば一八世紀に入ると頼み本家や親分子分関係の頼みも広がった。それぞれのイエが、主体的に頼みの関係を結ぶ可能性は、むしろ小百姓にまで広がった。[46] そうした村中という集団の変化こそが、頼み証文を形成、発展させる力であったのである。

頼み証文を形成させるような村の社会的結合のなかでは、頼みから「まかせ」へ転化して、社会的権力化しようとする力と、百姓仲間を中心に頼もしきものとしてのありようを村のためという枠組みのなかに取り込み、そこから逸脱しようとする方向を我儘・私欲として抑制しつづける力がせめぎあいながら、村役人の公的性格が維持された。[47] 元禄四年（一六九一）九月の豊後国日田郡藤山村の村方騒動の訴状では、名主が「私欲」が強いために「末々不頼母敷気」だとしている[48]。近世の村は、土豪百姓などに担われた頼もしきものとしての社会的機能を村中に包摂して成立した。そして全体としては、百姓仲間の成長とともに村の公的機能を強化する方向へ進んでいった。そこに頼み証文の展開の基盤が生まれるのであるが、いっぽうで名主の的確性が多分に「頼母敷気」があるかどうかという人の資質として問われたような人格的性格（人を選ぶ性格）や「まかせ」への転化の性格は解消されたわけではなく、全体として近世の頼みの構造を維持しつづけたのである。

おわりに

以上、近世百姓の社会結合としての頼み頼まれる関係の人格的依存の性格とこれを基礎にして成立した頼み証文が民衆運動や地域の制度のなかに展開してゆく様相を明らかにした。ここでの目標は、近世の頼み意識と頼み証文の全体像を明らかにするなかで、頼み証文の成立の意義をとらえることであった。その点では、頼み証文は一七世紀末から一八世紀初めに、村中における小百姓のイエの展開のなかで、その新しい結合の原理をあらわすものとして一般的に成立し展開していったということができるだろう。

その上で、二つの移行期におこなわれている委任論とのかかわりについてみると、頼みと頼み証文の従来の理解の一面性に気がつかざるをえない。それは頼み証文についていうなら、頼み証文と先進性を結びつけてきた発想はもはや維持することがむずかしいということにつきるだろう。性急な結論は避けたいが、データの結果は、頼み証文がどちらかといえばイエ型支配が解体してゆく過程で、展開しやすかったことを示しているように思われる。上方の惣村の伝統をもつ地域に頼み証文が意外なほど少なく、国訴の時期に使用が広まるようにみえるのは、むしろこの地域の伝統的な地域結合が変容し始めたことを示すのではなかろうか。そこに国訴が頼み証文を使用した新しい社会的結合の側面を認めることが可能ではないかと考える(49)。

また従来、頼みを委任の論理としてとらえることで、村社会での百姓の能動性が明らかにされてきた(50)。そのことの積極的意味は、ここでも評価している。しかしいっぽうで頼みの意識のなかには、「まかせ」から従属に転化しかねない人格的依存の構造がなおはらまれており、それが近世の村役人などの社会的権力としての性格を村の社会結合の内部から不断に生み出している要因となっているという点が論理のなかに十分組み込まれていなかったのではないか、ということが指摘できる。こうしたことは村方騒動などのなかでは、決してみえないもので、それでいていつのまにか騒動で獲得したはずの地点から、人びとを押戻してしまう力であったのである(51)。

もちろんこれに対抗する力も成長していた。それが小百姓のそれぞれのイエの自立を前提に頼みあう関係を形成しようとする中世以来の動きであり、そうした筋道のなかに、頼もしきものを村のために機能させ、これからの逸脱にたいし、不服従の権利を保留したり、我儘・私欲という批判を成長させた。両者のせめぎあいのなかに、近世の村の達成した公の構造を認めたいと考える。頼み証文もその動向の上に成立・展開したのである。

(1)　藪田貫「国訴の構造」(『日本史研究』二七六号、一九八五年)で積極的に提起され、同「百姓一揆と国訴」(『橘女子大学研究紀要』一二号、一九八五年)で、百姓一揆などの民衆運動全体の委任関係を示す文書としての性格が明らかにされた。また同「村方出入と百姓一揆」(日本村落史講座編集委員会編『日本村落史講座』五巻、雄山閣出版、一九九〇年)では、その展開にやや力点をおいて問題が論じられた。いずれも同『国訴と百姓一揆の研究』(校倉書房、一九九二年)に再構成されておさめられている。

(2)　水本邦彦「近世初期の村政と自治」(『日本史研究』二四四号、一九八二年、後に同『近世の村社会と国家』東京大学出版会、一九八七年所収)。

(3)　史料については、法政大学図書館架蔵の自治体史の史料集を中心に収集をおこない、上方分についてのみ、滋賀県立図書館・京都総合資料館・奈良県立図書館・大阪中之島図書館・兵庫県立図書館の郷土資料コーナーで史料の検索・補足をおこなった。

(4)「近世初期の村政と自治」(前掲)(f)・(i)・(j)文書。

(5)『長野県史』近世史料編、五巻二(長野県、一九七四年)二〇七頁。

(6)『信濃史料』補遺、下巻(信濃史料刊行会、一九六九年)六九六頁。

(7)原田敏丸「近世の近江における林野の境界争論と鉄火裁判」(徳川林政史研究所『研究紀要』徳川黎明会、一九七一年度)。

究之覚

今度甲津畑と山之公事ニ、御奉行衆へ之御前へ被出公事被成衆ニ、此公事入目少もかけ申ましく候、則孫左衛門・又衛門・まへおこ衛門・助兵衛此四人をたのミ申候間、此衆ニかけましく候、若又此儀鉄火ニ罷成、とり被申候人ニ、諸公事弐代ゆるし可申候、自然とりそこなわれ候とも、右之通ニちかいなく、一切ニかけ申間敷候、仍後日之状如件、

元和六年五月廿七日

佐目惣中

長衆

新　助(略印)

新五郎 ㊞

中ろ衆

小大郎(略印)

源二郎(花押)

若衆

介三郎 ㊞

又　市(花押)

(8)『精華町史』史料編二(精華町史編さん委員会、一九九二年)一九六―一九七頁。

定一札之事

一、今度普賢寺村大分ニ致公事被懸候ニ付、日用之義ハ先々より相極之通京升三升ツヽ、酒ハ銘々之きんちやく銭、大将分ハ四郎兵衛・勘四良・新兵衛三人、又其次ニ新太良・新四良・文右衛門・清兵衛此四人、扨次〳〵ハ相残見立次第、若御公儀様やうす不存候間、唯人ニても籠者仕候共其刻急度惣賄ニ可仕候、何様之入用御座候共御公儀のかれさる入用ハ急度賄可仕候、仍為後日証文如件、

延宝五年

巳ノ後ノ十二月廿二日

高木伊勢守様庄や　四郎兵衛㊞

同　半兵衛㊞

同　勘四良㊞

野々山新三様庄や　新四良㊞

同　清兵衛㊞

同　文右衛門㊞

瑞龍院様庄や　新太良㊞

さと　惣大夫㊞

（四名中略）

僧坊　新兵衛㊞

（七名後略）

（9）『余呉町誌』資料編下巻（余呉町誌編さん委員会、一九八九年）三八七―三九〇頁。

山之事ニ付片岡村勝人中間定状之事

一、奥三村と片岡村と山論出来申ニ付、此一紙相済申内を、此判形之者之中より何方之御公儀様へも罷出、達て御訴訟可申上候、万一此中間之内を村々より或壱人弐人ツヽ惣中より了簡之上御頼候所異義申候ハヽ、何分ニも御過怠可罷蒙候、此外四ケ村惣百姓中間一等ニかため状之通、此度之義ハ不及申、後々末代ニ至まて国安村・池原村・今市村・東野村此

四ケ村ハ割レ申間敷候、為後日勝人斗之究状判形、如件、
元禄二二(四)辛未年閏八月廿六日

本多隠岐守様御領分
今市村　善右衛門㊞
同村　弥兵衛　㊞
同村　市郎左衛門㊞
（池原・国安・東野一一名後略）

右之通、郷中寄合之上相定候、則後々迄御証文と壱所ニ箱へ納可置也、以上
（『余呉町誌』資料編下巻、前掲、三八七―三八八頁）

余呉庄上之郷四ケ村相極申一札之事

一、上之郷と山家と此度山論既今再発所也、元より片岡村山家三ケ村立前として之山論惣公事之義に候得ハ、庄屋・年寄外百姓と言しやべつなく何ものニても相談之上、何方之御評定場へも可罷出事、但遣銀之義候ハハ時之旦那分者壱人一目(ママ)ニ白銀壱匁、人足ニハ三匁宛之様ニして可相渡候、若又無調法候ハハ郷中四ケ村より惣行ニして成共可相渡候、惣て公事之内に村われいたし候ハハ、金子拾匁之過ニ従可取之、勿論郷中惣百姓之内ニ誰人ニても、此義不合点成もの無御座候、為其庄屋・年寄・惣百姓壱人も不残如斯一札相極連判仍て如件、
但、入用銀高今市村ニ候間少くして減引、残三ケ村ニ割、後々末代迄四村ハわれ申間敷候、以上扨又三拾年以前毎度之公事入用村々ニて埒明ケ申候、此度之入用銀郷割に仕候へ共□、
元禄二二辛未年閏八月日

国安村　伝　吉㊞
庄太夫㊞
助九郎㊞
庄三郎㊞
（一一五九名略・署名車連判）

（10）『羽曳野市史』五巻（羽曳野市史編纂委員会、一九八三年）古市村「定目録」は三五二―三五四頁。西浦村「一札之事」は三五〇―三五一頁。

一札之事

一、此度今井路之儀ニ付、古市村と及争論、落着之程段々相延候様承候、古市村より新規成義ニ申、かろうす堰半せき等と申、其上今井水も遣シ申間敷と、我儘成之義被申候様ニ承、以之外成義ニ御座候、古市村申方之様ニ、少にても相成候得ハ、西浦村井懸り御田地は、必至と毎年日損亡所決て可仕と存候、左候得は百姓所之住居も難成存罷有候、尤困窮之百姓共ニて候得は物入等多ク御座候て、迷惑ニ存候得共、右両井路之義ハ往古より之通り、少ニても障り御座候てハ、弥御田地亡所可仕候間、此上何程之物入等御座候共、惣百姓一同ニ其心得ニ存罷有候、然ル上は、何分往古之通ニ相定候様ニ、何方様迄成共、乍御苦労御願被下候様ニ頼上候、仍惣百姓連判如此ニ御座候、以上、

享保拾七年子四月

西浦村惣百姓

市郎右衛門㊞

甚右衛門㊞　佐五兵衛㊞

（七二名略）

儀兵衛㊞　角兵衛㊞

庄屋衆中

年寄中

（『余呉町誌』資料編下巻、前掲、三八八―三九〇頁）

（11）『余呉町誌』資料編下巻（前掲）七二六―七二九頁。

村中相談ニて極メ申手形之事

一、他領四ケ村より山論仕かけ難義及候得共、江戸下り御断之分立申者無之ニ付、村中より達て頼申ニ付、村之ためと思召、無是非江戸え御下リ被成、御苦労御かけニて山論勝利ニ罷成候儀は貴様御影故と村中忝存申候、然処ニ数年立不申候内ニ又々他領四ケ村と立合山之外、持林小屋山まて、村々より大勢立入木柴きり申ニ付、ケ様ニ仕懸られ候得ては

村々たたごと成不申候得共、江戸へ下り御断たち候様ニ可申上者村中に壱人も無之候ニ付、此度も又々江戸へ御下り被下候様ニ達て頼申候、其上此度之此方より他領へかけ公事ニて候得は、中々御公儀様ニも大事と御意被成候ニ付、若非分ニも罷成候得は御命迄も、無心元思召、此度は村々役人五六人御同道ニて御下リ可被成と御申候得共、人多下リ候得ても御断立候様之申分ケ仕者壱人も無御座、其上遣銀大分入候得は所々たたこみ不罷成候者共多御座候得は、村相続と思召被成、村之台代ニ是非共ニ御下リ被成候様ニ達て頼申ニ付、御下りなか〳〵江戸ニて御苦身被成、山論勝利ニ相済他領四ケ村、小谷村共ニ先規は立入、木柴きり取申候山谷多御座候所共、柳瀬壱村之支配ニ罷成、木かせき仕渡世送り村中相続仕段、貴様御かけ千万忝存候、殊ニ度々江戸へ下リ被成候故、何ケと御身体も御ついゑ多重リ申故、御田地迄も御売被成候事も存候、其上小谷村、椿坂村等は此度山論何之勝利も無之候処ニ、御かけ故千万忝存候、依之心付之御礼可仕と申候得共、達て御留被成候ニ付、此御思（ママ）ニ貴様御家後々末代清続之内は、村方ニて何ケ共御諸役等之儀被成間敷候、貴様分は村中と仕相勤可申候、商人荷物之儀は御勝手ニ御付可被成候、若当日指馬無之節は貴様御馬御出頼申候、後々末々何ニても御指図万事ニ付、村中共々相背申間敷候、為後日仍て如何（ママ）、

寛文三年

癸卯十一月日

柳瀬村　庄屋　伝　吉　印

同　横目　与　次　印

次郎三郎　印　介太夫　印　弥四郎　印

（六一名略）

太郎二郎　印　兵　作　印

三郎二郎　印

右之通リ少も違背致間敷候

証人　柳瀬三太夫　印

柳瀬弥兵衛殿

（裏書略）

（12）『栃木県史』史料編・近世三（栃木県史編さん委員会、一九七五年）三七六―三七七頁。

（13）『大田区史』資料編、平川家文書三（大田区史編さん委員会、一九七七年）一一四〇頁。

(14)『三和町史』資料編、近世（三和町史編さん委員会、一九九二年）四三二—四三三頁。同村では、まず名主・重立百姓が仲間として「連判手形事」という文書を作成して結束を固め、ついで重立をふくむ惣百姓が名主に頼み証文を差し出すという構成をとっており、惣村型のものにくらべて、階層性が強く反映されている。

(15)『栃木県史』史料編・近世一（栃木県史編さん委員会、一九七四年）五三四—五三五頁。なおこれについては拙著『日本近世の村と百姓的世界』（校倉書房、一九九四年）のⅠ・第二章・百姓的世界の成立と百姓結合参照。

(16)『大和村史』史料編（大和村、一九七八年）九〇六頁。

御頼申一札之事

一、此度御頼之儀ニ付、村方土《(出カ)》掛り出銭支配之義、御世話被成被下候様ニ百姓御頼申候所、達て御断被成候得共、百姓中こぞつて御頼申候得ハ、此儀ニ付如何様之義御座候共、百姓水呑以下迄も何分ニも御申分ケ仕、其元様へハ少シも御難題掛ケ申候間敷候、仍て為証拠一札如件、

宝暦六歳

子之二月十日

甚四郎㊞　六兵衛㊞　藤右衛門㊞　徳三郎㊞

（九二名略）

小兵衛㊞　庄　八㊞　藤九郎㊞　次左衛門㊞

庄右衛門殿

(17)『神奈川県史資料所在目録』四八集（神奈川県史編集室、一九七九年）三一頁。同所在目録全冊を点検したところ、事書に「頼」文言のある文書は五〇件確認できた。宝暦期に二件あるのが初見で、一件は推定で宝暦七年（一七五七）となっていた（『神奈川県史資料所在目録』・四三集、神奈川県史編集室、一九七五年、二四三頁）。しかし同文書の複写を取り寄せてみると、年月日の記載がなく、端裏書など推定の根拠が確認できなかったので、今はこの史料を掲げることとした。

(18)『児玉町史』近世資料編（児玉町史編さん委員会、一九九〇年）一二三二頁。

口上

一、惣百姓相頼候ニ付、右出入御願申上候所、頼之連印ニても有之哉と御尋候得共、先達て遣シ得共、相返シ当時私方ニ

無御座候、右連印取揃差上可申候、
一、善右衛門方え右出入ニ付、掛ケ合候哉と御尋ニ御座候得共、なか〳〵私共申候儀取上ケ申者ニ御座（無脱カ）候付、掛ケ合不仕候、
明和七寅年十一月十七日
神田白壁町与七店
与　市　印
御役人中様
連印書付在所取候て、
十二月八日ニ御屋敷え上ケ十二日訴状上ル、

(19)『印西町史』史料集、近世編二（印西町史編さん委員会、一九八七年）一八三頁。
乍恐
当村無田兵左衛門儀百姓小前惣代と偽、御奉行所様え欠込御訴訟申上候処、江戸御役所様ニて惣代御吟味御座候旨、右兵左衛門方より申参候由ニて、去十四日より兵左衛門同道之者、村中連印虚言を以相進候得共、村内上町組は過半印形相揃、下町組台方組之儀は承知不仕、依之虚言ヲ以印形被押取候、上町組之者共今更後悔騒動仕相調不申候ニ付、昨夜より村役人方ニて無印之者は呼付相進メ候由ニ御座候、此節連印之始末御吟味被成下候ハヽ、小前百姓心底虚実委敷相分リ可申と乍恐奉存候、何卒御慈悲を以御吟味奉願上候、
（寛政五年）丑七月十七日
(20)大石学「近世江戸周辺農村の機能と性格」（徳川林政史研究所『研究紀要』、徳川黎明会、一九八三年度）。
(21)『草加市史』資料編二（草加市史編さん委員会、一九八九年）二六八—二七二頁。
(22)八潮市史編さん委員会編『八潮市史』史料編、近世一（八潮市、一九八四年）三〇一—三〇二頁。
(23)『太田市史』史料編、近世一（太田市、一九七八年）八五六—八五七頁。元治元年（一八六四）長州表御供人足の代替雇用を村から依頼した一札。
(24)『八潮市史』史料編、近世一（前掲）三〇二—三〇三頁。

(25)『柏原市史』五巻、史料編二(柏原市史編纂委員会、一九八一年)一六八―一六九頁。

右頼一札写

一札

一、柏原船年寄柏原村清兵衛并大井村熊八後見甚平両人より、此方舟乗仲間廿六人相手取、運賃上前銀年賦滞出入当六月廿七日奉願上、一統御印附訴状奉請罷在候、然ル所右年賦ニ相成候義は、年寄清兵衛と先達て相対仕候節、是迄之通川筋戸関損所修覆、清兵衛より被致、弁作リ番過有之候、船都合四拾四艘新造船作リ清兵衛より、被相渡候上、年賦銀相渡可申筈ニ有之候処、理不尽ニ年寄清兵衛弁熊八後見甚平より被願上候ニ付、此段委敷此方廿六人より御番所様え返答奉申上候義、廿六人一統相揃罷出候ては、相互ニ働人之義ニ候得は渡世営みかたく、各五人仲間老分之儀ニ御座候へハ、廿六人惣代として御返答被仰上被下候様御頼申候所、御承知被下忝奉存候、然ル上は、右出入ニ付御番所様え返答之義ハ勿論、願人と掛ケ合万事宜御取計可被下候御戴(裁)許ニて、此方共実事申立ニ相立候は、相互ニ大慶ニ存候、若趣意相立不申候とて、各五人え対シ申分一切無御座候、勿論何事ニよらす各御申立被成候義は、我々一同其趣意ニ相洩レ候義決て無御座候、万事御相談ニ不扱いケ様共可然様御取計頼上候、右出入ニ付、従御公儀様各五人え被仰付候義ニ付、仲間一統え被仰聞候義は勿論、各御差図之儀、此方共少も違背不仕候、尤此度出入一件ニ付諸雑用何程有之候とも、公事之勝劣ニ不抱仲間一統より出銀いたし相賄ひ可申候、其節違背仕申間敷候、為後証頼一札、仍て如件、

天明六午年

七月

平野屋　善右衛門

(十九名略)

平野屋　弥兵衛

金屋　嘉　助殿

石屋　長兵衛殿

柏原屋　嘉兵衛殿

平野屋　喜兵衛殿

帯屋　新太郎殿

(26)『豊中市史』史料編三（大阪府豊中市史編纂委員会、一九六二年）一二五頁。
(27)『大東市史』史料編二（大東市教育委員会、一九八九年）三八八—三八九頁。
(28) 藪田貫『国訴と百姓一揆の研究』（前掲）八七頁。
(29) 中村光夫「旗本長谷川氏領の大庄屋・陣屋役人忌避騒動」（尼崎市地域研究史料館紀要『地域史研究』七巻三号、一九七八年）。
(30) 念のため確認しておくと、藪田の国訴研究がそのような主張をしたということではなく、学説を受け入れる側の受け止め方についての指摘である。しかしある学説が定着する過程では、その主張だけでなく、受け手のイメージが切り離しがたく結びついている場合がある。国訴についていえば藪田が批判した在郷商人主導説などもこれにあたるといえるだろう。
(31)『結城市史』四巻、古代中世通史編（結城市史編さん委員会、一九八〇年）四〇四—四〇七頁。
(32) 古川久編『狂言辞典』（語彙編）（東京堂、一九六三年）二七一頁。
(33) 笠松宏至他編『中世政治社会思想』下（日本思想大系22、岩波書店、一九八一年）三三四—三三五頁。この史料の背景については、赤松俊秀『古代中世社会経済史研究』（平楽寺書店、一九七二年）四九四—四九五頁参照。
(34) 相良亨「戦国武将の精神」（石田一良編『日本文化史概論』吉川弘文館、一九六八年所収）。
(35) 黒川真道編『国史叢書』「浅井物語」（国史研究会、一九一五年）三一九—三二一頁。
(36)『浅井三代記』第十（内閣文庫本、一六八九年版）。
(37) 石井進『日本の歴史』一二、中世武士団（小学館、一九七四年）三八六—三八七頁。パーソナルな頼み関係の展開、義理の成立、そして頼み証文の展開は、中世のイエ支配の解体のなかから生まれた、個人や小集団が近世に発展させた自立と依存（連帯）の関係にほかならなかったのである。
(38) 源了圓『義理と人情』（中央公論社、一九六九年）、原道生「虚構としての『義理』」（相良亨他編『講座日本思想』三、東京大学出版会、一九八三年所収）参照。
(39) 笠谷和比古『近世武家社会の政治構造』（吉川弘文館、一九九三年）、第三章・付論、とくに一〇六—一〇七頁の『葉隠』の記事参照。
(40)『河内屋可正旧記』（清文堂、一九八八年第三版）、二四四頁。

(41)　近松門左衛門『曾根崎心中』（岩波文庫、一九七七年）、二六、三六頁。
(42)　『岐阜県史』史料編、近世八（岐阜県、一九七二年）五五三頁。
(43)　『曾根崎心中』（前掲）二七頁。
(44)　「近世初期の村政と自治」（前掲）、（ｉ）・（ｊ）文書。
(45)　青木虹二編『編年百姓一揆史料集成』一巻（三一書房、一九七九年）三六二頁。
(46)　拙著『日本近世の村と百姓的世界』（前掲）、Ｉ・第二章参照。
(47)　同前、Ｉ・第三章・百姓的世界意識の基層参照。
(48)　青木虹二編『編年百姓一揆史料集成』二巻（三一書房、一九七九年）三一—三二頁。
(49)　『国訴と百姓一揆の研究』（前掲）における民衆運動の制度にかかわる国訴の「新しい人間関係」論（八六頁）についていうと、大きく①地域性原理と②頼み証文による国訴惣代制の二つが国訴の組織原理の新しさとして提起されたと理解することが可能と思われる。①については、実証上問題があることは横山伊徳「藪田貫『国訴と百姓一揆の研究』」（論集『きんせい』一五号、一九九三年）以下、多くの書評で指摘されているところである。地域性原理に着目した点については評価したいが、近代国民国家形成の基盤としてのナショナルな地域形成の問題であるはずの地域性原理を直接、国訴の組織の範囲に結びつけて展開させたことが議論をわかりにくくしたのではなかろうか。いっぽう②についても、本論が論証したように、畿内の先進性や国訴の新しさと直接的に結びつくものではないことが明らかになったと考える。藪田は百姓一揆のなかにも頼み証文が存在することに着目して、問題の普遍化をはかっているが、だとすると国訴の地域別惣代制が「『頼み証文』という民衆運動上のあらたな文書様式を生み出している」（八六頁）といった評価は相当に限定して受け止めねばならないだろう。こうした整理が明確でない点が同書を難解にしているのではなかろうか。国訴の「新しい人間関係」を必ずしも否定するものではないが、そのもとめ方に実証上の問題を感じている。本論で指摘したように上方の日常的地域結合の変化を地道に検討する努力がいっそう必要のように思われる。
(50)　「近世初期の村政と自治」（前掲）。
(51)　それがみえないところで力を発揮するのは、人びとの社会結合と社会意識そのものから生まれていて、容易には変えがたい構造をもっているからだと考えている。本論ではそのきわどい関係を示してみたかった。社会的権力については、柴田三千雄他編『シリーズ・世界史への問い』七（岩波書店、一九九〇年）の序章（小谷汪之）、また岸本美緒「明清時代の郷紳」（同書所収）が日本と中国の比較の上で参考となる。

付記　本論は日本史研究会大会報告原稿に注をほどこし、若干技術的な訂正を加えたものである。このため文体がやや報告調となっているが、当時の雰囲気を残すためそのままとした。大会報告では頼み証文の全文をあげて記載様式などを検討したが、省略せざるをえなかった。ここでは大会報告資料のなかから頼み証文とその周辺文書の一部を注のなかに入れて示すにとどめた。これにともない、注の数などを若干調整した。論文中の頼み証文の件数はその後の調査で増加したが、論旨が変わるものでなかったことと、注や表の組み立てがむずかしくなることから、加えることはしなかった。あらたな件数などは第四・七章を参照されたい。

第四章　頼み証文の様式と機能

はじめに

頼み証文とは、近世の農村社会に成立、展開した委任・依頼の証文で、主として村役人の就任についての委任や出訴の惣代への委任など役職や訴訟代表の委任の証文として使用された。この点で、近代の委任状の前提をなすものである。いっぽう中世では、訴訟や集団が結束するためには、契約状や起請文が使用されたが、近世では頼み証文がこの役割を担うこともあった。それぞれに文書としての性格、使用される範囲はちがいがあり、今後研究を深めることが必要であるが、契約状・起請文―頼み証文―委任状という一つの流れがあったことを想定することは可能であろう。そしてそれは、それぞれの時代の人びとの社会的結合のありかたに根ざしているのである(1)。

頼み証文は、「頼み」を証文とすることがおこなわれる内に、その様式が整備され、頼み証文という文書認識が次第に定着していった。本章の目的は、こうした頼み証文の成立と展開の過程を明らかにするために、これを集成して、その全体を概観することにある。

ところで頼み証文は近世社会の固有の社会的結合のなかで成長したものなので、起請文・議定・定め証文など他の文書との境界は一部重なっていて、明確に区別ができない場合がある。ここに頼み証文研究のジレンマがある。頼み証文がなにか定義できないと、頼み証文は集められないのに、頼み証文を集成してみなければ、頼み証文がなにか定義できないのである。しかしこういったなやみは、ある程度まで歴史学に共通のものでもある。民衆の経験のなかから成長したものなので、その経験に即しながら、文書様式と機能の両面から基準を定めて、集成したものを検討しつつ、さらに定義を深めてゆくという繰り返しが重要であろう。こうしたことを指摘するのは、なにより頼み証文集成にともなう判断のむずかしさにふれておきたいためであるが、いっぽうで頼み証文に関心が深まって、史料集にとりあげられることが多くなるにつれて、一定の定義と判断の共通性を相互に確保する必要がでてきたからである。とはいっても十分な議論の場を確保するためには、相当量の文書の提示が必要である。能力の制約もあって、ここでもそれははたすことができず、典型的な文書を紹介して、相互に検討するための枠組みをつくる試みをおこなうにとどめざるをえなかった。

頼み証文の定義のむずかしさはともかく、なんらかの指標がなければ、頼み証文を集成することはできない。そこでかつて、①なんらかの頼みを主題とした文書であること、②頼むもの（差出）と頼まれるもの（受取・宛所）が明示されていること、③証文であること（依頼の書状、願書ではない）、④頼み証文・頼一札・頼書・頼み状など文書そのものに明示があること、⑤堅め状・議定・定め証文など他の文書様式で把握できないこと、といった条件を示し、集成を試みた。その大筋は、現在でも有効と考えているが、その意味するところを立ち入って検討したことがなかった(2)。ここではこの点にふれながら、頼み証文の様式と機能、他の文書との境界、頼み証文集成にみられる傾向などについて、簡単に検討をおこないたい。

一　様式と機能

様式が完成した頼み証文は、証文の事書や書止めに「頼一札」とすることが一番多く、ほかに「頼証文」「頼書」「頼談書」「頼状」などの文言が使われた。「頼証文」の用例はそれほど多いわけではないが、いずれも「頼み」を「証文」としたことは疑いなく、全体を一括して、頼み証文という概念で把握することはさしつかえないと考えられる。また「頼一札」以下の表現が一般的におこなわれるということは、文書を作成した人びとが、頼み証文という文書様式があると理解し、かつそれを自覚的に利用して、「頼み」を表明したり、引き受けたりしたことを意味するので、頼み証文の文書認識が確立していることを示している。こういう段階が存在することが明らかであるので、頼み証文は、さまざまな文書概念の境界領域にある文書を一つのグループとして抽象的に概念化したものではなく、歴史的に実在の文書をよりどころにしているといえる。そこでまず簡単に実例を紹介したい(3)。

相頼申連印一札之事

一、当村方之儀は近来百姓代役定番無之年番ニて相勤メ罷有候処、左候ては御用向其外村用等之差支ニも罷成候てハ不相成儀ニ御座候間、此度村方一同相談之上貴殿百姓代役定番勤メ被呉候様相頼申候、依之村方一同連印頼一札差出し申処、如件、

天保十二丑年三月

新町村
留五郎 ㊞
市郎兵衛㊞
（五一名省略）
清　助 ㊞

同村
十七五郎殿

これは武蔵国多摩郡新町村で百姓代を年番制から定番制に変更するにあたって、新百姓代にその就任を依頼した証文である。事書は「相頼申連印一札之事」、書止めには「依之村方一同連印頼一札差出申処、如件」とあり、頼み証文であることが明示されている。内容は、年番制ではさしつかえ（不慣れなものが就任してさしつかえるということであろうか）が生じるので定番とすることにしたと事情が説明され、百姓代役に定番として勤めてほしいと頼んでいる。きわめて簡潔であり、頼んだことを差出者と宛所の受取者が確認することが主題である頼み証文の本質をよく示しているといいえる。事情説明がなければ頼み証文のこれ以上はぶけない純粋形式の文書となろう。一般には頼み証文には、事情説明、頼みの内容、頼んだ業務の範囲、頼んだ側の義務などが記載されることが多いが、頼み証文は頼んだことを証文として相互に確認することに本質があるから、誰がなにを誰に頼んだか、それが証文として成立していれば要件をみたした。この点で、この文書は、事情説明がなくとも頼み証文として成立するが、それ以上は、はぶくことはできないといえる(4)。

つぎに訴願惣代への頼み証文の一例を示そう(5)。

差出申頼一札之事

当村役人小前え対品々不宜取計ニおよび、不筋之入用等相懸百姓相続ニ拘候ニ付、無是非今般各を惣代ニ相頼、御支配御役所奉出訴候、依ては出府中入用之儀無遅滞差出可申候、依ては頼一札差入申所、如件、

（安政六年一一月）

これは武蔵国秩父郡大野村の百姓が村役人の取り計らいの不筋を訴えるにあたって、惣代にあてた頼み証文である。出入一件の写本に写されたものなので、年号、差出者、宛所が省略されている。これにつづいて写された訴状の冒頭には、訴願の百姓六八名、惣代四名の名前もあるので、二重に写すのを避けたのであろう。差出、宛所は省略されているが、本文中に「各を惣代ニ相頼」とあって、本証文が惣代を頼むために作成されたことは明瞭である。内容は出

訴の理由、訴願惣代として出訴してほしい旨の頼み、出府入用を遅滞なく差し出す旨の頼んだ側が負うべき義務がのべられている。訴願惣代の頼み証文のもっとも簡潔なものを示したが、基本構造は、さきに示した村役人就任の頼み証文と変わりない。

近世後期にはこうした頼み証文は多数発見され、頼み証文の様式が確立していることを確認できる。ところで「頼一札」などと頼み証文を明示する表現はなくとも、ほぼ同様な機能をもつ文書は同時代に多く存在する。(6)

一札之事

此度日光道中千住宿定助郷、東葛西領飯塚村外弐ケ村より私共村々差村いたし村柄御見分奉請候処、当領之儀は水難困窮村々ニて被　仰付候ても難相勤難渋至極ニ付、御免願仕度候処、村々罷出候ては諸雑用も相掛難儀仕候間、各方惣代ニ相頼申候間、幾重ニも御免御願被成可被下候、尤就中雑用之儀は定例之通拾壱ケ村高割を以差出可申候、□□御割合次第、右同様差出聊無滞様差出可申候、為念一札相渡申所、如件、

弐郷半領
花和田村
年寄　佐兵衛　㊞
（一〇カ村二八名省略）

天保□□（十三カ）年□月四日

戸ケ崎村
御名主　伊兵衛殿
（二一カ村二一名省略）

この文書には「各方惣代ニ相頼申候間」と惣代を頼んだこと以外、頼み証文を明示する様式的な文言はない。しかし事情説明（訴願してほしい事情・内容）があり、ついで訴願惣代の頼みがあり、最後に頼んだ側の義務として費用負

担の約束が記載されており、内容は訴願惣代の頼み証文そのものである。したがって頼一札などの文言がないが、内容・機能としては頼み証文として要件を十分にみたしているといえる。この文書に限っていえば、むしろ頼み証文以外の機能をはたしえないほどであるといってよいだろう。当然、こうした文書は、内容・機能面から判断して、頼み証文として認定することが許されるであろう。

ところで様式が整わなくとも内容・機能面から頼み証文として把握できる、あるいはそうした文書がおこなわれているとすると、頼み証文としての内容・機能をもつ文書、つまり事実上の頼み証文の存在をいつ頃までさかのぼって検証できるかということが問題となろう(7)。現在の調査にもとづいて結論を先取りすれば、それは一七世紀中葉に端を発して、一七世紀末にはたしかなものになってくる動きであるように思われる。こうした例の早いものとして寛永一七年（一六四〇）の信濃国高井郡壁田村の庄屋の頼み証文がある(8)。これについては次章で分析する予定なので、ここでは寛文六年（一六六六）の越前国足羽郡杉谷村の頼み証文を示そう(9)。

指上申一札之事

一、今度杉谷村之内、新用水仕度候由、数年其方様へ申上候へ共、終合点不被申今ニ相延罷有候、乍去今度は何様儀御座候共、御地頭様へ御断被仰上候て、新用水御取立被成可被下候、江筋切申所銀子弐貫八百匁ニ赤谷村之安兵衛ハ檜もろ村之勘左衛門殿請取、江筋切可被申候由被申候ニ付、御地頭様へ何様ニも被仰上、御地頭様より銀子御出し被下候、外之銀子たり不申候所は、我々共牛馬妻子うり申候ても、用水被成候は御恨ニハ存知間敷候間、如何様成共被仰上新田出来申様ニ御才覚頼候、用水出来仕其上ニ百生共たをれ候共、其方様へ少も御恨申上間敷候、江筋切賃代銀面々高割仕候て持高分ニ当り申程急度出し可申候、此上ハ万一用水なりかね候共、其方様ニ御恨申上間敷候、為後日村中連判仕相渡申候、若面々ニ当り申銀子罷不成候は、村中共ニ借用仕候ても其方様へ御六ケ敷事共懸申間敷候、仍て如件、

寛文六年午十月廿日

杉谷村
彦兵衛　㊞
（二一名省略）

同村
十兵衛殿
まいる

杉谷村では、数年来新用水堀を引いて新田を開くことが課題となっていた。しかし庄屋十兵衛は「合点」しないでいた。証文からは、庄屋十兵衛は資金調達や堀切りを設けても配水が満足のいく状況になるかという不安をもっていたようである。そこで百姓たちは、今度こそは庄屋に領主側にたいして訴訟し、資金を出してもらって、新堀を掘り新田を開発できるように「御才覚頼候」と頼んだのである。庄屋の出訴を促すために、領主側が出した資金で足りない場合、百姓が牛馬妻子を売っても調達するし、用水ができたならば、百姓が「たをれ」ても恨みには思わない、万一用水ができかねても、これも恨みには思わないと述べている。前半は計画の概要と費用の説明をしたうえで、出訴を頼み、後半は出訴についての免責事項と費用負担について規定している。文章がやや長文であるが、内容的は庄屋に出訴を頼むことが主題となっており、他の部分はこれにともなう条件の提示にあたる。したがって頼み証文として差し支えないであろう。

庄屋家は戦国以来の「郷士」「頭百姓」といわれた土豪百姓で、杉谷村は福井藩領の給人知行地であった。頼み証文で「地頭」といっているのは給人たちであった。庄屋は、数名の給人領主を説得して、新用水堀切りの費用を調達することを頼まれたが、給人から費用を調達したとしても、堀切りが成功しなければ庄屋の責任が追及される可能性がある。また無理な費用負担で百姓が潰れれば、給人・百姓双方から非難されかねなかった。訴訟の結果、費用を二貫五〇〇匁として、その内一貫五〇〇匁は領主側が無利子で百姓に貸し付けることにして堀切りが実現した。給人岡部豊後知行所では米大豆二九石の定免となったというから、相応の田地が開発されたといえる。(10)しかし寛文六年のこの頼み証文に署名した百姓二二名の内、寛文九年（一六六九）の「たおれ百生之覚」では、一一名の百姓が潰れとして書き上げられており、半分はこの間に潰れたのであった。(11)新田開発の無理があらわれたのか、すでに危機的状況があり、それを乗り越えるために新田開発が企画されたのか不明であるが、庄屋の不安は根拠のないものではなかった。それだけに庄屋は村中から一札をとっておく必要を感じ、村側も庄屋の不安に応えなければならなかったのである。それが費用負担の説明や免責条項が執拗なまでに繰り返された理由であろう。

文書に「頼一札」などの明示がなく、内容・機能面から頼み証文の判断をしなければならない場合のよりどころは、文書の主題が「頼み」であるかどうかということである。しかし、ここで検討したように文書の主題がなんであるかを客観的に定めるだけの史料がある場合は少なく、頼み証文と考えられる文書の内容を精読して、その論理構成からどこに主題があるか判断することになる。判断が簡単にできるものはよいが、境界領域にあるものは判断しかねることがある。たとえば、つぎのような一札がある。(12)

一札之事

一、組頭仲右衛門殿病死ニ付、跡役之義貴殿相頼候処、其段御役所え御願被成御聞済之趣被仰聞一同承知致候、依之連印致置候処、如件、

文化三寅年四月

これは武蔵国多摩郡国分寺村の組頭後役をめぐる一札の写で、編者により「組頭跡役貴殿相頼候ニ付連印一札」と題名が付されている（写しであるため連名などはない）。組頭の後役を「貴殿相頼」という部分が、印象深かったため、この題名になったことは了解できる。しかしよく読むとこの文書は頼んだことを確認するためのものではなく、領主

に届けて承認されたことを受けて、百姓がこれを承知したことを示すためのものである。したがって文言などはないが、この一札の本質は請書であり、題名は「組頭後役仰せにつき請書」とでもすべきものであろう。かりにこの一札が、新組頭に渡されて頼み証文的な役割をはたしたとしても、主題・様式ともに請書の範囲で把握すべきものと判断した。編者は、この一札が請書であることを見落としていたといえるが、それでも見落とすだけの曖昧さはあり、判断のむずかしさがうかがえるのである。

一般に、集成にあたっては前期には比較的緩やかに、頼み証文の認識が成立した後は、厳しく判断している。同一基準ではないという批判が起きるのは当然であるが、頼み証文の様式と認識をもたない段階では、ときには、他の証文様式で頼み証文の機能をはたさせることがある。これを狭くとって排除してしまうと、頼み証文の自然発生過程や他の証文から成長する過程がわからなくなるという問題も生じる。それでは頼み証文の集成の意味が著しく矮小化してしまうのであろうと考えるからである。

二　境界領域

さて内容・機能面からいうならば、頼み証文はその境界において、他の文書様式とどのように重層しており、それをどのように判断するかということがもう一つの課題となろう。判断の検討をおこなう十分な準備はないが、ここでは他の文書様式によって頼み証文が表現されている場合をいくつか紹介して、重層のありかたを概観しておくことにしよう。

まず起請文系列のものとして水戸藩宝永一揆の証文がある(13)。

相定申神文連判之事

一、此度　御公儀様へ願有之候ニ付、村々江戸へ相詰御訴訟申候ニ付、当村ニテ貴殿達夕ノミ為登申候、江戸道中等ノ入目ハ不及申ニ、跡ニテ諸田地等仕付申義、相残我々何分ニモ致置可申候、願相叶申候ニ付相叶不申候共、諸事相定ノ通リ皆々異乱申間敷、尤御　公儀ヨリ何分ノ曲事ニ被仰付候共、相残者トモ一同ニ相談可仕候、依テ連判如件、

宝永六年丑正月

田崎村
惣百姓神文連判

これは江戸出訴にあたって、常陸国茨城郡田崎村の百姓が村の惣代にあてた証文である。一揆の編纂記録に写されたものなので、差出や宛所はない。事書に「相定申神文連判之事」とあり、起請文の形式を残しているが、実際には起請文言はない。本文の後に、「惣百姓神文連判」とあり、ここに別紙で誓紙がつけられて、連判があったとも考えられ今後の検討が必要であるが、本文の内容は後の頼み証文そのものである。一味徒党は厳しく処罰されたから、これへの配慮をふくめて文案を作成すると、頼み証文のようになってくる点があるのであろう。一揆もふくめて訴願闘争では、惣代が自らの代表としての適格性を証明するために、頼み証文を提示することもあったので、一味徒党と判断されるようなことは書かないように配慮されたと考えられる。そうなると頼み証文のほかに起請文が別に作成されて、一組になっていることがみられる(14)。この文書もすでに起請文の範疇をでて、頼み証文の概念に入り込んでいると把握するのが適当であろう。

頼み証文は、証文であるので頼んだ約束を取り交わすものである。この点で約束事を定める定め証文・議定証文といった文書様式との関係が深く、この様式で表現されていることがある(15)。

相定申一札之事

一、今度従　御公儀様両村秣野御新田御開発被為　仰付候所ニ、迷惑至極奉存候、何とぞ江戸表へ御越被成御訴

訟頼入申候、然共御訴訟相叶不申候共、此末御恨申間敷候、又候江戸雑用指之儀も、先年野公事之節相究り候出銭之通差出可申候、以上、

享保十四年
酉五月
左次右衛門㊞
（八一名省略）

半兵衛殿
次左右衛門殿
（三名省略）

これは下野国芳賀郡飯貝・京泉両村の惣百姓が秣場開発に反対の訴訟のために惣代に出した文書であるが、事書に「相定申一札之事」とあり、文書の様式は定一札、定め証文というべきものである。しかし本文の内容は頼み証文といってもよいものである。定め証文は、全体あるいは相互に何事か定めることに意味があり、願ったり頼んだりするものではない。この点で頼み証文のように宛所が措定されていなければ成立しないものではない。この証文には宛所があり、これに頼むという性格が色濃くでているといえる。そこで「相定申一札」といってなにを定めているかというと、江戸出訴を頼むこと、訴訟が失敗しても責任を問わないという免責規定および費用負担ということになろう。費用負担を細かく定めていれば、まさしく定め証文の内容となるが、それは先年の公事のときに定めていたようで、ここでは前例によるとするだけで立ち入って定めて記載する必要がなかった。このため定め証文の定める部分が極端に少なくなってしまい、頼む部分が比重をましてしまったことがうかがえる。結果として、頼み証文とまったく変わりない表現になったのである。ここではこの時期、まだ頼み証文の様式がなく、頼みを他の証文で表現するほかなかった点も考慮し、これも頼み証文の範囲に入りつつあると考えてとりあえず認定した。少なくとも、頼み証文が他の

文書概念から、分かれてくる過程の文書としてとらえることはできよう。この点は定型的な定め証文と比較することで、その距離をうかがうことができる。(16)

名主役相定申証文之事

一、当村名主役之義、惣同名中立会相談上ニて、弐ケ年宛ニて相替申義ニ相定申候、然共惣同名中ニて相頼申候得バ、相頼申切ニ相勤可申候、為後日之名主相定申証文、仍て如件、

寛政四年子十二月

杉崎村百代（姓脱カ）　佐兵衛　㊞

（四名省略）

組頭　又八　㊞

同断　久治　㊞

これは、飛騨国吉城郡杉崎村の同名百姓たちが、名主の年番を定めた証文である。頼み文言などがあって、村役人の頼み証文によく似た部分がある。しかし決定的にちがうのは、頼まれたものが証文にあらわれないことである。何者か特定の人物に名主を頼むことを主題にしたのではなく、名主を頼む基準を定めることを主題としているといえる。連名者が対等な立場で証文を作成して、異議のないことを確認した上で、誰が名主になるか相談がなされたのであろう。したがって頼み証文に必須の条件である頼まれたものを措定した文言や宛所は、とくに必要なかったのである。このことは定め証文には宛所があってはならないということを意味しない。定め証文は、何事かを定めることに主題があるので、定めて誰かに差し出しても要件をみたしており、宛所のある定め証文も少なくない。訴訟の訴願惣代な

どにたいし、長文の条件を定めて差し出している例はよく見かける。この場合、訴願惣代にたいする頼み文言があっても、主題は頼んだことの条件を定めることになり、頼み証文の範囲ではおさまらないことは明確である。ところがさきにみたように、条件を定める部分が簡略化してくると、次第に頼み証文に近づいてくる。頼み証文と定め証文という両極の間には、無数の段階の証文があり、どこで線引きするか、判断に苦しむことになるが、ここに示したような証文の原理的なちがいをふまえながら、見定めてゆくほかないのである。

つぎに議定証文となると、そこから頼み証文が分かれるというだけでなく、相互に絡み合いながら進んでいって、関東の一部などでは両者が完全に融合した頼議定証文というジャンルまでできあがる。こうなると両方に属することが明確なので、逆に判断に苦しむ必要すらなくなる。[17]

議定一札之事

一、今般日光就　御参詣左之村々岩槻宿加介郷被　仰付候、依て御継立方為惣代貴殿え相頼申候、然ル上ハ人足当触方其外共正路ニ取計可被成候、且物代料之義ハ一同銀六匁宛其諸入用之義ハ、右宿方助郷一統振合ヲ以勘定可仕候筈、依之頼儀定差出申所、如件、

天保十四卯年三月

武州埼玉郡

花積村

名主　六太郎

（一一カ村一一名省略）

裏慈恩寺村

東　馬殿

表慈恩寺村

与三郎殿

道口蛭田村

立会人　乙次郎殿

右立会人雑用之義、物代同様銀六匁之積りヲ以差出申筈相対いたし置申候、以上、

これは武蔵国埼玉郡花積村以下一一カ村の村役人が日光社参のさいに、加助郷惣代にあてた一札である。事書は「議定一札之事」とあるが、書止めに「依之頼儀定差出申所、如件」とあり、これを書いた人びとが「頼儀定」と認識していたことがわかる。内容は、頼み証文とまったく変わりがない。したがって、たとえ「頼儀定」の文言がなく、議定証文の様式で書かれていても、この内容におさまるものは、頼み証文と判断している。

頼議定証文は、議定部分が長文におよぶことが多く、引用を控えるが、文化九年（一八一二）一二月の武蔵国足立郡下谷塚他三九カ村が助郷惣代にあてた文書は、事書が「議定頼証文之事」とあり、書止めに「為後日助郷一同議定連印頼一札入置申処、如件」とある。[18] また文化一三年（一八一六）一二月の武蔵国埼玉郡蒲生村の出した助郷惣代への文書でも、事書に「頼議定証文之事」、書止めに「為後日頼議定一札如件」とある。[19] 武蔵国埼玉郡周辺では、このような頼議定証文という文書名が文化期頃から、幕末まで広く用いられている。

ほかに、詫状や遺言状からでる頼み証文が少数ではあるが認められる。詫状では、天保九年（一八三八）一一月の上野国村名不詳の一札では「差出申詫一札之事」と事書にあるいっぽう、書止めに「為後日御頼証文差入申処、依て如件」とある。[20] この文書は村方出入で、領主に訴えたものが、その不作法を責められて、名主に詫びてほしいと頼んでいるものである。詫状は、一般に詫びるものが、仲介者を頼んで詫びて、許された事実を書いて、詫びる相手に差し出すという構成となっている。仲介者を記載しておくことで、後日の違反の保証ともなるからである。そこから仲介者にたいして詫びてほしいと頼む一札が生まれるのである。また遺言状も後事を頼むことがあるので、頼み証文と

して作成されることがみられる。文化一二年（一八一五）四月の摂津国豊島郡上止々呂美村の百姓が、自分の死後の年回忌入用を預けおくことを頼んだ一札は「死後頼一札之事」という事書があり、頼み証文の形式をもっている。[21] 以上、主要な周辺文書群との関連についてふれた。境界領域にある文書をどのように判断するかは、これによっても解決するようなものではないが、相互に検討を共有する問題提起になればと考えている。

三　年代と地域分布

頼み証文を集成して、その全体的動向を把握するために作成したのが、表5である。

年次的にみると、慶長・元和期とされる摂津国芥川郡柱本村の一札が現状ではもっとも古いものである。領主から示された年貢減免額では、在所に堪忍がなりがたく、年貢を「百姓御うけ申事不罷成」ので「いくたひも被仰上可給候、以上」と二三名の百姓が、庄屋以下三名に一札を出している。[22] 頼み文言はないが年貢減免交渉の継続を頼んだと理解されるので、頼み証文のなかにふくめておくことにした。ただ文書の書かれた状況が明確でなく、これがどのように機能したかがわからないこと、頼み証文としても現在のところ、地域で後につながる位置をもっているようにみえないことなどから、今後の検討をまちたい。

その後、寛永期から寛文・延宝期頃まで、村内の組分け出入などにともなう名主の頼み証文があらわれ始め、元禄期頃には訴願物代の頼み証文が加わって、頼み証文を構成する重要な中心となる。この時期は、村方騒動や山野争論が多くなり、頼み証文に限らず出訴や集団形成でさまざまな文書作成が広くみられるようになる。頼み証文は一八世紀の終わりに入るまで、各時期一〇件前後であるものの、次第に定着していった。

こうしたなかで事書に頼み文言があらわれ、やがて頼み証文の呼称が生まれた。現在知られる事書に頼み文言があ

表5　頼み証文の動向

年代	西暦	東北	関東	甲信越	東海	北陸	上方	西国	合計
慶長16〜元和6年	1611〜20						1		1
元和7〜寛永7年	1621〜30								0
寛永8〜寛永17年	1631〜40			1					1
寛永18〜慶安3年	1641〜50								0
慶安4〜万治3年	1651〜60		1						1
寛文元〜寛文10年	1661〜70		1	6		1			8
寛文11〜延宝8年	1671〜80	1			1				2
天和元〜元禄3年	1681〜90	2	3	3	3	1			12
元禄4〜元禄13年	1691〜00		6	4		1			11
元禄14〜宝永7年	1701〜10	1	3	1		1	2		8
正徳元〜享保5年	1711〜20		2	1	2		1		6
享保6〜享保15年	1721〜30		10	2	1		2		15
享保16〜元文5年	1731〜40		6		2		2		10
寛保元〜寛延3年	1741〜50	3	3	1	2		3		12
宝暦元〜宝暦10年	1751〜60		7		5				12
宝暦11〜明和7年	1761〜70		6	2	1		2		11
明和8〜安永9年	1771〜80	1	14	3	7		6		31
天明元〜寛政2年	1781〜90	1	11	4	5		5	2	28
寛政3〜寛政12年	1791〜00	2	16	3	5	1	3		30
享和元〜文化7年	1801〜10		11	6	2		3	3	25
文化8〜文政3年	1811〜20	3	41	6	8	1	9	3	71
文政4〜天保元年	1821〜30	2	37	14	4	1	11		69
天保2〜天保11年	1831〜40	3	61	16	8		11	2	101
天保12〜嘉永3年	1841〜50	1	52	9	12	1	5	1	81
嘉永4〜万延元年	1851〜60	4	82	25	9	1	16		137
文久元〜明治3年	1861〜70	8	87	10	8	1	13		127
合計		32	460	117	85	10	95	11	810

らわれる最初の確実な例は、貞享三年（一六八六）正月に陸奥国田村郡山中村の百姓が他村との出作年貢の出入で、出訴を頼んだ頼み証文で、事書に「頼申書付之覚」とある。[23]つづいて元禄三年（一六九〇）一一月には信濃国佐久郡下海瀬村で、名主にたいして「惣百姓相談ニて名主頼申証文之事」という頼み証文が渡されている。[24]さらに元文四年（一七三九）九月、下総国埴生郡宝田村の名子訴訟の取り下げの頼み証文では「以口上書御訴訟頼上申候事」とある。[25]そして延享元年（一七四四）五月には武蔵国豊島郡上落合村他五一カ村の出した鷹野人足扶持の請取世話の頼み証文の書止めに、「為後日村々より頼証文連判ニて差出申所、仍如件」と「頼証文」表現があらわれる。[26]また頼一札の表現は安永五年（一七七六）三月の日光社参にあたって、武蔵国埼玉郡小久喜村他一九カ村が触次惣代に出した一札の書止めにあるのが現在知られてい

るもっとも早い例である。(27)いっぽう書止め、あるいはこれに近い部分に文書の性格が頼みであることを強調している例としては、寛文二年（一六六二）正月の越後国蒲原郡鴻巣村の百姓が名主の不正を訴える惣代にあてた証文の一通に「長岡迄も御上り、前々之ことくニ罷成候様ニ、御わひ事頼入申候、為後日之連判仕申候、仍如件」とあるのが早いものである。(28)その後、延宝四年（一六七六）五月の遠江国周智郡能切村の詫びの頼みに「御公儀様へ御侘言被成可被下候、ひとへニ頼入申候、為後日仍て如件」とある。(29)さらに元禄二年（一六八九）一〇月の信濃国伊那郡前沢村で名主役を九名の百姓により年番で勤めることを定めた後、旧定番名主だったものに、年番名主に指名されたものが差し出した頼み証文には、事書に「相定覚書付」とあり、村方の書類をこれまでどおり保管してほしいなど三カ条の依頼をして、「右之通り名主組寄合相談之上、相頼申所相違無之候、仍て如件」としている。(30)この時期、書止めないし、その近くに頼みを意識した文言を配することがおこなわれることがあったといえるであろう。

明和・安永期には頼み証文数は、二〇件をこえるようになり、文化・文政期に急速に増加し、天保後半期には一つのピークを形成していった。このころになると、助郷惣代や用水惣代などの業務委任の頼み証文も多くなり、委任契約が頼み証文、頼み議定証文の形式でおこなわれた。また頼み証文は地域へ広がり、地域形成・連帯の文書としての性格も強める。さらにもはや委任というより依頼という程度のものまで、頼一札としてあらわされるようになる。業務委任的なものでは、行き倒れ人の処理の知らせを受けた出身村が、倒れた村に頼むこと、旗本の賄いを村から金主へ依頼することなども、このころには、頼一札が使われるようになった。また個人的な依頼では、勘当人の帰宅を村役人から領主へ願うように頼むこと、後見人を頼むこと、名目金の借用を頼むことから、医者にむずかしい病人の治療を頼む（医療行為の免責のため）や家族を遊女とする頼み（人身売買の免責）にいたるまで頼み証文が使用されるようになった。(31)頼み証文の様式が定まり、人びとが頼み証文という表現が便利であることを知ったため、その拡張利用が始まり、文書利用の大衆化とともに内容も多様化するようになったのである。こうして頼み証文が一般化すると、なんでも頼み証文の形式で書かれるようになる。また定め証文や請書など、明らかにちがう形式と内容の文書なのに頼一札と把握して、文書の肩書きに記載してあるものも見かけられる。このため当時の人びとが頼み証文と認識したものをすべて頼み証文とするわけにもゆかないという別のむずかしさが生じるのである。

地域別に頼み証文をみると、東北が三二点、関東が四六〇点、甲信越が一一七点、東海が八五点、北陸が一〇点、上方が九五点、西国が一一点と関東・甲信越が中心となっている。ここでの地域区分は、

東北……陸奥・出羽
関東……相模・武蔵・安房・上総・下総・常陸・上野・下野
甲信越……甲斐・信濃・越後
東海……伊豆・駿河・遠江・三河・尾張・美濃・飛驒
北陸……若狭・越前・加賀・能登・越中
上方……近江・伊賀・山城・大和・摂津・河内・和泉・紀伊・播磨・淡路・丹波・丹後・但馬・伊勢・志摩
西国……上記以外の、四国・中国・九州諸国

としている。地域の大きさには差があるが、一般的にいうと、頼み証文は北陸・西国・東北には広がりが十分みられなかった。この地域は、国持ち大名の多い領国地域で、江戸出訴など遠方へ長期に出かけて出訴することがあまりみられず、訴願惣代へ頼み証文を渡す必要が少なかった。また転村庄屋や大庄屋制が完備され、村で庄屋を選出したり、村に文書が大量に残されることも多くないという社会構造をもっていた（大庄屋文書は充実しているが、村庄屋文書は残存例が多くない）。これらが相互に影響していると考えられる。西国では幕領で江戸や大坂に出訴することになって、頼み証文が作成されていることが目につく。また北陸でも、越前・若狭にみられ、加賀藩内にはあまり発見例がないが、能登の幕領で貞享四年（一六八七）六月に江戸出訴のために頼み証文を作成しており(32)、こうした地域でも必要が

生じればかなり早くから作成された。この時期はまだ頼み証文の文書認識が成立していなかったので、当事者たちに頼み証文を取り交わすという意識はなく、訴訟活動の形成に必要な文書をつくったところが、後世の頼み証文の概念に合致する文書となったということである。したがって条件さえあればどの地域でも、早期にこうした証文が作成されることは認められるであろう。頼み証文の自然発生的性格を示すといえる。問題は、それがその都度、孤立したできごととして終わっているのか、地域のなかで次々と類似の証文が作成される経験を繰り返して、頼み証文の様式と認識が広まる契機と条件があったかどうかということであろう。この孤立したできごとの内容は、一つはここでのべた地域で事実上の頼み証文が多くつくられ様式が固まってゆくかどうかにかかわっているが、もう一つは、地域で訴訟運動が形成されるときに作成されるさまざまな文書体系のなかで、定例的に必要な位置を占めているかにもかかわっていることは、このさい指摘しておきたい。

こうした観点からいうと、調査の不十分な点を考慮しても、頼み証文は関東・甲信越地域において典型的な展開をみたということは、もはや動かしがたい事実といってよい。その展開については、すでに関東の史料を中心にふれてきたので、ここでは東海と上方についてふれておこう。

東海地域にも頼み証文はみられるし、早い時期に様式の整った証文があらわれたりすることもある。たとえば、美濃の郡上騒動で宝暦六年（一七五六）二月美濃国郡上郡剣村と同七年（一七五七）八月同国同郡野添村に二通の「御頼申一札之事」という事書をもつ頼み証文が作成された[33]。これは「御頼申一札之事」という文書表現の全国でも、もっとも早い例であるが、その後、東海地域では事書・書止めに頼み文言がある証文は文政二年（一八一九）一〇月遠江国豊田郡大栗安村の一札の書止めに「為念頼一札差出申候所、仍て如件」とあるのをまたねばならない[34]。文政期には、関東・上方では頼み証文の様式と認識は広く認められるので、これは郡上騒動であらわれた表現が地域で成長していったというより、頼み証文の形式が他の地域からつたわっていった結果と見なすことができそうである[35]。とすれば郡上騒動の頼み証文の様式は、激しい民衆運動の高揚のなかでのみきたえられたもので、日常的に広がりをもつにはいたらなかったといえる。この点で、百姓たちが郡上騒動を闘う日常から非日常への飛躍のなかで、頼み証文を媒介にしてゆくことの重要さを検討するという大きな課題があるといえる。しかしいま問題にしている、頼み証文の様式、認識の成立と展開という課題のなかでは、孤立した要素とせねばならない。頼み証文は、日常から非日常の運動への媒介項であるとともに、日常の秩序形成のためにも作成され、後者の広がりがかなり大きいのである。

上方でも、明和八年（一七七一）一二月摂津国兎原郡三条村の口上書に「口上書を以御頼申上候」とあり[36]、翌明和九年（一七七二）正月に河内国丹南郡丹南村の文書の事書に「御頼申上候」とあるのが[37]、頼み文言のあらわれる早い事例であるが、多分に自然発生的なもので、内容も前者は入会争論の内済を頼んだもの、後者は肥料代の貸し下げ願いを出してもらうことを頼んだもので、証文として成り立っているかどうか、やや疑問がある。上方では、文書表現そのものが東国とはちがい、口上書的なものが多く、証文かどうか判断に迷うことがある。また訴訟形成には定め証文などが広くおこなわれた。惣村の伝統が強く、訴訟でも連名者が交代で出訴することを定めたり、くじ取りで出訴などすることが多いので、惣代を頼むという行為そのものが多くないようである。上方地域については、社会的結合と地域の文書体系の検討のなかで、問題を深める必要があろう。

おわりに

頼み証文の様式と機能、その境界領域でのほかの文書との重層、集成した頼み証文による年次別・地域別の特徴などについてのべてきた。これらを通じて頼み証文の定義に近づこうとしたのであるが、近づこうとすればするほど、問題は複雑に広がってゆくことを感じる。頼み証文は歴史的に実在する文書であるのに、いざこれをつかみとろうとすると、砂のように手の間から滑り落ちてしまいそうである。厳密な定義で形式を整えても、人びとが利用した用途の豊かな多様性を排除しては意味がない。かといってあまりに範囲を拡大するとなんでも頼み証文にふくめてしまって、その意味がわからなくなる。豊かな可能性をすくいとるような、しなやかな歴史学の方法がもとめられているといえそうである。

（1）頼み証文は、藪田貫が畿内国訴が代表委任の制度を育てたことを指摘するなかで、発見したもので、そこに近代代議制の前提とする新しい人間関係をみようとした（同『国訴と百姓一揆の研究』校倉書房、一九九二年）。著者は、この指摘に学びつつも、頼み証文は百姓的世界の社会的結合を表象する文書という認識から検討を進め、この発生と展開が畿内先進地域でおこなわれたのではなく、東国においておこなわれたことを明らかにした（白川部達夫『日本近世の村と百姓的世界』校倉書房、一九九四年、同「近世の百姓結合と社会意識」『日本史研究』三九二号、一九九五年、本書第三章）、また頼み意識にも着目して、この意識が主従制の形成と深くかかわって成立展開したこと、村落の家父長制支配の緩やかな解体により、社会的結合が人格的依存による即自的なものから対自的なものへ変化したなかで、人と人の結びつきを対象化して証文としてあらわされたことを指摘し、百姓世界の変化のなかでとらえる重要性を提唱している（同「民衆の社会的結合と規範意識」岩田浩太郎編『新しい近世史』5、新人物往来社、一九九六年、本書第一章、同『近世の百姓世界』吉川弘文館、一九九九年、人と人のきずな、同「元禄期の村と頼み証文」大野瑞男編『史料が語る日本の近世』吉川弘文館、二〇〇二年、本書第六章）。ここではこうした社会的結合論や意識論にはふれずに、文書様式論として検討を加えることを試みている。
（2）白川部達夫「近世の百姓結合と社会意識」（前掲、本書第三章）で、初めてふれたが、暫定的なものとしておきたい。
（3）東京都教育庁生涯学習部文化課編『東京都古文書集』一〇巻、吉野家文書一〇（東京都教育委員会、一九九二年）一二五—一二六頁。
（4）もっともシンプルなものに、藪田貫『国訴と百姓一揆の研究』（前掲）二三八頁の安永二年（一七七三）五月の大原騒動のさい江戸出訴の惣代に飛騨国吉城郡半田村他六カ村があたえた一札がある。紹介すると

一札之事

一、当春より江戸表より地改被仰付御座候、依之御難キ御願六ケ村惣代ニ山本村之内彦兵衛様相頼申候、相違無御座候、為後日仍如件、

安永二年巳ノ五月十一日

半田村百姓代　六　助　㊞

（五カ村一二名略）

山本村　彦兵衛様へ

というものである（文書を実見することができたので、これにもとづき本文を若干訂正し、年号・差出・宛所を加えた）。

（5）『都幾川村史』資料、四（三）（都幾川村史編さん委員会、一九九六年）二二二頁。

（6）『三郷市史』第二巻、近世史料編一（三郷市史編さん委員会、一九九〇年）六一九―六二〇頁。

（7）現在、もっとも古い頼み証文としての可能性をもつ文書に、かつて豊田武が武家主従制の双務契約的性格を示すとしてあげた、志摩橘文書の天正一二年（一五八四）の「急度相定条々」がある（豊田武『日本の封建制社会』吉川弘文館、一九八〇年、三一頁）。

急度相定条々

橘三良館殿様御落越に付、唯今は海賊其外之儀御座候に付、迫間之郷を急度頼申候、今より後末ニ至迄、迫間郷不残橘殿之家来ニ罷成可申候、然上は我々をもおろそかに被成間鋪事、今より八郷之殿ニ相守可申候、

天正十弐年卯月三日

岡重良次郎

（一〇名省略）

三郎館殿様

これは志摩国答志郡迫間村で、落ち延びてきた橘氏に海賊防御などを頼んで館主として仰ぐことを定めた文書である（三重県編『三重県史』資料編、近世一、三重県、一九九三年、四四九―四五〇頁）。大変興味深い文書であるが、連名者に花押・捺印がなく、影写本のコピーをみる限りでは、字体がこの時期のものとは断じがたい。家格にかかわる文書なので、後世につくられた可能性も否定しきれないため、紹介にとどめておきたい。コピー版で訂正した。

（8）『信濃史料』補遺巻、下巻（信濃史料刊行会、一九六九年）六九六頁。本書第五章参照。

(9)『福井県史』資料編七、(福井県、一九九二年) 頼み証文は八三八—八三九頁。新用水切賃代拝借ニ付一札は八三九頁。また庄屋十兵衛家の性格については、八六七—八六八頁、解題参照。
(10) 前掲、八四二頁。
(11) 前掲、八四三頁。
(12)『国分寺市史料集』一 (国分寺市、一九八一年) 一一四頁。
(13) 林基「『御改革訴訟』考」(野原四郎他編『近代日本における歴史学の発達』上、青木書店、一九七六年)。ここでの一揆指導者と百姓の関係についての検討は、藪田の代表委任論を先取りしたといってよい優れた達成点を示している。なお、この文書の写真版は『那珂町史』中世・近世編 (那珂町史編さん委員会、一九九〇年) 四一一頁に紹介されている。
(14) 白川部達夫『日本近世の村と百姓的世界』(前掲) 七〇—七二頁。正徳三年 (一七一三) 下野国都賀郡下初田村で、領主古河藩に上がり年貢免除をもとめた全藩的な訴願闘争に参加するにあたって、頼み証文の外に代表が処罰された場合の詳細な起請文を作成している例がある。
(15)『栃木県史』史料編・近世三 (栃木県史編さん委員会、一九七五年) 三三八頁。
(16)『古川町史』史料編二 (古川町、一九八四年) 六九五頁。
(17)『春日部市史』第三巻、近世史料編Ⅳ (春日部市教育委員会市史編さん室、一九八二年) 六七〇頁。
(18)『草加市史』資料編二 (草加市史編さん委員会、一九八九年) 二六八—二七二頁。
(19)『草加市史』資料編二 (前掲) 二七二—二七四頁。
(20)『新治村史料集』第四号 (群馬県・新治村誌編纂委員会、一九六二年) 五七一—五七二頁。
(21)『箕面市史』史料編四、共有文書諸家文書、川上家文書 (箕面市史編集委員会、一九七〇年) 二四四—二四五頁。
(22) 水本邦彦『近世の村社会と国家』東京大学出版会、一九八七年、一二二—一二三頁。
(23)『福島県史』一〇巻 (上) 近世資料三 (福島県、一九六七年) 八〇二—八〇三頁。
(24) 国文学研究資料館史料館編『近世の村・家・人』(名著出版、一九九七年) 八一—八二頁。
(25)『成田市史』近世編史料集、四上 (村政Ⅰ) (成田市史編さん委員会、一九七三年) 三三五—三三六頁。
(26) 中野区立歴史民俗資料館・堀江家文書下二八七番 (都立大学図書館蔵)。

(27)『白岡町史』資料一〇、近世文書I（白岡町教育委員会町史編さん室、一九八七年）四二頁。

(28)『新潟県史』資料編八、近世三（新潟県、一九八〇年）八〇六—八〇七頁。

(29)『春野町史』資料編二、近世（春野町史編さん委員会、一九九一年）七〇七頁。

(30)『長野県史』近世史料編、第四巻一（長野県、一九七七年）九八七—九八八頁。なおここでも別に「名主定之覚」という文書がつくられて、名主の年番などを定めている。この文書は、「名主定之覚」という文書を作成し、これを写して書き継いだ形式で「惣百姓寄合名主に頼入申候」と惣百姓が名主を頼んで連印している。宛所やこれを示す文言はないが、写された「名主定之覚」のなかには年番で名主を勤めるはずの九名の名前があげられており、宛所の措定がなされていると判断できる。

(31)「頼み」を証文にするということは、日常生活のなかで口頭の頼みで済ませることの多い民衆にあっては成立しにくいものであった。したがって頼み証文の形成は民衆的なものであったが、最初個々人の日常生活上で作成されたのではなく、村の政治の局面で作成されていった。それが幕末期になると、文書作成の大衆化とともに、民衆にも生活レベルで参加の機会が広まった。それは頼み証文だけでなく、文書作成全般にいえることであろう。このことは契約社会の深まりを意味し、民衆はこのなかで参加の機会が開かれるとともに、これに自縛的に拘束されてゆくことにもなるのである。この点、拙著『近世の百姓世界』（前掲）一二二—一二六頁参照。

(32)青木虹二編『編年百姓一揆史料集成』一巻（三一書房、一九七九年）五六七頁。

(33)『大和村史』史料編（大和村、一九七八年）九〇六頁。

(34)『白鳥町史』史料編二（白鳥町教育委員会、一九九〇年）六六五—六六六頁。

(35)『天竜市史』史料編四（天竜市、一九七七年）一〇八—一一〇頁。

(36)新修『芦屋市史』資料篇二（芦屋市、一九八六年）三二六—三二七頁。

(37)『松原市史』第四巻、史料編二（松原市史編さん委員会、一九七四年）二四一—二四二頁。

付記　本論文に附属していたデータベースは白川部達夫編『近世民衆の社会的結合意識に関する基礎的研究』（平成一六年度—平成一七年度科学研究費補助金・基盤研究C・2研究成果報告書、二〇〇六年）に増補・改訂版を掲載したこともあり、紙数の都合もあるのでここでは掲載しなかった。増補・改訂版では本章の前提としたデータベースから頼み証文件数が増加しているので、件数などは訂正を加えた。本論文後の新しい発見としては、頼み証文総数が八二九件となったこと、「頼証文」という呼称の初出が延宝三年（一六七五）一一月出羽国村山郡大谷村の百姓惣代が水路開発者に差し出した「指出申頼証文之事」という事書をもつ証文にまでさかのぼったことなどが注意すべき点である。同史料はいまでは入手しにくいものなので、ここで紹介しておく（『朝日町史編集資料』第九号、山形県・朝日町教育委員会、一九七八年、一八頁）。史料についてはコピー版により読み方を訂正した。

指出申頼証文之事

一、大谷村之儀は、全体干損之村ニて、百姓一同難渋ニ暮居候処、各々様大沼、大暮山両村之沢水を以、堰路当村え入水御開発思召被立候処、此度弥々成就被成候ニ就て、村方用水ニ可被下由、御恩情千万忝存候、然ル上は其元様方御役永御勤可被下候、末々ニ至若不如意之儀も候ハヽ、百姓一同よなひ御見継申候事ニ御座候、子々孫々ニ至迄、少も相違無御座候、為後日頼証文仍て如件、

延宝三卯年十一月

大谷村百姓惣代
十　助㊞
（一二名略）

白田内記殿
大谷五郎兵衛殿
白田外記殿

様式・内容ともに頼み証文であるといってよい。ただ東北においてこの文書の様式が継承されて、頼み証文の呼称の一般化につながったとはいえない。東北ではそれだけの頼み証文の発展が検証できないのである。なお寛永一七年（一六四〇）信濃国高井郡壁田村の頼み証文については、本書第五章で現地調査をもとにあらたな論点を示しているのでここでは省略した。

Ⅲ　百姓的世界の展開と頼み証文

第五章　寛永期の庄屋と百姓結合

はじめに

日本の社会意識の一つとして、頼み意識の問題がある。土居健郎『「甘え」の構造』では、これを依存意識の一つとしてとりあげている。土居は「甘え」を中根千枝の『タテ社会の人間関係』にふれながら、日本的社会構造の特徴をタテ関係の重視とみるならば、「日本人の甘えに対する偏愛的な感受性が日本の社会においてタテ関係を重視させる原因となっているといってもよいかもしれない」とする。その上で、「日本人の意識を決定している種々の言葉」を吟味するとして、「たのむ」をとりあげ、「一身上のことで相手の好意あるはからいを期待して委ねるという意味」をもち、「甘えさせてほしいということに他ならないのである」としている。(1) いまこれについて立ち入ることはできないが、頼みをめぐる意識、あるいは諸関係が日本的社会構造に根ざしたものであることは、うかがい知ることができる。

頼み関係は、歴史的には家父長的従属関係と、これを基礎に展開した武家主従制のなかで成長し、倫理規範や秩序形成的な意味を強く帯びるようになった。(2) ところで頼み関係は、人格的紐帯に発現する意識で、人と人との即自的結合にささえられていたので、これを証文として取り交わすということはなかった。しかし農村社会では、一七世紀より次第に、頼みを証文としてあらわすことがおこなわれるようになり、頼み証文という名称の文書が出現した。ここではその出現の事情を検討して、人と人との結合の変化を通じて、頼みが証文としてあらわされる意味を考えたい。

一　寛永期の頼み証文

頼み証文は、頼みを証文にする過程で形式が整えられていったので、事実上の証文の段階が先行して存在していた。この段階では、それまでにおこなわれた文書様式を利用して頼みを証文としてあらわすことが多くみられた。したがって頼み証文の判断はむずかしいのであるが、信濃国高井郡壁田村の寛永一七年（一六四〇）の一札は頼み証文の初期のものとして貴重な例である。早くから知られていた文書ではあるが、今回、現地調査の機会があり、文書を実見することができた。これにより本文書をめぐる新しい知見をえたので、この点について検討しつつ、頼みから頼み証文への転換の意味を探る手がかりとしたい。

まず、壁田村の寛永一七年（一六四〇）の頼み証文とこれに関連した組定めの一札を紹介しよう。(3)

指上申一札之事

一、我等共先地頭之代ニも庄屋ニ頼申上候へ共、御国替之時より中頃作左衛門方へつき申候へ共、ゑんこそ御座なく候哉、今より後は新左衛門殿庄屋ニ頼申度奉存候間、組中御入被成可被下候、

寛永拾七年

辰三月四日

壁田村

源左衛門㊞

二郎衛門㊞

（加筆）「孫衛門　㊞」

新左衛門殿
善拾郎殿
組定申事
□間分
□□分
□間分
□□分
弐間分
□間分
□間分
半間分
右百姓今より後は、庄やニたのミ申方、
為後日手形、仍如件、
寛永拾七年
辰ノ三月吉日

兵左衛門㊞
弥衛門㊞
佐次衛門
加衛門
二郎衛門㊞
源左衛門㊞
兵左衛門㊞
弥衛門㊞
善衛門㊞
佐次衛門㊞
賀衛門㊞
喜衛門㊞

新左衛門殿
参

この時期、同村には庄屋が二名いた。差出者たちは先の領主のときには、新左衛門を庄屋に頼んでいたが、領主の交代のときより、作左衛門というもう一人の庄屋を頼んで新左衛門をはなれた。しかし縁がなかったのか、今回ふたたび新左衛門を庄屋として頼みたいので新左衛門の組に入れてほしいというのが前者の文書の趣旨である。これについて新左衛門組に入るにあたって、彼らが負担すべき役儀を確認したのが、後者の組定め一札である。

前者の文書は、差出者が新左衛門の組に入れてもらうよう頼んだもので、この点をとって頼み証文と把握することができる。文書を実見して明らかになったことは、前者の文書の差出者のなかに書き込みがあったことである。「孫衛門（印）」となっている部分がそれで、実物をみると左右の両名の間に、明らかにわかる形で書き込まれている。また史料集では「孫衛」となっているが、よくみると「門」があるようである(4)。孫衛門は文書が作成されたときには、参加が予定されておらず、後に加入したとみるべきであろう。この点は、後述する延宝期村方出入との関連で検討しよう。

後者の組定一札からこのとき、新左衛門組に移ろうとしたものは、「半間分」というように役負担を半軒前しか勤められない小百姓もいたが、弐軒前勤める百姓もいた。上部に虫食いによる破損があって判読がむずかしいが、兵左衛門も破損部分の数字の残りからみて「壱」ではなく、「弐」ないし「四」の可能性がある。夫役は、一般に一軒前として賦課されるので、二軒前というのは、有力な百姓でなければ負担できない。本家筋の百姓が同族団を率いて負担するというものであったと考えられる。したがってここでの百姓は、小百姓もいたにしても、多くは同族団を抱えた百姓たちで初期本百姓とみられる。

二つの文書で、連名者に若干異同がある。次郎衛門、源左衛門、兵左衛門、弥衛門、佐次衛門、賀衛門の六名は、両文書に名前がみえるが、孫衛門は頼み証文にしか署名がなく、善衛門、喜衛門は組定一札にしか名前がない。両文書の前後関係がわからないので、その意味するところは不明であるが、両者の間に、なんらかの理由で参加者の変化があったと考えられる。

以上が、寛永一七年（一六四〇）の頼み証文と組定め一札の内容と問題点であるが、この組替えについては、立ち入った事情があり、それが新左衛門が自分の組にふたたび百姓を迎え入れるにあたって一札をとることになった背景にあった。この点をつぎにみてみよう(5)。

二　元和・寛永期の村方騒動

寛永元年（一六二四）、壁田村の肝煎（庄屋）を勤めていた新左衛門は、当時の領主だった幕府代官に訴え出た。これもすでに紹介されている文書であるが、つぎに示そう(6)。

信州高井郡弐万石之内壁田村新左衛門御訴訟申上候事

一、四年さき酉ノ年高斎御さを御打被成候御帳、肝煎作左衛門ニ御渡し被成候得共、御帳為見不申候、就其ニ高井へ参御帳借り申、書ぬき仕見申候へハ、百姓壱人ニ壱石・弐石宛御帳より外ニしかけを致候を、算用仕見申候得は、弐拾四石しかけ申候、就其ニ高井弐万石之御手代主水殿へ様子申候て算用仕候得は、弐年ニ四拾八石取申候、我等未進いたし候得は、五わり八わりに致、彼肝煎作左衛門取申候ニ付て、我等も算用いたし取可申と存候へハ、御手代主水殿、同所之助兵衛・仁左衛門、六川ノ平左衛門、其外数多之衆扱被申候ニ付て、少取返しかんにん仕候事

一、其以後肝煎を取はなし我等いたし申候処ニ、今度御国替御座候ニ付て御指出し仕候所ニ、我等儀は高斎御さをの高を以御指出し致可申と申候処ニ、かの作左衛門は高井御代官衆と致談合、右之右近殿ノ御さをの高にて

御指出し可仕と申候て替り申候、御百姓をさま〳〵たらし申候へ共、我等きばり当御さを以御指出仕候ニ付て、
御百姓作左衛門方へ付申候物も御座候、其子細は、右近殿ノ御さをニて御指出し仕候得は、悉ク百姓・肝煎徳
いたし申候処ニ、我等きばり高斎御さをにて御指出し仕候得は、少も御百姓りやく不罷成候ニ付て、我等おば
つき離シ申候事

一、我等肝煎是非可仕ニてハ無御座候得共、跡〳〵申合きしやうもんまて致申候て、新左衛門方へ渡し申、其上
作左衛門百姓りやく可致と申候を、我等りやくさせ不申候ニ付て、か様ニ御座候、御情ニ御百姓被召出被仰付
候て可被下候、其上御百姓・作左衛門りやくを致、いぬの年より当年迄切起候所も御座候間、御意ニ候は改進
上可申候

右条々、毛頭偽無御座候間、可然様ニ御さはき所仰ニ候、以上、

寛永元年子霜月六日　　壁田村ノ
　　　　　　　　　　　新左衛門㊞

設楽長兵衛様
　　人々中

「（裏書）右之分、目安上候間、相札書いたし罷出さいきやいたすへく候、以上
霜月七日　　設楽長兵衛
　　　　　　近山五兵衛
　　　　　　庄屋作左衛門
」

第一条目では、新左衛門が肝煎になった村方騒動が説明されている。これによれば、元和七年（一六二一）に当時領主だった高斎（福島正則）の検地がおこなわれたが、肝煎作左衛門はこの検地帳を百姓にみせず年貢を徴収した。このため新左衛門等百姓が高井の代官所の検地帳を書き写し、年貢算用してみたところ、各百姓に検地帳より一―二石多く年貢賦課がなされ、二年間で四八石分が過分に徴収されたことが判明した。従来、年貢未進をすると肝煎から五割、八割の利子がかけられたので、百姓方もこの利子で肝煎作左衛門に過分の徴収分を返済させようとしたが、仲裁が入ってすこし取り返しただけで堪忍したという。二条目冒頭の記載では、作左衛門は肝煎を取り放しとなり、新左衛門が肝煎となったのである。これが元和九年頃の村方騒動の結末であった。ただし元和九年（一六二三）一〇月の免相状の宛所は「へきた村之内　新左衛門　縫之丞」となっており、庄屋は新左衛門の外に縫之丞という人物が立ったことがわかる[7]。延宝期の出入で当時の新左衛門が「ちい縫之丞」の隠居分を譲られたとしているので延宝期の新左衛門の祖父、寛永期の新左衛門の父にあたる人物であったようである。

第二条目では、これを受けて寛永元年（一六二四）の村方騒動の事情が説明される。福島正則が寛永元年七月に死去し、その検使をめぐる不手際で領地が没収されることになった。このとき、壁田村は幕領となった。幕府代官は、村から村高などを書いた差出を出させて、あらたに管轄となった地域の状況把握をおこなおうとした。これにたいして壁田村の肝煎新左衛門は先の元和七年（一六二一）の検地高を村高として、差出を提出しようとしたが、作左衛門は高井代官などから了解を取り付けたとして、それ以前の領主右近（森忠政）時代の村高で出すことを主張した。森氏統治下の村高の方が低く、夫役など石高にかけられる負担を軽減できるからである。「悉ク百姓・肝煎徳いたし申候」というのはそのことである。しかし新左衛門はこれに反対して、福島氏の検地高を村高として指出を出したので、百姓は「りやく（利益）」にならなかった。そこで新左衛門を「つき離シ申」ものがでたのである。作左衛門が「談合」したという「高井御代官衆」とは、幕府代官のことか、なお知行引き渡しのために残っていたであろう福島氏の代官かは不明である。彼は、旧村高を出すことを容認してもらう交渉に成功したが、これは状況が変わって露見すれば、問題になりかねないことである。このことを新左衛門は危ぶんだと思われるが、いっぽうでことがうまく進むのには「談合」の当事者である作左衛門が調整にあたる必要があろう。当然、作左衛門の肝煎復帰が視野に入ってのことと考えられる。こうして作左衛門は、「御百姓をさま〱たらし」、百姓の方も、作左衛門の方が「りやく」になるとして、これに付き従い、新左衛門からはなれるものが多くでたのであった。

第三条目は、新左衛門の憤懣を訴えたものである。新左衛門の言い分では、自分はどうしても肝煎になりたかったわけではなく、「中合きしやうもん《起請文》」までして肝煎就任をもとめられたから勤めているのに、百姓に「りやく」をさせなかったといって、作左衛門につくのは納得しがたい。「御百姓・作左衛門りやく」して、検地以来、新開地があるので、これについてさらに詳しく申し上げてもよいとしている。元和九年（一六二三）に新左衛門が肝煎に就任するにあたって、「中合きしやうもん」が作成されたのであるが、現在これはつたわっていない。

この村方騒動の経過は、これ以上わからないが、結果としては作左衛門は肝煎に復帰し、近世を通じて両家が肝煎を勤めることになった。

以上の寛永元年（一六二四）の村方騒動をみると、新左衛門が寛永一七年（一六四〇）に同人の組にもどりたいとする百姓たちから、頼み証文を取り立てなければならなかった理由もある程度想像できる。新左衛門が肝煎に推し出されたこと自体もそうであるが、肝煎のもとにしたがっていた「御百姓」が村のなかで発言権を強め、肝煎の不正を監視し、百姓の「りやく」にならないとみると、これから離反するようになってきた。こうしたなかで頼まれる側としても、頼む側から一札を取り立てて、頼まれたことを確認しておく必要が生じたのであった。そこに頼み証文が生まれる理由の一つがあった。そして新左衛門の危惧は、その子孫の代になって、現実のものとなったのである。

三　延宝期の村方出入

延宝元年（一六七三）一二月に壁田村百姓弥五左衛門は、奉行所にたいして、つぎのような訴状を提出し、庄屋新左衛門の年貢処理の我儘を訴えた[8]。

「乍恐以書付を御訴訟申上候御事」

「一、御未進八表（俵）弐斗御座候付て拙者□□金子三両ニ売申候得ハ」御公儀様之御慈悲ニて本直シ被成被下、金子ニハ壱両ニ付、籾十表ツヽニ御座候所ニ、新左衛門廿九表値段ニ右三両之金子「理」ふしんニ被取申候御事、

一、諏訪領「壱石八斗六升八合之所、拙者田地之内ニて被下候ニ付て、宮」之建立祭ニ仕候上ニ辰ノ年御検地ニ社領御取「上被遊候ニ付て、」辰ノ年より丑ノ年迄拾ケ年之内御年貢御役等共ニ相勤申候上、右拾年所納御勘定「被成候て、御公儀様より被下候ニ付て、」新左衛門方え断仕、右之御年貢算用被成御返シ被下候へ、宮之建立可仕と申候へとも我まゝ申返シ不申候御事、

一、蔵橋孫左衛門様「家来忠右衛門様御両人」御蔵改ニ御出被成候て、懸籾大分御座候ニ付て惣百姓質表ニて御訴訟申上候へハ、市兵衛組之義ハ質ニて相済シ申候、新左衛門組ニてハ質表之御訴訟仕度と申候へハ、新左衛門申様ニハ質表ニてハ来春六ケ敷「御座候間、本納俵ニ」可仕と被申候ニ付て、惣百姓申様ニハ納申籾無御座候と申候へハ、新左衛門申様ニハ我等之籾何程も借シ可申と申付ニ付て、帳面ニて五割ニ借り申候、又来春ニ罷成無食御かり被下候へと頼申候へハ、新左衛門申「様ニハ」御代官様御借シ不被成候間我等之籾何程もかし可申と申ニ付て、五割ニかり申候、公儀様え御訴訟ハ不罷成と申ニ付て、ぜひなく新左衛門籾おかり申候へハ、壱表を弐表ツヽニ被取申候、此籾ハ「皆寺」社領之籾ニて御座候、我儘ニ仕り何共迷惑「仕候御事」、

右之条々被分聞召被仰付被下候ハヽ、難有奉存候御事、

延宝元年丑ノ極月廿九日

「壁田村」
弥五左衛門㊞

御奉行所

（裏書）
「表書之致返答来ル六日双方罷出、可遂対決者也

寅三月二日
岩　六郎右衛門㊞
望　与惣左衛門㊞　」

訴状の本書は破損が多いので、写本により補ったが、その箇所には「　」をつけて示した。訴状によれば、未進米の処理についてが中心課題となっている。第一条目では、未進米を代金納することを認められたが、その換金率が、一両に一〇俵であるはずが、一九俵の計算で徴収されたという。「本直シ」の意味が不明であるが、それが「御慈悲」であるとしているので、ある程度、安い価格での換算なのであろう。第二条目では、諏訪領が弥五左衛門田地の内に一石八斗六升八合あったところ、検地で没収となった。そこでこの分の年貢も一〇年ほど勤めたが、この分を勘定して返済されることになったので、返済分を渡してくれれば、宮の造営をおこなうことを庄屋新左衛門に申し出ても、我儘をいって返してくれない。第三条目は村の年貢未進の件であるが、未進米がでたので代官から借りるように申し入れた。庄屋市兵衛組ではそのようにしたが、新左衛門は自分の組にたいして、質俵にしては来春むずかしくなるので、納めることにしよう。これについては新左衛門がなにほどでも五割の利子で、帳面で貸すことにするとして、そのようにした。また春に、食料がなくなるので、代官から借りるように願ってほしいと頼むと、代官は貸さないだろうから、自分の籾を貸すといい、五割の利子で借りた。結果、一俵借りて二俵をとられることになった。この籾は

新左衛門のものではなく、寺社領の籾であったという。

この訴状につづいて、弥五左衛門は庄屋新左衛門の我儘として、百姓の潰れ地を取り込んでいると追訴状を出し、組替えを願い出ている。(9)

御そせう申上候つふれ地之事

一、太左衛門と申者之田地新左衛門手前へ□、

一、三之丞□田地　　右同断□、

一、久兵衛と申者之田地　右同断ニ御座候、

右三人之田地共新左衛門手前へ取こミ申候ニ付、惣百姓打寄、右百姓地之分ニやく仕候様ニ□候へハ、新左衛門ハ申候ハ、仕候事やく儀罷成申間敷と申ニより、百姓之儀ニ御座候へハ、せひなく只今迄御やくたう急度相勤申候、かやう之わがまゝ成庄屋ニ御座候、我等高石ニて御座候ハ、何共めいわくニ存、くミかへ申度御そせう申上候、

右之通、御きゝわけ被遊被仰付可被下候、以上、

へき田村

弥五左衛門

御代官様

「（裏書）表書之致返答来ル六日双方罷出、可遂対決者也

寅ノ三月二日

岩　六郎右衛門㊞

望　与惣左衛門㊞」

これでは、太左衛門・三之丞・久五兵衛が潰れた後の田地を庄屋新左衛門が自分のものとして、この分の諸役を百姓に転化している。諸役分を負わされては迷惑なので、組替えを認めてほしいというのである。相庄屋の市兵衛の組へ移りたいということであろう。弥五左衛門の訴状にたいして、代官所で審理することになる。三月二日に裏判があたえられ、庄屋新左衛門に返答が命じられた。これについて庄屋新左衛門は、三月六日付で、やはり二通の返答書を提出した(10)。

返答申上候御事

一、御公儀様御慈悲ニ本直シ被成被下[　]両済申所ヲ、両ニ弐拾九表(俵)直ニ算用仕候由申上候、両ニ弐拾九表直ハ子ノ納未進ニて御座候、子ノ未進合弐拾表四斗壱升四合

此内

籾四表　諏訪領ニ次

金三両銀拾四匁五分　両ニ三十壱表半直

銀壱匁七分　両ニ弐拾九表「半直」

金壱両三分銀拾三匁七分四リン　両ニ弐拾九表直

右之通りニて子之納未進御借シ籾共ニ皆済仕候、丑寅両年ニ右之金銀相済申候、両年之内ニハ本直シ之被仰付ハ無御座候御事、

一、廿三年以前辰ノ年御検地之年より壁田村諏訪領御取上御納所被仰付候故、先年有来ルまつりもやめ罷有候へて、御年貢相済シ申候、然共拙者手前籾ニて、弐年迄まつり仕り申候、其上御　公儀様へ御訴訟申上候へハ、御高御ぬき被下候、其上済シ申候御納所御返シ被下候、然共拙者未進ニ御次被成候、其内少シハ出し置申候御事、(1)

一、未之年倉橋孫左衛門様家来長右衛門様御納所、未進村々御穿鑿ニ御出被成候、惣百生《(姓)》衆未進書御取被「成候」、弥五左衛門納所分籾合四拾三表弐斗八升可納内、拾七表弐斗八升済シ申候、残弐拾六表未進御座候ニ付て、「殊」外御立腹被遊彼弥五左衛門ニなわおかけ飯山へ御状添可被遣由被仰付候間、弥五左衛門ハ不及申ニ、庄や・惣百生迄迷惑ニ奉存候所ニ、弥五左衛門申様ニ籾三表納可申段申上やう〳〵御訴訟叶申候、寺社領之籾無理ニ借シ申と偽り申上候、右之通り社領之籾ハ未進ニ御次「無」御座候所ニ偽り申上候、夫食も御代官様へ御借り不申上候由、いつわりニて御座候御事、（2）

寅ノ三月六日　　壁田村

新左衛門㊞

御奉行所

（年欠・案文）

（1）御公儀様え年々御訴訟申上候へハ、御高御ぬき被下其上済シ申候、御納所四拾弐表壱斗八升壱合御返シ被下候、右御納所済シ申候、年々ハ金子拾両ニ六拾表、七拾表直ニ指上申候所ニ御返シ被下候時分ハ両ニ弐拾八表半弐拾九表直ニ被仰付候時分ニ候間、籾大分ニへり拙者未進ニハ弐拾表弐斗ニ御次被成候、此内少シハ指引御座候御事、

（2）彼弥五左衛門我儘申御役等勤不申候間、惣百姓衆迷惑申候、弥五左衛門親孫右衛門より以来拙者親と市兵衛おや之なか悪敷いたし、度々六ケ敷為致候も、偏ニ孫右衛門さまたけニて、郷中も弥々さわかしく迷惑仕候御事、

破損の部分を案文から補足した。また二条目、三条目については案文にあって、返答書に記載されなかった部分が末尾にあるので、本文につづいて示した。一条目では、未進米の代金納の換算率であるが、弥五左衛門のいう一両二

九俵というのは、子年、つまり二年前の寛文一二年（一六七二）の未進分についてのことである。弥五左衛門のこの年の未進は弐拾俵四斗壱升四合で、四俵分が諏訪領の分で、残りは両に三一俵半、両に二九俵で換算された。この未進分は翌延宝元年（一六七三）と同二年（一六七四）に返済されたが、延宝元、二年の年貢未進については、弥五左衛門のいう「本直シ」の指示はないという。未進の年度を混同しているというのが新左衛門の反論である。第二条目では、諏訪社領については、同領が没収されて年貢地となってから二年間は、新左衛門が祭りの費用を出していた。このことを訴え出て、同地を高抜きして年貢対象地からはずし、費用も年貢米から返済してもらうことになった。そこで返済分の一部は自分の年貢未進分に計算して処理したとする。また案文には、つづいてその詳細が説明されている。これでは返済される分は四二俵一斗八升一合であったが、これは金子で納めた。その換算率は納めた頃は、一〇両に六〇俵、七〇俵（一両に六、七俵）であったが、返済される現在では、換算率は一両に二八、二九俵となり籾にすると大分減ってしまった。新左衛門未進の返済にあてたのは二〇俵二斗分であったという。第三条目では、未進米の事情をのべている。未年、寛文七年（一六六七）に代官の年貢未進調査があり、弥五左衛門は四三俵二斗八升の未進の内、一七俵二斗八升を返済したが、二六俵の未進となった。代官家来が立腹して、縄をかけて飯山へ送るというので、庄屋・百姓も迷惑した。弥五左衛門がさらに三俵納めるということで許してもらった。寺社領の籾を無理に貸した事実はなく、社領の籾も未進の穴埋めにしたのではない。夫食も代官に申し上げないようにしたのではないと主張している。さらに案文では、弥五左衛門は諸役を勤めないので、惣百姓が迷惑している。親孫右衛門の代から、新左衛門と相庄屋の市兵衛の仲を悪くして、郷中を騒がせているとしている。

つぎに、もう一つの返答書は、つぎのようである。(11)

返答申上候御事

一、太右衛門地と申上候ハ拙者ちい縫之丞と申もの高□拾□石余ニて、壱軒百生(姓)ニて罷有候内、拾三石余ニて久右衛門□□長右衛門御百生弐人仕□御役等迄勤させ、残三石余之所隠居免ニ取罷有候、拙者ニゆつり置申ニ付て、誰成共無構我等持来り申候、此田地ニ付て、御百生衆役等之儀可申筋目ニ無御座候、殊ニ拙者田地之内より喜右衛門と申者御役高ニ罷成、御百生相勤申候、此外ニも小兵衛、佐源治、佐次右衛門と申御百生之役高之内ニ新左衛門田畑入、御百生仕立置申候間、申分御座有間敷候御事、

一、三之丞分と申伝え候ハ　福島高斎様之御代之時分、おや新左衛門新田見立、其以後田畑少シ彼三之丞ニ預ケ申候、其砌ニ相返シ候由申伝え候御事、

一、久兵衛と申者少シいしやなど仕り候ものニて御座候間、おや新左衛門高三石余之所預ケ置申候か彼久兵衛中野え引越申ニ付て、拙者田畑添御百姓仕立置申候御事、

右之条々弥五左衛門いつわりはかりたくミ御役等不仕候ニ付て、惣百姓迷惑仕候、弥五左衛門おや孫右衛門より代々心中定り不申候ものニ御座候故、上組ヲはなれ下組ニなり、又下組ヲはなれ上組ニなり、拙者おやと市兵衛おや度々六ケ敷させ申候も組替り申故ニて、中悪敷罷成、又拙者と市兵衛中悪敷仕候はしめ迷惑ニ奉存候間、い徒ものにて拙者組ニ被仰付所仰ニ御座候、

壁田村

寅ノ三月六日　　新左衛門㊞

御奉行所

ここでは弥五左衛門が指摘した三人の百姓の潰れ地の取り込みについて答えている。第一条目では、太左衛門地については、同地は新左衛門の祖父縫之丞のもので、同人は久右衛門など二人を百姓として、これに役負担をさせ、自分は三石余をとって隠居免としていた。その隠居免が新左衛門に譲られたもので、その継承にはなんの問題もなく、百姓衆が役儀についていうべき筋目はない。この分の役は、喜右衛門という百姓の役高になっており、一部は小兵

衛・佐源治・佐次右衛門等の役高にもなっているという。隠居免とはこの場合、自分の土地を割って百姓を取り立て、彼らに年貢・諸役を負担させて、自分は隠居して無役となったものであろう。隠居免を譲られた新左衛門は、年貢・諸役のかからない土地をえたことになるが、その分は、別の百姓が納めているので、村としては問題がないはずだというのが新左衛門の言い分である。自分の土地を配分して百姓を取り立て、その条件として年貢・諸役を納めさせるのは、一族内部の問題であり、そこで調整が付くなら村や百姓衆が介入する問題ではなかったといえる。第二条目の三之丞は、親新左衛門の代に新田を見立て、畑を預けておいたのが、返されたと聞いているとしている。同様に第三条目の久兵衛については、医者の心得があったので親新左衛門が三石余預けていたが、中野へ移住したので、自分が新しく百姓を仕付けている。いずれも百姓の土地を取り込んだということではない。弥五左衛門は偽りを企んで御役を勤めないので、惣百姓が迷惑している。同人の親孫右衛門代より心中が定まらず、上組から下組に移り、さらに下組から上組になり、親新左衛門と市兵衛の親との仲を悪くしたいたずら者であると主張した。

両者の主張に対して、周辺の庄屋などが仲裁に入り、諏訪領については、年貢の返済が約束された。その文書の下書はつぎのようである[12]。

仕手形之事

一、諏訪領辰ノ年より丑ノ年□□四拾弐俵之□□残て拾九俵余御座候、此分寅・卯・辰両三年之内ニ急度埒明帰可申候、若埒明不申候は、我等共埒明可申候、為後日之手形仍て如件、

延宝弐年

寅ノ三月十八日

厚貝村　久左衛門

本間長瀬村　次郎左衛門

新間長瀬村　伊兵衛

下笠原村　六大夫
上同所　重右衛門
赤岩村　太左衛門
同　半兵衛
柳沢村　太兵衛
田上村　次郎兵衛
壁田村　次郎右衛門

弥五左衛門殿

弥五左衛門方へノ手形下書也

内容は、破損があるためわかりにくいが、一九俵について三年間で弥五左衛門に渡すとしている。下書なので、この通り実現されたかは不明であるが、つぎの弥五左衛門の一札では、一応、妥協がなったとみられる。[13]

（前欠）

御済申候、右金銀済申内ニハ本直シ之被仰付ハ無御座候間、本直シ金壱両ニ籾十表（俵）直ニ御座候と申上候義ハ我等偽りニ御座候、

一、諏訪領之義申上候跡々諏訪領籾貴様未進ニ御次被成候内廿三表ハ御出し被成候、算用次第宮建立□我等手前ニも御座候間、算用仕貴様同前□、

一、社領籾御借シ籾ニ被成候と申上候義偽りニ御座候、

一、百生（姓）地之高御取込被成候由申上候カ、此分ハ替せ御出し被成候間、申分無御座候、

一、去年中より只今迄御役等相勤不申□衆と談合次第ニ可仕候、

一、惣百姓我等手前共ニ夫食借シ御公儀様より御借シ被成候通り惣百生望ノ儘ニ御借シ候所ヲ、理不尽ニ金子ニて御取替□成候と方々ニて、我等申成シ候由左様ニハ不申候、
一、跡々より上組下組へ度々組替申ニ付て、御組中へ御入被成□敷と被仰候間、きしやうもんニて新左衛門殿へ御訴訟申御組ニ入申事、実正ニ御座候事、
一、跡々皆済仕候御算用共少もちかい不申候所ニ相違仕候と御　公儀様迄申上候ニ付て、于今残申候未進共、方々庄や衆御立合ちかい無御座候様ニ御改被成候、少も無違書載指上ケ申候事、
一、午ノ納四拾五表六升六合可納事　弥五左衛門
　内拾七表四斗弐升済シ申候
　残弐拾七表壱斗四升五合　于今未進御座候、
一、未ノ納四拾三表弐斗八升可納分　弥五左衛門
　内弐拾表壱斗八升壱合済申候
　残弐拾三表九升九合　于今未進御座候、
一、申ノ納四拾表四斗九升弐合可納分　弥五左衛門
　内弐拾三表四斗九升弐合済申候
　残拾七表ハ　于今未進御座候、
一、酉ノ年四拾表弐斗一升六合可納分　弥五左衛門
　内拾六表三斗九升済申候
　残弐拾三表三斗弐升六合　于今未進御座候、
右、四口合九拾壱表七升新左衛門殿御蔵預り之目録御　公儀様え御指上ケ被成、残通ひ都合之内ニのり申候間、

何時成共被仰付次第、籾ニても、金銀ニても御　公儀様より被仰付候ハヽ、急度指上ケ可申候「少も異儀申間敷候」（加筆）為後日、一札指上ケ申候、依如件、

延宝弐年
寅ノ三月
壁田村
弥五左衛門

この文書は、前文が欠けており、宛所もないが、文中「貴様」とあることから、新左衛門にあてた一札であったと思われる。誤解が解けたことを中心に書かれてあるが、明確な詫書という形式をとっていないようである。第一条は、未進年貢の換金のことで、弥五左衛門が指摘した寅年の未進については、新左衛門が答えたようにそもそも「本直シ」が認められていなかったことを確認している。第二条目は、諏訪領の件で新左衛門が祭りの費用を出し、返済分の一部を自分の未進年貢の穴埋めとして処理したことを認めるいっぽう、残りについて算用次第に弥五左衛門が受け取り、希望どおり宮の建立をおこなうとしている。この約束が、周囲の仲介者が弥五左衛門に保証した延宝二年（一六七四）三月一八日付の一札であろう。第三条目は新左衛門が社領の籾を貸したというのは間違いであったこと、第四条目は百姓の高を取り込んだというのも間違いで、新左衛門の主張どおりであったこと、第五条目は去年より役を勤めなかったことを認め、談合どおり勤めることをのべている。第六条目は、夫食貸しについて、公儀の貸し付けが百姓ののぞみどおりになされたのに、理不尽に金子で渡されたなどといったとされるが、弥五左衛門はそのようにいった覚えはなく、誤解であると弁明している。第七条目では、組の変更は事実であり、「きしやうもん」をして新左衛門組に入れてもらったことを確認している。これが寛永一七年（一六四〇）の頼み証文であった。最後の第八条目は弥五左衛門の未進年貢について、周辺の庄屋衆が立ち会って清算し、いつでも納めるとしている。最後に、これらの金穀の清算は、庄屋新左衛門の「御蔵預り之目録」に記載され公儀に報告され、残りは「通ひ都合之内ニのり申」ているので、いつでも仰せ出し次第に納入するとしている。

四　近世初期の庄屋の機能と百姓

以上、元和・寛永期の村方騒動と延宝期村方出入を紹介した。その一つ一つについては、ふれないが、庄屋の任務として、年貢処理の問題がその中心にあったことがわかるので、この点に簡単にふれながら、頼み証文の成立についてまとめておこう。

庄屋の任務は、村請制のもとで、村に課された年貢をとりまとめて納入することであった。これにともない村では年貢未進がしばしばみられた。未進がでると、代官か庄屋が未進米を貸して納めた。さらに御救い米や返済米があったり、未進米の代金納が認められたりする。これらを一定の換算率を定めて徴収したり、未進米の穴埋めをおこなったりして調整しながら、その年の年貢収納がおこなわれた。こうした能力が庄屋の年貢立て替え機能として重要であった。ことに飢饉状況が恒常的とされるなかで、高率な年貢が課された戦国・近世初期では、その役割は大きく、それだけに紛争も生じやすかった。元和・寛永期の村方騒動では、庄屋が検地帳を操作して年貢を多くかけたことが問題となって、組分けとなり庄屋が二人制となった。返答書が残っていなく、内容が明らかではないが、庄屋の年貢調整のための帳簿と検地帳のちがいのようにみられる。また延宝期村方出入でも、未進年貢の換金処理の比率や「次」ぐと表現された代官からの返済分の未進年貢への埋め合わせなど庄屋の調整が大きな争点となって、組替えを願う事態にいたっている。

またこれにかかわって、庄屋の金融が問題となった。年貢は、領主と村との関係であるが、これが代官・庄屋が立て替えると、代官・村あるいは庄屋・未進百姓の金融関係となる。領主と村との関係を公的関係とすると、私的な関係に転化するのである。近世の年貢収奪は、村と庄屋を媒介に、公的な収取を私的な貸借に転化しつつ実現される、あるいは、庄屋の私的な金融能力を取り込んで初めて弾力的に運用されたといってよい。その枠組みは村であり、村の共同体としての存続、個別の百姓の相続をはかりつつ、領主年貢を完納することが村共同体側からの庄屋の役割への期待であった。もちろん村が直接媒介になっている場合もあるが、多くの場合、庄屋の私的経営がこれを代替えしていた。これについてみると、元和・寛永期の村方騒動頃には、庄屋は未進年貢に五割から八割の利子を付けていたといわれ、延宝期出入では、代官へ借米を願ったところ、庄屋が籾を貸すことにして、その利子を五割もとったと非難されている。このとき、村は春を越す籾がなく夫食借用を願うような状況であった。また訴えた弥五左衛門は、寛文末期で籾四〇俵余の年貢がかかるような、それなりの高持ち百姓であったのに、年貢未進が多額にのぼっていた。こうした状況では、未進年貢や未進分の立て替えの利子も高くならざるをえなかった。生産状況の不安定性や高率年貢に規定されて、金融関係も不安定で回収がむずかしいので、庄屋の年貢金融に限らず、農村社会一般に高利がおこなわれるのが普通だった。信濃国伊那郡虎岩村の場合、慶長末年で領主貸しとして、五割と四割の御蔵籾が貸し出されている(14)。民間では小県郡長窪新町の商人石合家の場合、利子は一七世紀前半で一カ月に五パーセント、一七世紀後半で一カ月に三パーセント程度以下であったとされる。年利にすると前半で六割、後半で三割六分程度ということになる(15)。同国佐久郡下海瀬村の一七世紀末の土地永代売り証文には、請戻すときは年々五割の利子を付けるとある(16)。社会が安定するにしたがって低利に進んではいたが、五割程度の利子は、当時それほどめずらしくはなかった。高利ではあるが、返済ができなければある程度、切り捨てなど宥免処置がおこなわれてゆくのが常で、これがまた庄屋の能力の一つであった。もちろん返済ができないことが多いことを見越しての高利状況であるので、宥免だけが突出することはなく、高利での返済もある程度実現していなければ宥免も実現しない。高利と宥免処置は、社会が飢饉状況を抜け出ない段階では、一組のものであった。弥五左衛門の場合、未進が嵩んで代官所が入牢を命じて返納を迫ったため、籾を借りなければならなくなり、庄屋がこれを融通した結果、問題が生じたのであった。庄屋新左衛門側からすると、春の夫食もないようななかで、入牢を避けるため籾を融通したことだけでも、庄屋として村の百姓の生活維持の役割をはたしているということになろう。弥五左衛門がこれを救済処置と認識しないで、高利だとか庄屋の籾ではないのではないかと訴えたことも事実で、弥五左衛門の不満もあったのであろうが、出入では利子そのものはこれ以上問題にはされなかった。いっぽう弥五左衛門の場合、庄屋側からすると「いたずら」者的行動としてこれが訴えられたが、こうした行動は突出したものではなく、民衆闘争の一部でもあった。社会の生産構造や年貢収取構造が一七世紀後半から一八世紀にかけて、次第に変化して、安定的な社会構造が出現するにしたがって、村役人の立て替え機能の捉え直しが村方騒動で百姓側からおこなわれ、年貢の立て替え利子も低下してゆくのが時代の趨勢であったのである。

以上、村方騒動にあらわれた年貢と村共同体および庄屋の役割・機能についてのべてきたが、つぎに、頼み証文との関係について検討しよう。

壁田村では、元和九年（一六二三）頃、村方騒動が起き庄屋作左衛門が退役して、村では二人の庄屋が立つことになった。このとき、庄屋追及の中心だった新左衛門は起請文で庄屋を頼まれたという。現在、この起請文が残っていないので、これがどのようなものであったかわからない。寛永元年（一六二四）になって、旧庄屋の作左衛門が領主交代にともなう村の指出しをめぐって、百姓の利益になるとして、古高での提出を画策した。これにしたがって新左衛門からはなれる百姓もでたので、新左衛門は訴え出た。結果は、細部は不明であるが、作左衛門も庄屋に復帰して、以後、二人庄屋制が定着して二家の子孫が庄屋を勤めることになった。ところが寛永一七年（一六四〇）になって、新左衛門の組から作左衛門の組へ移っていたもの数名が、新左衛門組への帰参を頼んできた。「ゑんこそ御座なく候哉」というが、なにか不都合があってのことであろう。延宝期出入では二人の庄屋の組は上組・下組とされている。組はある程度、上・下という地縁的編成を中心にしたまとまりに分けられたのではないかと考えられ、そこからはずれて、庄屋を頼んでもうまくゆかなかったのかもしれない。寛永元年（一六二四）に起請文までして庄屋に頼まれ、離反された新左衛門としては帰参者から一札をとらなければおさまらなかったし、後日の証拠としても必要であろう。それが書き上げられてみると、頼み証文の初期段階のものとしてもっとも特徴的なものになったということである。延宝期出入では、この署名者の子供が、庄屋を訴えて組替えを願い出た。庄屋の方も子供の代である。訴えの内容は、百姓の未進と庄屋の立て替え機能をめぐることが中心で、訴えた側からいえば、庄屋が百姓の利益になる役割をはたしていないということであろう。このとき、庄屋新左衛門は、寛永一七年（一六四〇）の頼み証文を取り出して、弥五左衛門は都合よく組を替えてきた「心中定り不申」もので、二人の庄屋の仲を裂くような「い徒（いたずら）もの」であると訴えた。弥五左衛門はこれについては、文書をみせられたのか、

一、跡々より上組下組へ度々組替申ニ付て、御組中へ御入被成□敷と被仰候間、きしやうもんニて新左衛門殿へ御訴訟申御組ニ入申事、実正ニ御座候事、

と認めている。弥五左衛門の親孫衛門は、寛永一七年の頼み証文を実見すると、明らかに後に書き込まれたことがわかる。この頼み証文の署名者の末尾には、若干の余裕もあったのに、何故この場所に書き込んだのかなど疑問は残る。しかし書き込みが延宝出入のさいにおこなわれたとすると、当然弥五左衛門の反論があったはずであるから、寛永一七年段階になされたものであるとみるべきだろう。とすると最初、孫衛門は帰参の予定者ではなく、文書が作成されて調印されてから、参加したものであったと考えられる。孫衛門・弥五左衛門父子は、新左衛門のいう「心中」定まらないところがあったのであろう。

ここでは「きしやうもん」と認識されているが、これが寛永一七年（一六四〇）の一札、つまり頼み証文をさしていることはまちがいない。「きしやうもん」とはされているが、寛永一七年（一六四〇）の頼み証文をみると、すでに起請文言はなく、形式的にはこの文書を起請文ということはできないと考えられるが、当時は別の表現もなかったの

で、内容から起請文と表現したのであろう。しかし頼み証文が生まれてくる出自の有力な一つが起請文系列であったことは、この一言に集約されているとはいえる。頼み頼まれる関係は、人格的依存・従属をふくむ庇護と被保護の関係であっても、一つの約束事ではあった。封建主従制が契約関係だというのも、こうした相互の関係をいっている。そこで起請文のような約束事のための文書から、頼み証文が出現するのは、自然なことであった。

そこで何故、頼みが文書として作成されたかということが問題となる。すでに元和・寛永期の村方騒動でふれたことであるが、やはり百姓中が肝煎・庄屋にしたがっているだけでなく、これを「百姓りやく」になるかどうかという観点から捉え直して、利益になる肝煎・庄屋につく行動をとるようになっていたことが基礎にあったといえる。村共同体のなかで、各百姓の自律性が高く、肝煎・庄屋の行動を捉え直す力量をもった場合、もはや両者の関係は従来の頼み頼まれるという習慣的な関係では維持できなくなる。そこで約束事として文書が書かれなければならなくなるといえる。新左衛門は一端は組入れを拒否した上で、この一札で帰参を認めることになったのである。庄屋新左衛門が寛永一七年の帰参者から一札をとらねばならなかった理由は、そこにあり、延宝期にもつづいている動きだといえるであろう。ここでの百姓は、半軒前の小百姓もいるが、いっぽう二軒以上夫役を負担する一定規模の所持地をもち、同族をしたがえる初期本百姓であった。こうした百姓をまとめて村が設定され、肝煎・庄屋がおかれて村単位に年貢徴収がおこなわれ始めたのが近世初頭であり、信濃では比較的早く、百姓中による村運営への参加もおこなわれたといわれる。それが初期の頼み証文の成立ともかかわっているといえよう。

おわりに

頼み証文の成立は、それまで口頭でなされた頼み頼まれる関係が文書により対象化されたことを意味した。頼み頼まれる人びとの社会的結合は、しばしば庇護と被保護の関係としてあらわれ、これが度重なれば、主従制の形成の契機になった。この場合、なんらかの儀礼がともなうにせよ、情誼的な人格的紐帯があるべき姿と考えられたので、文書による約束が成立・発展する契機を抑制する側面が強かった。人と人との結びつきが即自的であったといえる。これにたいして頼み証文は、頼みにおける人と人の結びつきが文書にあらわされることを本質にしており、この点で、人と人の結びつきが対象化されたものであった。その前提は、相互に浸透しあう情誼的紐帯から、人びとが自立的に向き合った上で、相互の関係を確認するという対自的な社会的結合への移行があったと考えられる。村共同体のなかでは、それは百姓のイエの確立と百姓中（惣百姓）の村の展開のなかにあらわれたといえる。共同体のなかに、埋没して存在した個、あるいはその首長に代位される形でしかあらわれない個が、次第に自立してゆくなかで、当面、個人ではなく小百姓のイエとして主体をあらわしたのが、近世の村社会であった。そのさいに、村共同体の首長として位置づけられた庄屋・名主と百姓の関係があらたに問われ、そこに頼み証文があらわれたのである。信濃国高井郡壁田村の頼み証文は、こうしたことを考えるための貴重な事例であるといえる。

（1）土居健郎『「甘え」の構造』（弘文堂、一九七一年）二五―二六頁。中根千枝『タテ社会の人間関係』（講談社、一九六七年）。

（2）この点については、白川部達夫「民衆の社会的結合と規範意識」（岩田浩太郎編『新しい近世史』五、新人物往来社、一九九六年、本書第一章）、同『近世の百姓世界』（吉川弘文館、一九九九年）参照。

（3）長野県中野市壁田・高橋新治家文書、書状六、七番（中野市誌編纂準備委員会編『中野市壁田高橋新治氏所蔵文書目録』一九六九年）。以下書状何番と省略する。

（4）『信濃史料』補遺、下巻（信濃史料刊行会、一九六九年）六九六―六九八頁。原文書により訂正した。

（5）古川貞雄「村方騒動展開の一過程」（『長野』五四号、一九七四年）には、ここでとりあげる史料の紹介がなされている。

しかし同論文は、享保期以降の村方騒動の分析が中心で、初期の村方騒動と出入については、概括的な説明がおこなわれているだけである。そこでここでは、同氏の仕事に学びながら筆者の関心に引きつけて検討をおこなうことにした。

（6）書状三番。
（7）書状二番。
（8）本書書状二〇番、写本書状一九番。
（9）書状二二番。
（10）本書・写本書状二六番。
（11）書状二五番。
（12）書状二七番。
（13）書状二三番。
（14）稲葉継陽『戦国時代の荘園制と村落』（校倉書房、一九九八年）三四〇頁。
（15）牧原成征『近世の土地制度と在地社会』（東京大学出版会、二〇〇四年）二二二頁。
（16）白川部達夫「元禄期の小百姓的所持と家」（村上直編『幕藩制社会の地域的展開』雄山閣出版、一九九六年）。

付記　初期頼み証文の確実なものとして、現在では越後国岩船郡寒川村の元和九年（一六二三）の名主の頼み証文があげられる（『山北町史』資料編、山北町史編さん委員会、一九八七年、三一五頁、写真により訂正した）。

今度本きもいり衆とかさる儀御座候付て、則きもいり取あけ申候それ付、村中之きもいり壱人ニ仕、貴様末迄頼入申候へ共、罷成間敷と被仰候条、当年斗之きもいり頼入申候、来ル春ハいつかたへ御あけ可被成候、則請取可申候、左様ニ候へは、組かしら仕立候へと御申候へ共組頭ニハ及申間敷、小走ヲ仕立、万之義調可申候、自然わき〳〵者とも、御年貢万御公方事、如在申候とも「貴様」（加筆）壱人ニハかけ申間敷、何も此かき物ニのり申候者ともせんさく仕、如在させ申間敷候、為後日仍如件、

已上

元和九年八月廿三日　　内　匠㊞　権　六　郎㊞

（一一名省略）

太郎左衛門殿
まいる

ここでは複数の肝煎衆が「ととかさる儀」があるとして肝煎役を百姓がとりあげ、あらたに一名に頼んだことが示されている。水本邦彦が示した領主任命の庄屋が、このころに村の百姓の委任を受ける形で、村側に捉え直されてゆく過程がここでも認められる（同『近世の村社会と国家』東京大学出版会、一九八七年）。信濃国筑摩郡青柳村の寛永五年（一六二八）の肝煎の組分けの内済請状（『長野県史』近世史料編、五巻2、長野県、一九七四年、二〇七頁）や本論の高井郡壁田村の事例と合わせると元和・寛永期に広い範囲でこうした動きが始まったことが予想される。

第六章　元禄期の村と頼み証文

はじめに

頼み証文とは、近世に成立した委任・依頼文書である。この文書様式が、最初に注目を浴びたのは、畿内国訴の組織過程を検討するなかで、近代代議制につながる新しい代表委任のありかたが、頼み証文という形式で表現されていると理解されたからであった[1]。その後の研究の進展で、頼み証文は近世百姓世界の固有な社会的結合を表象した文書様式で、東国に発生し、形式が調えられた後、畿内に普及したことが明らかになった。また東国において家父長的な頼み関係が解体し始めたため、頼みを証文として相互に確認する必要が生じたことがその背景にあったことが指摘された[2]。これにより畿内国訴の特質として、頼み証文の存在を強調することは、意味をなさなくなった。しかし頼み証文の発生・展開が近世百姓世界の社会的結合のなかに一般化されたことで、その重要性はいっそう高まったといえるだろう。

頼み証文は、頼み＝委任・依頼を証文としてあらわしたもので、完成された様式では、事書や書止めに頼み一札、頼状、頼み証文などという文言が記された。頼み証文は、当初定まった書式がなかったため、その成立期には、さまざまな文書様式を利用している。しかし後の頼み証文のありかたからみて、頼み証文と把握できる文書は、一七世紀前半に始まり、一七世紀末から一八世紀初頭には一般化している。その後、文書様式が整い、頼み証文という表現が事書・書止めにあらわれ、頼み証文という文書認識が成立したことが確認されるのは、一八世紀中葉であった(3)。

ところで頼み証文という表現が事書などにあらわれる前段階として、事書に「頼」文言が入る文書があらわれることが注目される。その早いものは、貞享三年(一六八六)陸奥国田村郡山中村の百姓が江戸出訴の惣代に渡した頼み証文で、事書に「頼申書付之覚」とある(4)。これにつづくのが、ここで検討する元禄三年(一六九〇)の信濃国佐久郡下海瀬村の頼み証文で、「惣百姓相談ニて名主頼申証文之事」と事書にある(5)。ここではまだ頼みと証文が分かちがたく結びあって、頼み証文という固有名詞として定着した様子は認められない。しかし文書作成者が、自ら作成した文書がなんらかの頼みを主題とした文書であることを強く意識していたことは明らかであろう。こうした例は現在あまり発見されていないので、頼み証文の名詞化が、「頼」文言が事書に多くあらわれることから生じたとは、必ずしもいえないのであるが、頼み証文と把握できる文書が一般化する時期に、頼みを強く意識した表現がおこなわれたことは重視すべきだと考えられる。

ここでは、以上の点をふまえて、信濃国佐久郡下海瀬村の元禄期の頼み証文を紹介しつつ、証文を生み出した村の社会的結合の変化を検討することにする。下海瀬村は、佐久盆地の南端に位置する村落で、寛永一三年(一六三六)に海瀬村が上・下・新田の三カ村に分けられて成立した。延宝四年(一六七六)に検地を受け、村高五五四石三斗三升九合となった。村は、大きく千曲川沿いの本郷と、段丘上の花岡とに分かれていたが、検地前後には花岡が分村化の動きを示し、本郷と花岡それぞれに名主を立てて、年貢納入を除けば別々に村運営をするようになった(以下、とくに注記しない限り、下海瀬村という場合、本郷組をさすことにする)。家数は、貞享五年(一六八八)の「五人組書上帳」では百姓二二名と内付のもの一六二名があがっている。また同年正月の郷林設立についての連判状では、九六名が連名しており、内「五人組書上帳」の百姓二一名と内付のもの六四名、対照できないもの一一名となっている。内付のものもかなりの部分が惣百姓として村運営に参加してきていることがわかる。また貞享元年（一六八四）には名主一名と長百姓一五名が請書に署名し、正徳四年（一七一四）には長百姓仲間一五名が役所の出会の順番を定めている。内付のものの村運営への参加、長百姓仲間の形成などが進んだ結果、享保三年（一七一八）八月の名主選任の願書には、名主一名、長百姓一三名、小百姓六一名が連名することになった。(6)

一　元禄期の頼み証文

下海瀬村には、元禄三年（一六九〇）に二通の頼み証文が残されている。以下、証文を紹介しつつ検討しよう。最初のものは元禄三年（一六九〇）三月一九日付けで、つぎのような証文である。(7)

村中相定之事

一、拙者共貴殿を名主ニ頼入申候、然上ハ小百生(姓)方ニて、与(組)頭壱人立置貴殿と指添諸事御公用相勤可申候、万事指引之義ハ前々之通長百生衆と組頭と相談可被成候、加様相定申上ハ、以来夫銭等相談ニて遣申割合之節、論事無之様ニ可仕候、勿論名主方より御公用御触候ハ丶、長百姓衆并組頭と相談被成御差引可被成候、此上ハ少も村中相談ニもれ申間敷候、為後日仍て如件、

元禄三午年

三月十九日

助之丞　㊞

次左衛門㊞

(加筆)「組頭」　忠三郎　㊞

（四三名省略）

（加筆）「名主」 弥兵衛 ㊞
（加筆）「組頭」 清左衛門 ㊞
徳兵衛 ㊞
吉兵衛 ㊞
彦左衛門 ㊞
喜三郎 ㊞

事書は「村中相定之事」となっている。定め証文という形式であらわされている文書で、同様なものとして、極め証文、議定証文、起請文などという文書系列にふくめて理解することができる。その内容は、「貴殿」を名主に頼んだが、組頭は「小百姓方」から一人立てるので、万事差し引きは長百姓・組頭と相談してほしいという部分が主題である。さらに「加様相定申上ハ」とついで、夫銭負担の「論事」をなくすること、名主方よりの公用を勤めること、証文は「村中相談」した上でのことであることが表明されている。「加様相定申上ハ」という部分が、「村中相定之事」という事書と相対して定め証文の形式となっているわけである。しかし定め証文は、相互に取り決めをすることが主題であるので、署名者相互が取り決めて、宛所が欠けていることも多い。もちろん宛所がある場合もあるが、主題は取り決めにある。ところでこの証文をみると、連名者が「貴殿」に名主を頼むことが相当に重要な主題となっており、相互の取り決めはこれにともなう条件とも読める。相手になにかを頼み、これに必要な取り決めを交わすことは、後の頼み証文にもよくみられることであった。頼み証文という文書の様式と認識が成立していない段階では、頼みは他の文書様式で表現するほかなかった。この場合、頼みは定め証文の形式であらわされたといえる。頼み証文は、このような定め証文、極め証文、議定証文、起請文系列の文書用途と近似したところにあり、ここから分離して展開したとみられる。この点で、この文書は過渡期にある頼み証文、事実上の頼み証文と把握することも可能であろう。

以下、ここではこの証文を頼み証文として扱うことにする。

さて証文で指名された名主・組頭であるが、組頭は忠三郎、清左衛門で名主は「貴殿」とあるだけで、はっきりしない。名主は組頭清左衛門と弥兵衛の間のやや上部に「名主」と記載があるだけで、名前の記載はない。これを宛所とみるには高さも中途半端で、あるいは弥兵衛の肩書き記載の一部ともみられる。弥兵衛家は名主を勤めた記録もあるが、現在他の史料から確認できるのは、この時期名主を勤めたのは市之丞であり、これだけでは判断できない。いっぽうこの文書は半兵衛家に残されており、半兵衛が「貴殿」であった可能性も考えられるが、半兵衛もこの文書に連名・捺印している。また清左衛門の上にある「組頭」の文字も同筆のようにみえるものの、実見すると「頭」の文字がやや詰まって書かれていることがわかる。証文を書いたときから「組頭」の文字があったのではなく、証文を書いて捺印者が相談した上で、組頭がきまって書き込まれたために、清左衛門の文字とのバランスが崩れたのではないかと思われる。

つぎに同年一一月一〇日付けの頼み証文をみよう(8)。

惣百姓相談ニて名主頼申証文之事

一、近年廻り名主故御　公儀様御用ニ壱年分之名主・与頭(組)計ニて埒明不申、両年之名主・与頭罷下り不申候へハ不罷成候故、大勢罷下り申候へハ夫銭も多入申候間迷惑ニ存、せめて五年も定名主ニ仕度相談ニて入札ニ仕、大小之百姓名主ニ可然と存寄候仁お是非五年之内頼入申相談ニて惣百姓入札仕候所、十左衛門殿頼申度心入ニて、十左衛門殿札多入申候、然上ハ貴殿お名主ニ頼入申候、五年之内名主役御勤可被下候、然共無拠義出来申名主被成候事不罷成候ハヽ、何時成共村中へ名主請取、又候村中相談を以名主仕立可申候、或ハ煩等ニて前山へ罷下り候義不罷成、何方へも御公用ニて参候義煩ニて成兼申候ハヽ、与頭之外年寄中助合申御用相勤可申候事、

一、御公用御ふれ候ハヽ、早速罷出相勤可申候、縦御役等当番ニ無之候共、ありき之者申触候ハヽ、無異義御公用相勤其上ニて名主方へ非番・当番之ハけ申重て之役義ニ次可申候、勿論当り役等ニ難渋申御公用かき申候ハヽ、御公儀様へ被仰上曲事ニ御逢せ候共、御恨申間敷候、年寄中御公用又ハ内所之相談事不依何事名主方より御ふれ廻り申候ハヽ、早速立合可申候、指合候義ハ其段名主へ申ハけ可仕候、偽申立合不申候ハヽ、如何様之過怠御かけ候共、御恨申間敷候事、

一、名主役料ハ籾六表（俵）金子弐分弁拾弐表高之諸役夫銭をかけ申間敷候、御廻米ハ如前々百姓方ニて名主手前分を引軽井沢迄百姓方より附届可申候、右余裕ニ名主前申候米ハ重て御年貢米之内ニて出シ申候、米など引申相残分御直段次第金子上納可仕候、

一、名主と百姓と籾米弁金子等納指引之覚切手を取重て請取渡ニ出入無之様ニ互ニ念入可申候、為後日仍如件、

下海瀬村

元禄三午年十一月十日

市之丞　㊞
新右衛門㊞
半兵衛　㊞
市右衛門㊞
忠右衛門㊞
（二一名省略）

この文書は、事書として「惣百姓相談ニて名主頼申証文之事」という表題があり、主題が名主役就任を頼んだものであることを強く印象付けている。本文の第一条にあるように村中で入札をして十左衛門が高札だったので「貴殿を名主ニ頼入申候」が主題で、決定にいたる経緯、名主役を勤めるものにたいする協力や役料支給の約束などが示され

ている。決定にいたる経緯や条件の提示にかなりの部分を割いており、定め証文の形式で作成した方がふさわしいともいえるが、全体は名主に頼むことで総括されている。この点で頼み証文といえるのである。

連名者は、三月の証文が五一名であったのにたいして、一一月のものは二六名で約半分である。連名者が少ないのは問題であろう。この証文では料紙の最後ぎりぎりまで連名がつづいており、後部が欠けている可能性もある。判断がむずかしいが、証文は料紙が三紙で、証文の筆頭者で当時名主だった市之丞の継ぎ目印が一紙と二紙、二紙と三紙の間にあるのに、三紙目の奥裏にはない。料紙三枚は同じ長さで最後が切りとられた形跡もないので、現状では後部が欠けたのではないとするほかない。村中で入札をして、その結果をふまえているので、名主を頼む段階では、村内の惣百姓の連名でなくともよかったのかもしれない。いずれにしても十左衛門は、元禄四年（一六九一）から名主を勤めていることがわかり、証文が実効性をもったことはまちがいない。なお十左衛門は、貞享五年（一六八八）の「五人組書上帳」では名前が対照できない。(9)

表6に元禄三年（一六九〇）三月と一一月の頼み証文の連名者全部を示した。名前の順序は、元禄三年（一六九〇）三月の頼み証文の順にしたがい、これと貞享五年（一六八八）の「五人組書上帳」にみえる同族団の本家にあたる抱親を対照した。これによると三月の頼み証文と一一月の頼み証文では、性格にちがいがあることがわかる。三月の頼み証文は、小百姓から組頭を出し、名主を頼むといっているように、抱親ではない小百姓が多くふくまれていた。また抱親の有力なもののなかに名前があっても捺印がないものがいるし、当時名主だった市之丞は、つぎの一一月の頼み証文には筆頭に名前があらわれるのに、三月のこの証文には名前がみえない。いっぽう一一月の証文では、三月に組頭とされた忠三郎など小百姓の多くの名前があがっていないのである。さらに一一月の証文で名主とされた十左衛門は、三月の証文に名前がない。一一月の証文の後部が欠けていないとするなら、一一月の証文は、入札で名主が決定されたとはいっても、小百姓が中心になったと思われる三月の証文を単純に継承したのではなかったとすべきかも

表6　元禄3年頼み証文の連名者

名前	元禄 3／3／19	元禄 3／11／10	貞享 5／3
助之丞	○		
次左衛門	○		
忠三郎	○組頭		
平右衛門	○		
伝兵衛	○		
利右衛門	○		
左平	○		○名主
善四郎	○		
長三郎	○		
兵右衛門	○		
十右衛門	○		
孫十郎	○		
小二郎	○		
長九郎	○		
弥五兵衛	○		
平太夫	○		
庄三郎	○		
長七郎	△		
惣太郎	△	○	
清九郎	○	○	
甚左衛門	○	○	
兵左衛門	○	○	
杢兵衛	○	○	
武右衛門	○	○	
新右衛門	△	○	○
文七	○		
市三郎	△		
惣右衛門	△	○	
与兵衛	○	○	
市右衛門	○	○	○
十兵衛	○		○
金兵衛	○	○	
善兵衛	△	○	
久兵衛	○	○	○
甚兵衛	○	○	○
吉左衛門	○	○	○
六郎兵衛	○	○	
九左衛門	○	○	○
平兵衛	○		
浅兵衛	○		
平十郎	○	○	
彦八郎	△	△	
半兵衛	○	○	○
忠右衛門	△	○	○
太郎左衛門	△	○	
弥兵衛	△		○
清左衛門	○組頭	○	○
徳兵衛	○		
吉兵衛	○		
彦左衛門	○		
喜三郎	○		
市之丞		○	○
孫兵衛		○	
八兵衛		○	
〈十左衛門〉		〈△名主〉	
善左衛門			○
与五兵衛			○
伝右衛門			○
与右衛門			○
平左衛門			○
角之丞			○
善右衛門			○
五兵衛			○
甚右衛門			○

注）元禄3年3月19日「村中相定之事」（相馬家文書929番）
○は連名・捺印があるもの，△は名前はあるが捺印のないもの．
元禄3年11月10日「惣百姓相談ニて名主頼申証文之事」（土屋家文書2096番）
△十左衛門は連名にはないが，証文主文にあるので，表示した．
貞享5年3月「五人組書上帳」（土屋家文書572番）

しれない。

二　貞享・元禄期の村と名主出入

以上の点をふまえて、つぎに貞享・元禄期における名主・村役人をめぐる関係が、どのような経過をへて頼み証文の作成にいたったか検討しよう。下海瀬村の初期の事情はあまりはっきりしないが、慶長一三年（一六〇八）の海瀬新町の設立にかかわる文書の写しに右馬助、弥次右衛門、引三郎、又八郎の四名の署名がみえる。(10)また延宝四年（一六七六）検地の案内人にも四郎右衛門、長左衛門、甚兵衛、善左衛門の名前があり、(11)有力な四家が村を代表する地位にあったことがわかる。この内、右馬助―四郎右衛門とつづく家系が、貞享・元禄期の半兵衛家で、貞享五年（一六八八）の「五人組書上帳」では内付けのもの二九名を抱える村内最大の抱親であった。(12)四郎右衛門は正保・明暦期には名主を勤め、その専断を批判する出入が起きていた。(13)内容は二件とも新田の所持権をめぐるもので、四郎右衛門の開発地の恣意的な割付を訴えたものである。この時期、四郎右衛門など土豪百姓を中心に、急速に新田開発が進められ、周辺百姓の開発地を取り込む＝収奪する方向で名請がおこなわれたことにたいする抵抗であったと考えられる。

その後、半兵衛家の影響力は次第に弱まったとみられ、他の有力者が名主を勤めた。そして天和三年（一六八三）には、名主弥兵衛にたいして、長百姓伝右衛門が名主として、名主二名、二組体制で村運営をおこなおうと主張して出入となった。この一件は天和三年中には、代官所が認めない方向が明らかになったようで、伝右衛門らは内証で組分けして、伝右衛門方の年貢は、伝右衛門が責任をもって取り集めて、名主に渡すという一札を出している。(14)貞享元年（一六八四）一二月には、代官所に一札を出して内済となったが、これによれば、一件は、代官所の取り調べとなり弥兵衛方が、この案に反対したため、これまでどおり一組名主交代制が認められた。また従来、年貢未進の取り調べの経費を未進していない百姓にもかけていたのをやめて、未進百姓にのみ負担させることにした。さらに名主が私曲をおこない小百姓に難儀をかけた場合、ただちに証拠を示して訴えることとされている。出入では、未進取り調べの負担や名主の私曲も問題にされたようであるが、内容は不明である。(15) また連名者は、名主・長百姓連判一札となっているように名主・長百姓と位置づけられたものたちであった。

こうした出入を受けて、貞享三年（一六八六）には、つぎのような名主の定め証文が議定された。(16)

相定申名主証文之事

一、今度寅ノ暮より卯之暮迄忠右衛門名主、卯ノ暮より辰ノ暮迄弥兵衛名主、辰ノ暮より巳ノ暮迄右平次名主、巳ノ暮より午之暮迄兵左衛門名主、今度相究申候、無異議当番ニ罷成候ハ、名主請取相勤可申候、為後日仍如件、

貞享三寅年十一月五日

下かいせ村
忠右衛門㊞
同所　弥兵衛㊞
同所　右平次㊞
同所　兵左衛門㊞

ここでは有力な百姓四名が、交代で名主を勤めることを定めている。この内、弥兵衛は貞享元年（一六八四）の名主であった。(17) 忠右衛門も村内で半兵衛につぐ一八名の抱えをもつ有力百姓であった。兵左衛門も抱え六名をもっている。(18) 右平次については五人組帳に名前がみえず対照できない。また貞享元年（一六八四）の扱い証文には忠右衛門、弥兵衛、兵左衛門の三名は、長百姓として名前があがっている。(19) この証文は、連名者が対等の立場で、名主を交代に勤めることを約束したもので、宛所を必要としない。この点で定め証文の定型的なものであるといえる。元禄三年

（一六九〇）三月の証文が「村中相定之事」として、定め証文の形式をとりながら、「貴殿」に名主を頼むというように、宛所を明確に想定していることや、対等者相互の約束ではなく、頼むという依頼・委任の内容を強く帯びていることとのちがいを確認したい。[20]この時期の下海瀬村では、名主の選定が貞享三年の定め証文による有力長百姓・抱親層の相互承認から、元禄三年（一六九〇）三月の小百姓方を中心とした定め証文形式の頼み（事実上の頼み証文）、元禄三年（一六九〇）一一月の惣百姓入札を前提とした頼み証文へと変化していったことが指摘できる。

名主役は、この定めにそって貞享四年（一六八七）には忠右衛門が[21]、同年一二月と貞享五年（一六八八）七月には弥兵衛が勤めていたことが確認できる。しかし貞享五年（一六八八）三月の「五人組書上帳」では名主は佐兵衛となっている。[24]この文書は幕末の写本であるので、読み違えの可能性もあるが、事情は不明である。貞享五年は改元して、元禄元年となる。定めどおりであれば、元禄二年（一六八九）の名主は右平次であるが、同年の年貢皆済目録では忠右衛門が名主として署名している。[25]また元禄三年（一六九〇）は兵左衛門であるが、同年は市之丞が名主を勤めていることがわかっている。[26]定め証文にもかかわらず、この体制は数年しか機能しなかったといえる。

その後、この元禄二年から三年にかけて名主出入があり、同二月八日に扱い証文が作成されている。[27]その内容は割り違え分の割返し、江戸廻米駄賃の割返し、御城米名主挽き俵の前例どおりの処置、人足伝馬銭の高割り、前山村日役の出作をふくめた高割り、奉行・代官出役人足費用の村負担、名主・あるき給の高割り、山銭の負担などが確認された。下海瀬村は、海瀬村を上・下・新田と三分割して成立し、さらに内部で、本郷と花岡に分かれていた。このため本郷・花岡はもとより、他村との出入作関係も多く、村での人足割りなどの負担も問題が生じやすかった。扱いが島田、新田、高野の広い範囲からなされたことや、花岡の名主が連名したのも、そのことにかかわってのことであろう。

以上の点をふまえて、まず天和・貞享期の出入の関係者について検討しておこう。表7は貞享五年の「五人組書上帳」にみえる抱親を中心に、出入にどのようなかかわりをもっていたかを示したものである。天和三年（一六八三）に伝右衛門らが内証の組分けを申し出たさいの関係者についてみると、伝右衛門グループとみられる差出者は、抱親とその抱えで小百姓化したものであった。これにたいして宛所となったグループは、二名の抱えをふくむものの、ほとんどが抱親で構成されている。宛所のグループには、半兵衛を初め重兵衛・市右衛門・忠右衛門など非血縁の抱えをもつ土豪的百姓がほとんどふくまれるが、伝右衛門グループには、非血縁の抱えをもつ百姓は存在しなかった。伝右衛門グループにも、抱えを多くもつものがいるが、これらは血縁分家によるもので、そのなかの有力なものが、差出者に加えられているのである。宛所のグループが、隷属的な門屋などを多数抱えて、土豪百姓的な性格を帯びているのにたいして、伝右衛門グループは、血縁分家を積極的に創出し、これが小百姓として成長する過程で、村内で地位を高めてきたものたちが多かったといえる。この一件の終了を示す貞享元年（一六八四）の代官所に出した一札には、書止め部分に「名主・長百姓連判一札」とあるが、そのなかには、伝右衛門兄の嘉兵衛や九左衛門甥の長左衛門のように、抱えのものが連名している。彼らは貞享五年（一六八八）の長百姓には、あらわれなくなるが、出入の過程で一時的には長百姓として連判するものもでたのである。抱親と長百姓の関係については、この時期の長百姓は抱親層が中心であるが、抱親のすべてが長百姓であるわけではなかった。なお抱えが抱親と対立するグループとしてあらわれたのは、久兵衛弟の勘九郎のみで、他は抱親と同じグループとして行動している。この点で、この一件は抱親層の対立が中心で、これに率いられて抱えが参加しているとみることができよう。

つぎに元禄三年（一六九〇）二月八日の扱い証文の連名者について表8を作成した。表では、扱い証文の署名の順に名前を配列して、貞享五年（一六八八）の「五人組書上帳」の抱え関係、同年の長百姓、元禄三年（一六九〇）三月、一一月の頼み証文の署名関係等を示した。扱い証文の署名者には「双方相対」と文書でいうように、相対立した双方がふくまれているはずであるが、肩書きに訴答いずれとも記載がなく区別ができない。しかし連名者中一六名は、貞

表７　貞享期の抱親と出入関係者

名前	抱数	天和 3／12／5	貞享 1／12／22	貞享 5／7／11	備考
市之丞	3	△彦右衛門		○	親
重兵衛	13〈4〉	△	○	○	
清左衛門	2	△太郎右衛門	○太郎右衛門	○	親
半兵衛	29〈20〉	△	○	〈○〉	
甚兵衛	2	△	○	○	
九左衛門	6	△			
久兵衛	2	△			
市右衛門	6〈2〉	△	○	○	
忠右衛門	18〈8〉	△	○	○	
角之丞	2	○		○	
佐兵衛	6〈3〉名主				
新右衛門	1〈1〉		○	○	
伝右衛門	6	○	○	○	
弥兵衛	2		○名主	○名主	
平左衛門	6	○			
善右衛門	4	○	○		
五兵衛	5	○	○		
与右衛門	6	○	○		
甚右衛門	10	○			
与五兵衛	13				
善左衛門	12				
吉左衛門	8			○	
佐平次		△			
長左衛門	九左衛門甥	△	○		
文右衛門	半兵衛伯父	△			
庄左衛門		○	○		
金三郎	吉左衛門甥長兵衛子	○			
勘九郎	久兵衛弟	○			
梅本坊					
太左衛門	角之丞弟	○			
八郎右衛門		○	○		
市郎右衛門	五兵衛子	○		○	
嘉兵衛	伝右衛門兄	○	○		
喜左衛門	五兵衛弟	○			
太郎左衛門	重兵衛甥			○	

注）貞享５年３月「五人組書上帳」（土屋家文書 572）〈　〉内は非血縁分家の数．〈　〉のないものは血縁分家のみ．

　　甥・伯父などの記載のあるものは，抱えで抱親との関係を示す．

　　天和３年 12 月５日「進申手形之事」（土屋家文書 2264 番）
　　○は差し出し者，△は宛所のものを示す．
　　貞享元年 12 月 22 日「指上ケ申一札之事」（相馬家文書 1793 番）
　　貞享５年７月 11 日「下海瀬村名主長百姓口書」（相馬家文書 1318 番）
　　○は名主，長百姓．半兵衛は宛所で，長百姓である．

表8　元禄3年2月8日扱い証文の連名者

名前	貞享5年	貞享5／7／11	元禄3／3／19	元禄3／11／10
市之丞	抱親	○		○
八之丞	花岡名主			
太郎右衛門	清左衛門親			
忠右衛門	抱親	○	△	○
弥兵衛	抱親	○名主	△	
半兵衛	抱親	〈○〉	○	○
市右衛門	抱親	○	○	○
久兵衛	抱親		○	○
十兵衛	抱親	○	○	
新右衛門	抱親	○	△	○
清左衛門	抱親	○	○組頭	○
甚兵衛	抱親	○	○	○
九左衛門	抱親		○	○
善右衛門	抱親			
佐兵衛	抱親		○	
源之丞	甚右衛門〈抱親〉			
与五兵衛	抱親			
伝右衛門	抱親	○		
忠三郎	忠右衛門甥		○	
徳兵衛	〈半兵衛抱〉		○	
兵右衛門	市右衛門伯父		○	
平太夫			○	
与右衛門				
平右衛門	半兵衛抱		○	
金兵衛	半兵衛抱		○	○
喜三郎	〈半兵衛抱〉		○	
介之丞	忠右衛門弟介右衛門子		○	

注）元禄3年2月8日「扱証文之事」（土屋家文書2227番）
貞享5年3月「五人組書上帳」（土屋家文書572番）〈　〉内は相馬家文書1977番
貞享5年7月11日「下海瀬村名主長百姓口書」（相馬家文書1318番）
他に，久右衛門，太郎左衛門，角之丞，吉左衛門，市郎右衛門の名前がある．
元禄3年3月19日「村中相定之事」（相馬家文書929番）
元禄3年11月10日「惣百姓相談ニて名主頼申証文之事」（土屋家文書2096番）

享五年（一六八八）の抱親で、その内、九名は貞享元年（一六八四）の長百姓として確認できる。いっぽう、七名が貞享五年段階で抱えの肩書きをもつもので、小百姓として把握できるものであった。この内には元禄四年（一六九一）になって、有力抱親の忠右衛門からこの出入の中心の一人として非難された忠三郎がいる。同人は元禄三年（一六九〇）三月の頼み証文では組頭としてあらわれている。この三月の頼み証文には、二月の扱い証文にみえる抱え＝小百姓はほとんど連名・捺印しているが、抱親では市之丞は名前がみえず、忠右衛門・弥兵衛・新右衛門などは名前はあがっているが、捺印していないことがわかる。いっぽう一一月の頼み証文では、関係はほぼ逆転し、抱親・長百姓層は連名・捺印しているが、忠三郎以下の抱え＝小百姓は名前がみえない。一一月の頼み証文は、文書の後部が欠けている可能性もあるが、欠けていないとすれば、三月の頼み証文は、二月の扱い証文の小百姓方と連続性が強く、一一月の頼み証文は抱親層とのかかわりが強くあらわれているということができる。

三　貞享・元禄期の抱親と抱え

天和・貞享期においては村出入の処理や名主は、抱え＝小百姓の台頭を受けながらも抱親・長百姓を中心におこなわれていた。名主の選定も貞享元年（一六八四）の定め証文が示すように有力百姓が相互に取り決めることが、ある程度実効性をもった。貞享元年（一六八四）の定め証文は、小百姓の台頭で、数年しか効力がなかったにしても、ここでの名主選出の論理は、有力百姓の相互承認であり、村中から頼まれた＝委任されたという形式をとってはいなかった。しかし元禄三年（一六九〇）の証文では、三月、一一月いずれの場合も村中から頼む形式をとって、名主が選出された。一一月の頼み証文は、小百姓からの直接の頼みとはいえない部分もふくまれるが、選出の背景には、「惣百姓」の入札がおこなわれており、小百姓の参加なしには、ありえなかった。その点で、二点の頼み証文は惣百姓型の頼み証文としてよいであろう。

そこでつぎに惣百姓型の頼み証文が成立する背景にある村における頼みをめぐる社会的結合の変化が問題となる。下海瀬村では、貞享期より抱え、門屋などの小百姓化が進んでおり、抱親との従属関係は動揺していた。この点について、抱親―抱え関係をめぐる二つの一件が注目される。この一件については、かつて小百姓の家と家産形成の観点から紹介したことがあるので、ここではその要点だけ示すことにする。(28)

まず孫十郎一件について検討する。(29) 孫十郎は元禄三年（一六九〇）三月の頼み証文に連名・捺印しているものであるが、同年の一二月に妻と幼少の娘一人を残して急死した。この跡式をめぐって、兄が後家を追い出して、屋敷・家財を押さえ田畑を小作に出して耕作させた。兄は娘を後家から受け取り、成長の後、跡式を相続させると主張した。孫十郎兄弟の抱親忠三郎もこれを支持したようである。これにたいし後家は、高野町の親などとともに村中に跡式を返還するように訴えた。いっぽう孫十郎兄弟の元抱親であった忠右衛門は、孫十郎分田畑の小作人に、孫十郎の田地の買い証文を預かっており、自分に断りなしに兄が勝手に差配できるものではないと申し入れ事件に介入した。村中は、孫十郎が小百姓であるという認識から、その跡式を立てるべく、忠右衛門に交渉したが、これにたいして忠右衛門は、孫十郎兄弟は、水呑百姓であったものを忠右衛門親が百姓として、抱屋としたものである。ところが元禄三年（一六九〇）に、甥忠三郎が小百姓の頭取となって、忠右衛門と対立した公事で、孫十郎は忠三郎と小百姓方に荷担した。このため有力百姓の半兵衛・市右衛門が頼まれて、孫十郎の抱屋からの解放と延宝検地の名請地の忠右衛門分付をはずすこと、孫十郎が買い付けて忠右衛門に預けた田畑の証文を返還することを願い出たときには孫十郎の不届きな行動を怒った忠右衛門は宗門人別帳に抱屋と記載することは免除し、ほかは断ったという。これにたいし後家たちは村中・年寄衆を頼んで、再度願ったので、忠右衛門は孫十郎跡式が立てられるなら、これに応じると答えている。この結果、後家が忠右衛門抱屋の一人と再婚して、娘の成長をまって、孫十郎家を再興することとなり、分付けが許され、買い証文も返された。また兄と忠三郎が押さえた家財なども返還された。この事件を契機に、孫十郎家は小百姓として村内で確認されたのであった。

ところで忠右衛門の指摘しているように、この前年の公事で、孫十郎兄弟は忠右衛門甥忠三郎とともに小百姓方となり、元禄三年（一六九〇）三月の頼み証文に連名・捺印している。この結果、孫十郎兄弟は、忠三郎を抱親とする新しい組に加入した。孫十郎は、小百姓化を目指して忠右衛門の抱えをはなれたのであるが、元禄三年（一六九〇）

三月の頼み証文の背景には、こうした抱親—抱え関係の動揺があったのである。

いっぽうこの一件で、孫十郎の頼みを受けて扱いに入った半兵衛家にもこうした動揺がみられた。つぎに半兵衛家の場合を検討してみよう(30)。

半兵衛家をめぐっては、貞享期に入ると抱屋・門屋の自立をめぐる動きが活発になっていた。貞享三年（一六八六）の田植えでは、門役として手伝いに出ていたものたちが、女房しか出さず、それぞれ咎められ、その後出入となった。その一人、喜三郎は門屋の筋目ではないと宗門人別帳の肩書きをはずすことを訴えた。村中の仲介で、門屋の肩書きは許され抱屋と記載されることで一件は一応落着しようとした。しかしこの証文には門役を勤めると読める条件があり、喜三郎には不満が残ることになった。いっぽう半兵衛抱屋であった徳兵衛・吉兵衛・彦右衛門の三名は、この年の宗門人別帳などに門屋と記載されたと訴え出た。彼らは、半兵衛先祖の養子分家であると主張した。この場合、村では抱屋は血縁分家などが、門屋は非血縁の下人が許されてなるものという認識があったようであるが、半兵衛などの主張では帳簿上は、その年々に一律に門屋と記載したり、抱屋と記載したりしていたようである。貞享五年（一六八八）の五人組書上帳でも、一律に抱え記載となっている。この出入のため、元禄三年（一六九〇）八月には、喜三郎と徳兵衛・吉兵衛は甲府に越訴に向かい、喜三郎・徳兵衛は高野町牢屋に入牢させられ、一二月一日に名主・惣百姓の宥免願で、やっと出牢が認められたのであった。この間、村では名主役をめぐる公事が生じていたが、元禄三年（一六九〇）一二月の扱い証文には、徳兵衛・喜三郎の名前がみえる。半兵衛の抱えであった彼らが、名主方として証文に名前をあらわすことは考えられないので、おそらく、小百姓方として一定の役割をはたしたために、証文に名前があがったのであろう。さらに元禄三年（一六九〇）三月の小百姓方が主導したと思われる頼み証文には、徳兵衛・吉兵衛・彦右衛門・喜三郎の連名・捺印がみえる。もっとも半兵衛もこの証文に連名・捺印しており、この件では同一歩調をとっているが、両者の抱親—抱え関係は事実上解体の危機にあったのである。こうしたなかで徳兵衛・

吉兵衛は、元禄四年（一六九一）、ふたたび半兵衛を相手取って訴えを起こし、入牢の上、詫びを入れた。(31)

指上ケ申一札之事

一、拙者共義、身体不罷成、御年貢御未進等賄成兼申ニ付、田畑売申度候所、抱大屋半兵衛ニ加判仕くれ候様ニと頼申候へ共、判形不仕候故売申義不罷成迷惑仕候間、半兵衛判形仕候様ニ被仰付被下候へ旨、去月書付を以、御訴訟申上候へハ、右半兵衛被召出様子御尋被遊候所、半兵衛申上候ハ徳兵衛・吉兵衛申上候段偽ニ御座候、右両人之者去冬御僉義之上、拙者抱屋ニ被仰付候へ共、自在にて拙者方へ年礼ニさへ不参段々不届者ニ御座候ニ付、此段御訴訟仕度奉存候へ共、去冬迄永々六ケ敷義申上左程も無御座候義間もなく申上候段、いかゝニ存罷有候、然所ニ徳兵衛当二月畑売申度由申ニ付、右両人之者ハ外之抱屋とハ替り申候へは、畑為売申間敷とハ奉存候へ共、御未進等ニ指詰売申義ニ候へハ、何方へも売候へ、併売証文ニ判形致候義ハ成間敷候、然共判形致くれ候様ニと達て頼申候ハヽ、何時も判形致くれ可申と申上候ニ付、双方御僉議之上、拙者共申分重々不届ニ被為思召、為御過怠去月十日より拙者共籠舎ニ被仰付置候、最早農前ニ指至り迷惑仕候間、何とそ出籠被仰付被下候様ニと、当村半兵衛・十左衛門・又右衛門・甚兵衛を以御訴訟申上候へは、出籠被仰付難有仕合ニ奉存候、然上ハ自今以後抱屋之沙汰相背不申、尤田畑しち物ニ入置申候節、取主之者抱大屋半兵衛方判形望申候ハヽ、半兵衛方へ頼入判形調可申候、為其一札指上ケ申候、以上、

元禄四未年五月三日　佐久郡下かいせ

徳兵衛

吉兵衛

右之通、徳兵衛・吉兵衛出籠之義奉願候へハ、願之通被仰付、拙者共迄難有奉存候、

半兵衛

十左衛門
又右衛門
甚兵衛

これによれば徳兵衛・吉兵衛は、元禄三年（一六九〇）年貢未進となったため、田畑を売ろうとしたが、買い手から証文に抱大屋＝抱親の加判をもとめられ、半兵衛に申し出た。しかし半兵衛は、出入後も年礼にもこない不届きものので、他の抱屋とはちがうので田畑を売ることはとめようと思ったが、年貢未進の理由なのでそれは認める。加判はしないが、「達て頼申」ならば加判してよいと答えたという。そこで徳兵衛・吉兵衛は、ふたたび代官に訴え出て、入牢させられてしまったのである。下海瀬村では、抱屋の土地売買には、抱親の加判がもとめられることがあった。抱屋の土地所持はこの点で完全なものではなく、抱親の制約を受けていた。実際の証文では、この時期、抱親の加判の例はそれほど多くなく、この習慣も崩れていたとみられるが、徳兵衛・吉兵衛についてはこれが要求されたのである。そこで徳兵衛らの選択としては、半兵衛に「達て頼申」ことも考慮されたはずであるが、彼らはそうしなかった。すでに入牢の経験もあるのに、その危険を冒してまで訴訟することを選んだ背景には、半兵衛がいう「達て頼申」ならばということの意味の重さがあったといえる。半兵衛の含意は、「抱屋之沙汰」を勤めよということであり、その内容は門役・年礼以下を勤めよということになるのであろう。徳兵衛らにとっては「頼」むことは、抱親の庇護のもとにあることを認めることであり、同時にその代償として門役などを勤めねばならないことを意味していたといえる。それは半兵衛抱えからの自立＝小百姓化を目指していた彼らにとっては、容易に受け入れがたいことであったのである。結果としては、徳兵衛らの努力は受け入れられず、入牢の上、この証文を差し出さざるをえなかった。つづいて売買にあたって、未進の始末に「はつミ畑」を売ったが、以後、どんな場合も屋敷と屋敷添えの田畑は売らないと誓約している。屋敷と屋敷添えの田畑が抱屋・門屋などにたいして、主人から提供されるものであったからであろう。

おわりに

以上、信濃国佐久郡下海瀬村の元禄三年（一六九〇）の頼み証文を紹介しつつ、その成立の背後にある村の社会的結合の変容について検討してきた。同村では、近世初期には半兵衛家が名主を勤めていたが、延宝期には村が本郷と花岡二つに分かれ、双方で名主を出すことになった。その後、本郷では有力百姓が交代で名主を勤めるようになった。さらに天和期には、本郷の名主を二人制にしようとする出入が発生して長百姓が対立した。名主二人制を主張したのは、血縁分家を創出して、その小百姓化が進むことで、村内で発言権を強めてきた抱親たちで、これに消極的だったもののなかに、非血縁の下人・門屋・抱えという従属的なものを抱えていた抱親が多くふくまれていた。二人名主制は、実現しなかったが、貞享三年（一六八六）には長百姓など四名のものにより、名主の交代制が定められ、これが数年機能した。しかし元禄二—三年に名主をめぐる村方出入が起き、これをふまえて、元禄三年（一六九〇）三月、名主の頼み証文が作成されるにいたった。この証文では、小百姓方から組頭が選出されて、長百姓とともに村運営にあたることになっていた。この証文には、長百姓の有力者が一部、捺印せず、構想にとどまった可能性がある。これにたいして一一月にはふたたび頼み証文が作成された。この場合、三月の頼み証文を主導したものたちの連名がみられず、連名人数も半減しているが、前提として惣百姓の入札がおこなわれたことがふまえられている。三月の頼み証文の構想から、後退したところで、一一月の頼み証文が作成されたとしても、この点で小百姓の台頭にともなう惣百姓型の頼み証文として、この証文を把握することはできる。名主の選定方式が、領主の任命あるいは土豪百姓や長百姓の相互承認的なありかたから、小百姓をふくむ惣百姓による委任（頼み）方式に変化したところに、これらの頼み証文が成立したことが指摘できよう。

いっぽうこうした村の変化の背景には、抱親―抱えという村の社会的結合の変容があった。天和期には下人などを従属させた土豪的な抱親であった半兵衛家や忠右衛門家にたいして、血縁分家などの創出とその小百姓化による仲間的な同族結合を基盤にした伝右衛門らが台頭して、二人名主制が主張された。さらに半兵衛・忠右衛門家内部では、下人から門屋・抱屋と成長した抱えの小百姓化を目指す動きが強まっていた。彼らは、主家の庇護・奉仕関係から抜け出ようとして頼み＝依存・従属関係を拒否しようとしていた。忠右衛門家では、血縁の有力同族が自立しようとする抱えを率いて抱え組を分裂させて、新しい組を形成した。また半兵衛家でも門役拒否の動きが活発化した。二つの有力家の動きは、元禄二―三年の名主出入から、元禄三年（一六九〇）三月の小百姓方の頼み証文に直接つながっているのである。この側面を頼み関係に即していえば、彼らは土豪百姓の主従制的従属を生み出す頼みを否定しつつ、村中・惣百姓による名主の頼みへと進んでいったといえる。小百姓方に荷担した彼らは、村中を頼んで従属関係から抜け出ようとした。村中を代表して頼まれて仲介に入る長百姓や頼み証文で推された名主も、小百姓方の力の高まりを配慮せざるをえないのである。それは同村においてそのまま貫徹したわけではなかったが、村における頼み関係の依存・従属から連帯への組み替えとともに、惣百姓による「公」の創出を意味したといえるのではなかろうか。もちろんいっぽうで、この時期、入会利用における浪人・水呑百姓排除が進み始めたことと、このことは並行していたことを注意しなければならない(32)。

（1）　藪田貫「国訴の構造」（『日本史研究』二七六号、一九八五年、後に同著『国訴と百姓一揆の研究』校倉書房、一九九二年所収）。
（2）　白川部達夫「近世の百姓結合と社会意識」（『日本史研究』三九二号、一九九五年、本書第三章）。
（3）　白川部達夫『近世の百姓世界』（吉川弘文館、一九九九年）所収、人と人のきずな。

（4）『福島県史』一〇巻（上）、近世資料三（福島県、一九六七年）八〇二―八〇三頁。
（5）国文学研究資料館所管、信濃国佐久郡下海瀬村土屋家文書二〇九六番文書（以下、土屋家文書何番と略記する）、国文学研究資料館史料館編『近世の村・家・人』（名著出版、一九九七年）八一―八二頁。
（6）白川部達夫「元禄期の小百姓的所持と家」（村上直編『幕藩制社会の地域的展開』雄山閣出版、一九九六年）。なお同村の研究に牧原成征「近世村落の村運営と村内小集落」（『史学雑誌』第一〇四編四号、一九九五年、後に同『近世の土地制度と在地社会』東京大学出版会、二〇〇四年所収）がある。
（7）国文学研究資料館所管、信濃国佐久郡下海瀬村相馬家文書九二九番文書（以下、相馬家文書何番と略記する）。
（8）土屋家文書二〇九六番。
（9）土屋家文書五七二番。
（10）相馬家文書四八八番。
（11）相馬家文書四四二番。
（12）土屋家文書五七二番。
（13）土屋家文書二八七〇番（正保三年）、二八七一号（明暦四年）。
（14）土屋家文書二二六四番。
（15）相馬家文書一七九三番。
（16）土屋家文書二〇九四番。『近世の村・家・人』（前掲）八一頁。
（17）相馬家文書一七九三番。
（18）土屋家文書五七二番。
（19）土屋家文書一七九三番。
（20）相馬家文書九二九番。
（21）土屋家文書二〇八番。
（22）相馬家文書四八八番。
（23）相馬家文書一三一八番。

(24) 土屋家文書五七二番。
(25) 土屋家文書一八六三番。
(26) 土屋家文書二二二七番。
(27) 土屋家文書二二二七番。
(28) 以下、白川部達夫「元禄期の小百姓的所持と家」(前掲) 参照。
(29) 土屋家文書二六三五—二六四〇番、二六四二—二六四三番など参照。
(30) 相馬家文書四八八番が、関連文書を写しており、概略を知ることができる。
(31) 相馬家文書一九七七番。
(32) 元禄二年 (一六八九) には、槙沢における浪人・水呑百姓の入り込みが禁止されている (土屋家文書二七七八番)。

第七章　頼み証文と地域社会

はじめに

頼み証文は、一七世紀にその端緒が生まれ、一八世紀後半に形式と呼称が整えられて確立をみた文書様式である。成立期には、村の社会的結合の変化を背景に作成されることが多かったが、一八世紀になると村むらの間でも作成されるようになり、様式が整えられていった。ここでは頼み証文の確立を地域社会の展開のなかで検討することにする。ところで頼み証文と地域社会を考える場合、その研究の経緯をふまえておく必要があろう(1)。

頼み証文を「発見」したのは藪田貫であった。藪田貫はその論文「国訴の構造」において、国単位でおこなわれる訴願闘争の惣代が地域の村々から頼み証文という文書で惣代を委任されていることを指摘して、そこに近代の代議制につながる代表委任のありかたを認めようとした。この論文で藪田は、国訴は封建社会の論理である領主性原理をこえた地域性原理の運動であるととらえ、そこでの地域別惣代の存在を強調する理由を、「国訴というべき一国規模での訴願闘争が、錯綜した支配領域をこえ地域性原理によって結合した村村によって切り拓かれたというだけでなく、『頼み証文』という民衆運動上のあらたな文書様式を生み出しているからである」と頼み証文とのかかわりで説明した。村むらで、村民—村役人—地域惣代と委任を積み上げていった場合、村民にとって領主もちがう、よくわからない人に惣代を委任することになる。その不安を乗り越えて「どこの馬の骨か分からぬ人間に訴願惣代を委任」する「地域別惣代の選出・委任が、農民社会における新しい人間＝信頼関係の形成を意味」したと主張したのである。(2)

国訴は近世後期の大坂周辺に起きたブルジョワ的民主主義運動として、戦後、津田秀夫によって、これも発見された運動であった。(3)その後、国訴研究は、運動が小ブルジョワである在郷商人に担われたかどうかという主体を追究する方向で進んだが、現実にはその抽出が困難で、要求も封建的農民の年貢納入のための直売買要求という限界が指摘されるようになった。(4)このため研究の魅力も薄れてゆかざるをえなかったのである。こうしたなかで藪田は、主体や要求ではなく、その政治社会的運動形態に新しさをもとめて、ブルジョワ的民主主義運動としての意義を提起したのである。そしてその一つの核を頼み証文の形成においたといえる。その後、藪田は頼み証文を各地の一揆のなかから見つけて、非合法の直接行動として評価される百姓一揆のなかにも、代議制的形態がはらまれていることを明らかにし、その発展を探ることで、近代の議会制度につらなる民衆運動の達成を把握しようとした。(5)

ところで頼み証文を集成してみると、藪田の主張した国訴と頼み証文の結びつきについて、いくつかの修正が必要なことが明らかになった。(6)

第一に、頼み証文は国訴によって成立したものではなく、畿内・上方地域に独自に発展した形跡も認められなかった。頼み証文の発展はむしろ東国——関東・甲信越地方に顕著で、ここで確立をみて他の地域に普及したものであった。したがって頼み証文にのみ即していうと、問題は上方や国訴という枠組みではもはやとらえきれないといえる。そこに頼み証文を百姓的結合の表象ととらえ百姓的世界の展開のなかで把握する必要が生じているのである。

第二にこのようにとらえると、頼み証文は「頼み」を証文としたもので、頼みをめぐる人と人の依存関係が視野にふくまれることになる。藪田の「新しい人間関係」論もこの視点から再構成される必要がある。頼み・頼まれる関係を歴史的に検討すると、中世では主従制の形成要因になるような人格的依存の関係をふくんでいることが明らかになる。人を頼むものは、その人に従属するという関係があり、中世では「頼うだ人」は主人を意味した。ここでの頼みは、本来は人格をかけた信頼の意識であり、文書を媒介とするものではなかった。むしろ人と人との即自的結びつきであるところに価値をみいだしているといってよい。いっぽう頼み証文は頼みの意識に基盤をおいているものの、そこには決定的な飛躍があることも明らかである。頼み証文は、これを証文として、対象化するところに本質的意味がある。対象化なしには頼み証文は成立しようがないといえる。その意味で、頼み証文は、たしかに藪田がいうように、新しい信頼関係、新しい人間関係の形成を意味した。しかしそれは上方に生まれたのではなく、東国の家父長制的縦型社会の緩やかな解体のなかから発生したのであった。惣村の横型の社会的結合の強い伝統をもつ上方では、訴訟などでも成員全員が出訴主体として交代で出訴するという態勢をとり、堅め状、定め証文といった証文を作成することが多くみられ、この点では対照的なありかたを示している。また頼み証文は百姓的世界に固有なものとして発展した。頼み証文という形式が知られるようになると町人の間にも作成されたが、圧倒的多数は百姓的世界のものであったし、町人的世界で発展した形跡も認められない。また事柄の性格上、武士が作成することも認められなかった。

第三に頼み証文は、「頼み」を証文とする段階、事実上の成立の段階と、それが定式化して頼み証文という形式と認識とが一般化する段階があり、第一段階は村社会の変化と並行し、第二段階は地域社会の形成としてあらわれた。この過程は東国において継起的に確認できるが、他の地域では明瞭ではない。頼み証文は訴訟などの必要に応じて文書が作成される過程で形成されていったもので、自然発生的性格をもっている。この点では、文書形態がどの地域でもあらわれることがある。しかしこれが継起的に展開して、やがて自覚的に証文様式を確定するかどうかは別の問題であったといえる。このようにみると国訴が頼み証文による代表委任をともなっておこなわれたとはいうことができても、頼み証文による代表委任が国訴によって形成されたとすることはできない。

第四に頼み証文は、相頼申一札之事、頼一札などと表記することが一般的で外に頼み証文、頼書、頼状、頼談書などの表記のされ方があった。頼み証文の呼称は、藪田により概念化されて抽出されたものであるが、現在の調査段階では頼み証文と表記する文書は上方地域にほとんど発見されず、東国にみられたものであった。現在、延宝三年（一六七五）一一月の出羽国村山郡大谷村の百姓惣代が用水の配分を受けるにあたって、水路の開発者に提出した「指出申頼証文之事」とする文書が初出となっている。(7)内容も頼み証文にふさわしいものであるが、出羽国でこの証文様式が継承された形跡はなく、自然発生的段階にとどまったようである。

藪田の国訴と頼み証文にかかわる問題で重要な修正点をあげた。しかし藪田が提起した代表委任論、新しい人間関係論などが意義を失ったということではない。百姓的結合というより広い文脈のなかでいっそう重要性が高まったと理解すべきである。

以上の点をふまえてここでは、関東を中心に頼み証文の確立と地域社会の展開を検討することにする。

一　地域型証文の動向

現在までの調査の結果、内容を確認して頼み証文と判断できたものは八二九件であった。(8)この頼み証文の地域別分布をみると、東北三四件、関東四七一件、甲信越一二〇件、東海八六件、上方九七件、北陸一〇件、西国一一件となっている。全体の約五六パーセントが関東地域で作成され、これに甲信越地域を加えると七一パーセントにのぼることがわかる。いっぽう上方は一二パーセントであった。

つぎにこの内、明治三年（一八七〇）までの頼み証文の全体的動向と関東地域の動向、さらに関東における地域型の頼み証文の動向を表9で確認しておこう。頼み証文は、「頼み」を証文とする必要が起きて生まれてくる証文であるので、自然発生的には、どの時代どの地域にもあらわれる可能性はある。したがってその初発が一七世紀をさかの

表9　地域型頼み証文の展開

		頼み証文		地域型頼み証文	
年代	西暦	全国	関東	全国	関東
慶長16～元和6年	1611～20	1			
元和7～寛永7年	1621～30				
寛永8～寛永17年	1631～40	1			
寛永18～慶安3年	1641～50				
慶安4～万治3年	1651～60	1	1		
寛文元～寛文10年	1661～70	8	1		
寛文11～延宝8年	1671～80	2			
天和元～元禄3年	1681～90	12	3	3	1
元禄4～元禄13年	1691～00	11	6	2	2
元禄14～宝永7年	1701～10	8	3	1	
正徳元～享保5年	1711～20	6	2		
享保6～享保15年	1721～30	15	10	4	3
享保16～元文5年	1731～40	10	6		
寛保元～寛延3年	1741～50	12	3	1	1
宝暦元～宝暦10年	1751～60	12	7	3	3
宝暦11～明和7年	1761～70	11	6	5	1
明和8～安永9年	1771～80	31	14	11	8
天明元～寛政2年	1781～90	28	11	5	2
寛政3～寛政12年	1791～00	30	16	6	5
享和元～文化7年	1801～10	25	11	6	3
文化8～文政3年	1811～20	71	41	24	13
文政4～天保元年	1821～30	69	37	19	10
天保2～天保11年	1831～40	101	61	32	21
天保12～嘉永3年	1841～50	81	52	25	18
嘉永4～万延元年	1851～60	137	82	45	20
文久元～明治3年	1861～70	127	87	57	35
合計		810	460	249	146

ぼることはありうるが、表9にみるように現在のところ一七世紀初めにその端緒と見なせる文書があらわれ、一七世紀末から各地で展開したということが指摘できる。そして一八世紀の後半、明和・安永期に三〇件代前後に達して一つのピークを形成し、一九世紀の初め、文化・文政期に六〇件代をこえ、さらに天保期に一〇〇件に達するものとなっている。この内、関東地域の頼み証文の比重は、安定的に頼み証文が展開してくる一七世紀末以降は、おおむね全国の半数以上を占め、傾向も全国の動向にそったものとなっている。数量的には関東の頼み証文の動向が全国の動向を定めているといってもよい。地域型頼み証文の動向も初発はやや遅れるが、一八世紀後半からは頼み証文の動きと同様なものがある。ただこの遅れの意味は大きく、頼み証文がまず村の社会的結合の変化のなかで発生し、そ

れが地域に広がったことを示している。

ところで「頼み」を証文とすることが広くおこなわれるようになると、次第にその文書が頼み証文であると自覚され文書の事書、書止めに頼み証文、相頼申一札、頼一札、頼書、頼談書などと表記するようになり、これが一般化する。表10に事書に「頼」文言のある証文、および書止めに証文の呼称といえる「頼」文言の表現のあるものを示した。

これによれば現在、事書に「頼」文言が入るのは、寛文五年（一六六五）三月の信州筑摩郡木曽奈川村の牛士が上野国碓氷郡豊岡村の牛宿にあてた「御頼申証文之事」という頼み証文が初見である。しかし、この文書は文政七年（一八二四）に火事で本書が消失したため、文政八年（一八二五）三月にあらためて出されたもので、その冒頭に、寛文の文書を写して、再発行の奥書を添えている。その寛文文書の本文の書き出しは「私共去ル寛文年中頃より　尾州様御用木其外白木材木等引受」となっており、寛文五年（一六六五）の本書にはたして「私共去ル寛文年中頃より」と書かれていたか疑問がもたれる。「私共去ル寛文年中頃より」が文政八年（一八二五）段階の認識として記載されたとすれば、本文全体が寛文五年（一六六五）当時の文書を正確に写したのではないことになり、事書も寛文五年（一六六五）当時のものか疑問がもたれる。この点については、文政八年（一八二五）以前の写本が発見されるまで確定をまたねばならない。つぎに出羽国村山郡大谷村が用水の開発者に差し出した延宝三年（一六七五）の「頼証文」がある。これは事書・書止めともに「頼証文」と記載されており、当事者たちが頼み証文を書いたという意識が明らかなものである。東北ではさらに、陸奥国田村郡山中村で出作年貢をめぐる他村との争論で江戸出訴にあたって「頼申書付之事」という頼み証文を作成していることが知られるが、その後、これにつづいて頼み証文が発展していった形跡がない。以下詳細ははぶくが、宝暦期までは、事書などに「頼」文言が入る頼み証文が東国を中心にみられるものの一定したものではなく、固有名詞としての頼み証文の呼称が固まっていなかったことがうかがえる。

そこで頼み証文の呼称のなかでもっとも一般的に使用された頼一札の用例について、事書・書止めにあらわれる状

表 10　事書・書止めの「頼」文言

地域	年月日	国・郡・村	事書	書止め	内容	出典
関東	寛文 5 年 3 月	上野・碓氷・豊岡	（御頼申証文之事）	永久貴殿方ニて宿致呉候様，偏ニ御頼申上候，為後日仍て如件	信州筑摩郡木曽奈川など牛士より宿の頼み.	『新編高崎市史』資料編 6，近世 II，597-598 頁.
東北	延宝 3 年 11 月	出羽・村山・大谷	指出申頼証文之事	為後日頼証文仍て如件	水路開発人へ用水配分の頼み	『朝日町史編年資料』第九号，18 頁.
東北	貞享 3 年正月	陸奥・田村・山中	頼申書付之覚		山中村出作年貢につき，出訴の頼み.	『福島県史』10（上）近世資料 3，802-803 頁.
甲信越	元禄 3 年 11 月 10 日	信濃・佐久・下海瀬	惣百姓相談ニて名主頼申証文之事		名主役の頼み.	国文学研究資料館史料館編『近世の村・家・人』（名著出版，1997 年），81-82 頁.
上方	正徳元年 10 月 1 日	伊勢・度会・山田	御頼申置候口上	一学坂家相続仕候様ニ奉頼候，以上	跡式相続の頼み.	伊勢神宮外宮御師文書，取手市史埋蔵文化財センター所管，『取手市史資料目録』第十一集，41-30-(10).
甲信越	享保 5 年 7 月	甲斐・巨摩・上津金	頼申事	何様之者もあんをんニて田畑大切仕候様ニ頼入申候，以上	用水出入の出訴の頼み.	『須玉町史』史料編，第二巻，近世，587 頁.
関東	（享保 7 年）	下総・猿島・葛生	正面堤頼書下書		正面堤の頼み.	『総和町史』資料編，近世，231 頁.
甲信越	享保 13 年 7 月 21 日	信濃・高井・七瀬	以書付ヲ御訴訟人ニ相頼申候事	何分ニも御訴訟被成可被下候，奉頼候，以上	定免減免出訴惣代の頼み.	長野県中野市壁田，高橋清家文書.
関東	元文 4 年 9 月	下総・埴生・宝田	以口上書御訴訟頼上申候事	御訴訟一偏ニ奉頼候，為其口上如此ニ御座候，以上	名子訴訟取り下げの頼み.（1）	『成田市史』近世編史料集，四上，（村政 I），333-336 頁.
関東	元文 4 年 9 月	下総・埴生・宝田	以口上書御訴訟頼上申候事		名子訴訟取り下げの頼み.（2）	『成田市史』近世編史料集，四上，（村政 I），336-337 頁.
関東	延享元年 5 月	武蔵・豊島・上落合他 50 カ村	相渡申村々連判証文之事	為後日村々より頼証文連判ニて差出申処，仍如件	鷹野人足扶持の請取世話の頼み.	中野区立歴史民俗資料館（都立大学図書館蔵）・堀江家文書．大石学・落合功氏の教示.
東北	延享 5 年 4 月 2 日	出羽・由利・大森	御頼申事		休み日我儘迷惑につき取締の頼み.	『象潟町史』資料編 1，816-817 頁.
関東	寛延 4 年 2 月	武蔵本庄宿助郷 27 カ村	以書付頼入候事	右之通り助郷村々書付を以て御願申候，以上	助郷割り当て軽減の頼み.	『本庄市史料』第二巻，102 頁.

東海	宝暦6年2月10日	美濃・郡上・剣	御頼申一札之事		一件帳本役の頼み.	『大和村史』史料編，906頁.
東海	宝暦7年8月	飛騨・郡上・野添	御頼申一札之事		公儀への訴訟につき頼み.	『白鳥町史』史料編二，665-666頁.
関東	(宝暦7年)	武蔵・橘樹・五反田	差入申頼一札之事		名主役取り立ての出訴惣代の頼み.	川崎市多摩区生田，井田裕進家文書．川崎市ミュージアム写真版.
関東	宝暦10年11月	武蔵・多摩・田無他8カ村	相渡シ申頼証文之事	為後日頼証文仍而如件	淀橋普請人足の賃銭納の頼み.	『田無市史』第一巻，中世・近世史料，744-745頁.
上方	明和4年3月	近江・高島・木津他2カ村	御頼み申し候口帖（上）		山論境仲裁申し出につき頼み.	『今津町史』第四巻，資料，590-591頁.
上方	明和8年12月	摂津・兎原・三条	口上書を以御頼申上候		入会山争論につき内済の頼み.	新修『芦屋市史』資料篇二，326-327頁.
上方	明和9年正月28日	河内・丹南・丹南	御頼申上候	御役所様ニ御頼上被成被下候ハヽ，忝奉存候，以上	肥料代拝借の願.	『松原市史』第四巻，史料編2，241-242頁.
甲信越	安永3年4月	信濃・高井・木島平村中村	連判を以名主役御頼申候事		名主役継続の頼み.	長野県下高井郡木島平村中村，萩原元陽家文書．長野県文書館.
関東	安永5年正月	武蔵・都筑・下鉄	相頼申一札之事	為後日頼証文，仍て如件	嫁取り滞り一件につき世話の頼み.	神奈川県横浜市鉄町，村田武家文書，その他状15.
関東	安永5年3月	武蔵・埼玉・小久喜他19カ村	一札之事	其為当時頼一札入置候処如件	雇い人馬の頼み.	『白岡町史』資料10，近世文書Ⅰ，42頁．『新編埼玉県史』資料編15，近世6，交通，949頁.
関東	安永5年3月	武蔵・埼玉・小久喜他19カ村	一札之事	依之頼の一札印形差出し申候所如件	触次名主の頼み.	『白岡町史』資料10，近世文書Ⅰ，42頁．『新編埼玉県史』資料編15，近世6，交通，949頁.
甲信越	安永7年7月	信濃・小県・上塩尻	指出申頼証文之事	為後日頼証文指出申候処仍而如件	浦山出入につき村惣代の頼み.	『長野県史』近世史料編，第一巻（二）東信地方，113-114頁.
関東	安永9年12月	下総・香取・小見他28カ村	御頼申一札之事		薪百分壱取立請負人反対訴願の頼み.	『松戸市史』史料編（二），549-551頁.
西国	(天明3年3月)	美作・大庭・余野下	相渡頼一札之事	其村中惣連判ヲ以頼一札相渡候処相違無之候，已上	祭礼再興一件江戸寺社奉行へ出訴惣代の頼み.	『久世町史』資料編，第二巻，251-252頁.

関東	天明4年閏正月6日	武蔵・秩父・薄	差出申書付之事	養庵老を立合ニ相頼一札出候所如件	村方出入参加の取り消しの扱いの頼み.	『両神村史』史料編二, 近世, 出浦家文書, 134-135頁.
関東	天明6年2月	下総・印旛・発作新田他4カ村	一札之事	村々連判頼一札相渡申処仍而如件	手賀沼新開普請の惣代の頼み.	『我孫子市史資料集』近世篇Ⅲ, 170-171頁.
上方	天明6年3月15日	丹波・天田・額田	御頼申一札之事		買受地の年貢処理につき村役人への依頼.	『福知山領井田村水上家文書』, 第二, 48頁.
東北	天明6年3月	出羽・村山・上原町	書付を以頼上申候事		村加入の頼み.	『天童市史編集資料』第19号, 上萩野戸共有文書, 110-111頁.
上方	天明6年7月	摂津・大坂	一札	為後証頼一札仍而如件	舟乗仲間出訴につき一札.	『柏原市史』第五巻, 史料編（Ⅱ）, 168-169頁.
関東	天明8年5月	相模・大住・横野	一札之事	依之頼一札相渡申所如件	名主出入取調につき出府惣代の頼み.	『秦野市史』第二巻, 近世史料1, 620-621頁.
関東	寛政3年4月	上野・山田・長尾根	帳外願頼上申候	村御役中御吟味之上, 組合一流当人共ニ如斯致印形奉頼上候, 以上	帳外願いの頼み.	『大間々町誌』別巻二, 近世資料編, 316頁.
関東	寛政4年3月	武蔵・埼玉・八条村他31カ村	相頼申一札之事	依之村々連印頼一札相渡し申所如件	用水の圦戸開閉役の頼み.	『越谷市史』続史料編（一）, 326-328頁.
関東	寛政4年9月	武蔵・埼玉・西方他	入置申惣代頼一札	依之村々連印頼一札入置申処仍如件	川浚切広御普請惣代の頼み.	『越谷市史』続史料編（一）, 270-271頁.
関東	延享元年5月	武蔵・豊島・上落合他50カ村	相渡申村々連判証文之事	為後日村々より頼証文連判ニて差出申処, 仍如件	鷹野人足扶持の請取世話の頼み.	中野区立歴史民俗資料館（都立大学図書館蔵）・堀江家文書. 大石学・落合功氏の教示.
上方	（寛政5年3月13日）	摂津・島下・片山	乍憚口上	為年御頼一札如件	庄屋不帰依願につき願下の頼み.	『吹田市史』第六巻, 史料編3, 342-343頁.
関東	寛政5年4月	武蔵・埼玉・八条村他30カ村	相頼申一札之事	為後日村々連印頼ノ一札相渡申仍如件	用水の圦戸開閉役の頼み.	『越谷市史』続史料編（一）, 329-330頁.
関東	寛政7年正月25日	武蔵・比企・下唐子	頼置一札手形之事	為後証頼置手形一札仍而如件	村方騒動の出訴の頼み.	『東松山市史』資料編, 第三巻, 近世編, 264頁.
関東	寛政8年4月	武蔵・江戸・堺町中村座	相頼申一札之事	右之段為可相頼如此ニ御座候, 以上	田舎にて江戸中村座芝居と偽り取締の頼み.	『塩沢町史』資料編, 下巻, 261-262頁.

東海	寛政8年8月29日	美濃・恵那・下手向	江戸行頼一札之事	右頼みの為の一札差出し申す所件の如し	山論出入につき江戸出訴惣代の頼み.	『山岡町史』史料編，下巻，128-129頁.
東北	寛政10年12月	出羽・村山・寒河江楯南	御頼申入書付之事	差添専吉取次人庄兵衛を以ヶ条之通相認御頼申入候以上	紅花売買世話所設立につき頼み.	『天童市史編集資料』第19号，上萩野戸共有文書，111-113頁.
甲信越	寛政11年12月	甲斐・巨摩・鰍沢他10カ村	相頼申一札之事		清水御蔵納籾の惣代の頼み.	『櫛形町誌史料篇』309号文書.

況を検討して頼み証文の呼称が固定する動向をみてみよう。頼み証文の呼称が固有名詞として使用されていることを完全に確認するために、ここでは「御頼申一札之事」「相頼申一札之事」や「御頼一札」「相頼一札」などの表現を対象外として、「頼一札」だけに限定してみたい。たとえば「依之頼一札相渡申所如件」とあるものは、「頼」と「一札」が不可分に結びついて証文の固有名詞として使われていることが明らかであるといえるからである。もちろん頼一札と書いていても「頼みの一札」と読まなかったということではないが、作業上、状況を把握するためには有効であろう。

頼一札の表記の初見は現在、宝暦七年（一七五七）とされる武蔵国橘樹郡五反田村の名主役をめぐる一件で出訴惣代にあてられた「差入申頼一札之事」という文書である。これは文書には年紀が欠けているので推定である。つぎに確認されるのは、安永五年（一七七六）の日光社参にあたって武蔵国埼玉郡小久喜村他一九カ村が触次名主に出した一札で書止めに「其為当時頼一札入置候処如件」とある。つづいて西国の美作国大庭郡余野下村の天明三年（一七八三）三月と推定される祭礼再興一件で江戸出訴の惣代にあてた一札で、事書が「相渡頼一札之事」とある。以後、表に示した寛政一一年（一八〇〇）までについてみると、全体で九件で、関東が六件、東海、上方、西国が各一件であった。関東ではこの内、四件が地域型の頼み証文となっている。これにつづく頼一札という呼称がはっきり定着する三〇年間についてみると

享和元年―文化七年　全体六件　関東四件（内地域型三件）、上方一件、西国一件

文化八年―文政三年　全体二六件　関東一九（内地域型一一件）、東海一件、上方三

件、西国一件

文政四年—天保元年　全体二〇件　関東一八件（内地域型九件）、甲信越一件、西国一件

となっている。文書一件ずつの関連が証明できるわけではないが頼一札の呼称が関東地域で習慣化していった様子がうかがえる。また地域型頼み証文が多く、頼一札という呼称の使用状況に限っていえば、頼一札は関東の地域結合のための証文として呼称が固まり、定着していったことが推定できるのである。

二　頼み証文の確立と地域社会

つぎに頼み証文の確立過程の諸段階について、村や地域社会の変化に注意しながら検討しよう。

1　享保期の年貢減免訴願と頼み証文

享保改革にともない幕府では定免制の採用とその免率のせり上げが進められていたが、享保一三年（一七二八）の定免切り替え期になると、いっそう引き上げが目指された。幕府勘定所の認識では、その村相応の免率になれば、増徴はしないということであったが、実際には代官にあげられるまで免率をあげよという指示となったので各地で減免の訴願がおこなわれた(9)。大きなものでは、飛騨の訴願闘争がある。飛騨では村むらの代表が江戸の代官に訴訟をおこない、若干の減額とこの年の水害についての減免を認められた。一国騒動といってよい訴願運動であったが、享保一三年（一七二八）九月には飛騨国吉城郡折敷地村他四カ村で定免免除出訴の頼み証文が作成されている(10)。いっぽうこれに先立つ同年七月、信濃国高井郡壁田村周辺では代官所に出訴することになり、つぎのような頼み証文が作成された(11)。

以書附ヲ御訴訟人ニ相頼申御事

一、此度御定免切替ニ付、段々中野御役所え被召寄増米ヲ以御定免ニ被仰付、大小之百姓迷惑ニ奉存候、当村之義田畑共ニ悪地場田方ハそぶ土ニて、年々立枯虫付寒立等之くせ多ク有之損毛仕、殊ニ米しんより赤米ニて御座候て、御年貢金差上候節、殊之外下直ニて、買手無之難義仕候、因茲御直段下ケ少々御座候得共、三分二分計ニて中々能米売直ニ引合不申、百姓手前売弁相立申候、去ル巳年より三ケ年御定免漸御上納仕候、畑方之義はいのほう土ニて旱損場、或ハ猪・鹿等多ク出、作毛損差《(ママ)》半毛も取不申損毛仕候、其上前御地頭様御代々数度御検地被遊、御高免弁ニ夫銀家並銀藁代真綿代運上銀等加役、又々御料所並之浮役御上納仕旁々以困窮仕候、此上御定免増米御請申候てハ大小之百姓相続難成候、御慈悲ニ当年より立毛相応之御検見取ニ成被下候様ニ何分ニも御訴訟被成可被下候、奉頼候、以上、

信州高井郡七瀬村
名主　喜右衛門㊞
組頭　武右衛門㊞
百姓代　太右衛門㊞

享保十三申年七月廿一日

壁田村名主
新左衛門殿

これでは、壁田村の名主新左衛門にたいし、隣村の七瀬村名主・村役人が定免年貢増額御免出願の「出訴人」になるように頼んだことがわかる。事書には「以書附ヲ御訴訟人ニ相頼申候事」とあり、訴訟人に頼むことがこの文書の主題であることが示されている。また隣村から頼んでおり、地域型頼み証文であったといえる。

これについては同年七月の訴状が残されている。この訴状で中野代官所に訴え出たのは、七瀬・田麦・厚貝・壁田

の四カ村であった。[12] 定免は三年前に命じられたが、四カ村は信州でも例のない悪地でやっと三年間の定免を済ませた。しかし先年の秋より中野代官所へ召し出されて吟味がおこなわれ、増米が命じられた。米直段について若干の直段の引き下げが認められたといっても、とても定免を請けるわけにはゆかず、検見取りにしてほしいと訴え出ている。この四カ村は千曲川沿いに北から壁田・厚貝・田麦・七瀬と連続している村むらで、水害を受けやすかったことから「信州一国ニ類無之悪地悪米」の土地という認識が共有されていた。中野代官所へ何度も召し寄せられたというから、代官所管轄下の村むらは同じ事情を抱えて、相互に相談する機会もあり、四カ村連名の訴状が作成されることになったのであろう。

この四カ村訴状には、七瀬・田麦・厚貝三カ村の名主・組頭・百姓代合計九名の署名・捺印があるが、壁田村については それぞれ村役人の名前はあがっているものの捺印が欠けている。したがってこれは代官所に提出された正本ではなく控えであった。四カ村訴状は年月だけの記載で日付がないので、七瀬村頼み証文との前後関係が明らかではないが、これが壁田村の新左衛門家に残されたのは、四カ村訴状が同人によってとりまとめられ、出訴にいたったためと考えられる。したがって頼み証文は残されていないが、田麦・厚貝両村も壁田村名主新左衛門になんらかの形式で出訴の頼みをおこなったとみられる。三カ村が捺印したのに壁田村村役人の捺印が省略されたのは、同村が出訴元村であったので控えにまで捺印する必要がなかったためであろう。

ところで同年七月には新左衛門家にはもう一通、田麦村が代官あてに提出した訴状が残っている。[13] 事書は「乍恐以口上書ヲ奉願候御事」となっており、①定免が困難なので検見にしてほしい、②田麦村の田方は「そぶつち（土）」で「信州一国ニ無之悪地」であり、畑方も水干害を受けやすく、近年は猪・鹿の被害が大きい、③村には草刈り場がなく他村に山口年貢を払って入会っており、その場所も遠いので困窮している、④村の用水堰は水害の被害を受けやすく、他村まで人足を負担させる領主普請場で難儀している、と村の事情を説明し、検見取りを願っている。署名者は名主一名、組頭三名、百姓代三名でそれぞれ捺印がある。内容・形式ともに田麦村一村の訴状である。これも年月だけの記載で、四カ村訴状との前後関係が明確ではないが、田麦村が独自に訴状を代官所へ提出し、これが壁田村新左衛門へ下げられたか、田麦村が訴状を作成して壁田村新左衛門に渡し、これらを調整して四カ村訴状が書かれたということが考えられる。後者の場合、訴状を渡すこと自体が壁田村新左衛門を訴訟人として頼んだということになる。この場合、田麦村では「大小之百姓打寄詮議」して村役人七名の名前で訴状を作成し、さらに四カ村訴状ではこの内三名が村の惣代として署名・捺印して訴訟人に託したといえ、惣百姓―村役人―地域訴訟人という重層的な訴願形成がみられたことになる。

この訴願の経過は不明であるが、同年九月には壁田村は単独でまた年貢減免を願い出ている。[14]これには八月に増水により同村の堤が切れて大きな被害がでたが、「御定免ニ御請仕候故」水損の書き上げが、規定より低かったので減免にならなかった。今回これに加えて霜枯の被害がでたので、両方で検見をおこなってほしいとしており、幕府の増徴政策が強行されたことがうかがえる。同年と翌享保一四年（一七二九）の年貢額は納米合高二一四石余で、享保一二年（一七二七）の納米合高は二一〇石余であったから四石余の年貢増徴となった。[15]

訴願形成にあたって、田麦村では大小百姓が寄り合って、村の訴状を作成し、さらに四カ村訴状に参加したことにふれたが、このことは七瀬村も同様でやはり、大小の百姓の相続のため出願することを迫られた村役人が訴訟人に頼み証文を差し出して、出願を頼んでいる。大小百姓の動向が基底にあるのであるが、この点では、壁田村も同様であった。

壁田村では、元和期には名主をめぐる対立があり、寛永期には名主役が二名となって、享保一三年（一七二八）の訴訟人に頼まれた新左衛門家と元和以前からの名主で享保一三年（一七二八）には治郎右衛門と称した家が代々勤めてきた。元和・寛永期の村落の変動期には、百姓はその利害からあらたに名主（当時は庄屋と称していた）を立てて相名主制としたり、名主の組を入れ替わったりしており、寛永一七年（一六四〇）にはいったん新左衛門組をはなれたもの七名が帰参を申し出て新左衛門に証文を差し入れた。これが事実上の頼み証文としての内容をもっており、初期頼み証文として貴重な事例になっている。百姓が自立して自らの利害で、名主を選択するという動きは、延宝期にもみられ、延宝元年（一六七三）には寛永一七年（一六四〇）に新左衛門組に帰参した百姓一名が新左衛門と年貢勘定のことなどで対立して、ふたたび組替えを主張する事件が起きている。この百姓の父は寛永一七年（一六四〇）の帰参の当初は予定になかった人物で、途中から加入したため、証文に明らかに書き加えの跡がみえる。この事情もあり、新左衛門は寛永一七年（一六四〇）の頼み証文を証拠として示して、父子は心中の定まらないいたずら者で、二人の名主の間を裂こうとしていると非難している。延宝期には相名主制は定着しており、名主両家も協調関係をたもつようになっていたようで、この百姓の組替えも拒否され事件は収束した(16)。

このころ前後の同村の本百姓数は三三軒と推定され、宝永三年（一七〇六）の明細帳までこの体制であった。また宝永・正徳期の明細帳と家並銀の割り当て史料から、この時期は、新左衛門（当時三郎右衛門）組が一七軒、治郎右衛門組が一六軒と村をほぼ二分して均衡していた。いっぽう同村周辺が幕領に編入された享保九年（一七二四）以降、急速に村の社会構成の変化が表面化した。幕領のもとでは、本百姓身分の格式が緩められた結果、それまで実態として自立していても、初期本百姓の本家の構成に組み込まれていた百姓が表にあらわれてきたのである。この結果、享保九年（一七二四）には家数四五軒、本百姓四〇軒、水呑五軒であったものが、元文元年（一七三六）には家数七六軒、本百姓六五軒、水呑など一一軒となり、宝暦九年（一七五九）には家数九一軒で全員本百姓と数えられるようになった。この間、宝永三年（一七〇六）に人口が五〇〇人だったのに、宝暦四年（一七五四）には四一四名まで減少しているので、百姓数の増加は家々の分立の結果であったことがわかる(17)。

享保期の壁田村はこうした村の社会構成の変動期にあたっていたが、そのなかで、享保一一年（一七二六）には村方から両名主にたいして名主を一人で勤めるか、あるいは両家の年番交代制とするように要求がなされている。これは「両組惣百姓衆中より組頭衆四名」をもって両名主に申し入れられたという。これにたいして両名主は、一札を取り交わして、両人が生きている内は、百姓はいうにおよばず領主から命じられても一人で名主を請けることはしない。跡役も両名で相談して立てると世襲を起請している。[18] かつてのように有力な両名主が組をしたがえて対立しているという形ではなく、両名主にたいして、惣百姓が名主の編成している組をこえて連帯して要求するという形になっている。こうしたなかで享保一三年（一七二八）の定免免除訴願がおこなわれ、名主新左衛門は四カ村訴願の訴訟人として前面に押し出されていったのであった。

いっぽう厚貝村でも元禄一〇年代には村方騒動がつづいていたようで、元禄一二年（一六九九）には百姓一一名が長右衛門を庄屋に頼みたいと出願している。「当村三右衛門義庄屋御役儀御訴訟仕候ニ付、跡役之儀、村中遂相談長右衛門を頼御役義為相勤申度奉願」と願い出たのである。[19] この一件などで三右衛門は庄屋をやめたとみられるが、同年閏九月には村は隣村壁田村庄屋の三郎右衛門を庄屋として頼むことにしている。[20] さらに元禄一六年（一七〇三）になって三右衛門はその不満を訴訟したが、「非道」が明らかになり、入牢を命じられたため、翌年三月に庄屋・組頭・百姓の入牢赦免願が出されている。この元禄一七年（一七〇四）の赦免願の庄屋は三郎右衛門となっており、壁田村庄屋の三郎右衛門の兼役が実現したことがわかる。[21] 壁田村周辺では小百姓の台頭にともなう村方騒動が起き、年番を要求したり、新しい庄屋を選ぼうとして、ときには他村の庄屋を頼んだりすることがみられたのである。

2　御鷹野御用取次と頼み証文

信州高井郡では、小百姓の台頭と村の社会構成の変化のなかで、訴願闘争が地域で頼み証文を作成しながら形成されてゆく過程がうかがえるのであるが、つぎに武蔵国多摩郡中野村の場合をとりあげて、旧来よりの地域支配層が頼み証文によって地域管理をあらためて頼まれることで、そのありかたを変化させてゆく事情を検討したい[22]。

中野村堀江家は、その由緒書によれば中野郷の開発領主として、戦国時代には北条氏の小代官を勤め江戸城の塀四間分の修復を請け、棟別麦の徴収などをしていた。この中野郷は中野郷五カ村と称され、阿佐ヶ谷までふくむ広い範囲であった。天正一八年（一五九〇）の豊臣秀吉の小田原攻めにあたっては、中野郷五カ村あての秀吉禁制をもらっている。禁制は合戦の被害を避けるため、侵攻する軍勢に歓迎・服属の意思表示をおこない下付されるものであった。これが堀江家に残ったことは、同家が危機にあたってこの交渉を地域を代表しておこなったことを示している。近世になると堀江家は、検地を受けて百姓として位置づけられるが、村では名主となり、中野村が青梅街道の要衝であったため問屋場がおかれたことにともない問屋場役人を兼ねた。またさまざまな地域編成・統治にかかわる触次役を命じられた。江戸廻りの整備のなかで堀江氏の戦国以来の地域支配の実績が認められるとともに、新しい役割と位置づけをあたえられていったといえる。これを象徴するのが堀江家の転居で、堀江家は戦国期までは城山と称する村からややはなれた場所に居館をかまえていたが、近世では青梅街道沿いに居宅を移して問屋場役人を勤めた。転居は在地土豪的性格から村のなかに組み込まれていったことを象徴的に示すことになった。触次の種類では、問屋場とかかわって江戸城整備のための石灰輸送の人馬の触れ当てをおこなったのが早い例で、当初は秩父郡より江戸城まで一五〇カ村に触れ当てをおこなったとされている。また野方領触次として後北条氏以来武蔵一帯に編成されていた個別領主の支配領域をこえた「領」にたいする幕府の触れや負担の取り扱いをおこなった。さらに江戸廻りの鷹場の御鷹野御用取次や淀橋掛け替え組合の触次役などを勤めていた。広域の業務だけでなく、中野村を取り巻く小単位の業務では、馬橋・雑色・田端・成宗・下鷺宮・中野村で置籾蔵を設置するについて、その管理にあたっている[23]。

こうした堀江家の広域業務のなかで頼み証文が作成されることになった。現在もっとも古い頼み証文の呼称が確認できる文書は、さきにのべた出羽国村山郡大谷村の延宝三年（一六七五）の頼み証文であるが、これにつぐのが中野村堀江家の頼み証文である。つぎに示す延享元年（一七四四）五月の中野村名主で御鷹野御用触次だった堀江家にあてられた上落合村以下、五一カ村の頼み証文がそれである[24]。

相渡申村々連判証文之事

一、御鷹野人足扶持年中之分従

御　公儀様年々被　下置難有頭戴（頂）仕候、然処、只今迄ハ岩渕辺袋村ニて請取、或ハ橋場町辺ニて請取、又は三宿辺ニて請取申候、依之道法遠方ニて、何角雑用等も相掛り申候間、私共村々之儀ハ、中野村にて御願渡シ被下候様ニ致度存候、左候得は、近ク之儀ニて勝手宜御座候間、中野村ニて相渡り候様ニ仕度存候、尤貴殿乍御世話頼入申候、貴殿筆墨紙代勘定之内、雑用代として米壱俵ニ付、銭弐拾弐文宛差出シ可申候、勿論左様差出シ候ても、遠方ニて請取候駄賃雑用よりも少ク御座候間、何分ニも中野村ニて相渡り候様ニ村々願申候、然上は此儀ニ付、後日ニ如何様之儀申者御座候共、私共何方迄も罷出急度申訳可仕候、為後日村々より頼証文連判ニて差出申候所、仍如件、

延享元年子五月

上落合村

名主　忠右衛門㊞

年寄　八左衛門㊞

（五一カ村省略）

この文書の書止めに「為後日村々より頼証文連判ニて差出申所、仍如件」とあり、頼み証文の呼称があらわされている。宛所はないが、文中「貴殿乍御世話頼入申候」とあり、御鷹野御用触次だった堀江家にあてられたものであることが明らかである。内容は、幕府から下げられる御鷹野人足扶持について従来は袋村、橋場町、三宿などで受け取ってきたが、いずれも遠方で雑用もかかる。今後中野村で受け取るようにしたいので、手配をしてほしいと頼んでい

る。また出願が認められて触次である堀江家がこの業務を取り扱ったときには雑用代として米一俵につき銭二二文を出すとしている。鷹場は将軍の鷹狩りの場として江戸廻りに設定されていた。五代将軍綱吉のとき、廃止となったが、徳川吉宗が八代将軍となると復活した。吉宗は鷹狩りを愛好していたので、実際にも江戸廻りで鷹狩りがおこなわれた。このため御鷹野人足の動員も多く、扶持の支給場所が遠いことは村むらにとって負担になっていたのである。このように御鷹野御用触次は、鷹野役所の触れを伝達することが本来の業務であるが、これにともなう世話方を村むらから頼まれることが多かった。宝暦二年（一七五二）一一月には御鷹野御用役人の出張にたいする応接負担を村むらで公平に配分するための世話役を頼まれている(25)。

村町組合連判証之事

一、御鷹野御用御役人様方在々え御出被遊御逗留被遊候、然所前々は木銭石代御払被成候処、其外ニも村町方ニて費之出銭等も出シ候由、伊奈半左衛門様御役所ニて風聞被為遊御聞、左様之儀有之間敷不宜段、依是向後之儀は御出役御役人様方御手前焚出シ御手前賄ニ被成候由被仰渡承知仕候、然上は御逗留之村方御用状持出シ之人足之儀、昼壱人夜壱人弐人宛、左之組合村町より相勤可申段相究申候、然処左候得てハ遠方村方も難儀ニ御座候ニ付、過不足之儀は不相構上中下下々四段ニ仕、左之割合之通、村町より一ケ年ニ二度ニ指出シ可申候、勿論貴殿方え御取集メ、其年御逗留之村方えは御割渡可被成候、且又世話役触次給として、一ケ年ニ鐚三貫文宛貴殿方え御取可被成候、若一ケ村ニても遅々仕候村方御座候ハヽ、此連判証文を以何方迄も御願可被成候、其節滞候村方一言之御願ケ間敷儀不申上、急度指出シ可申候、為後日村町組合連判証文指出シ申処、仍如件、

宝暦二年申十一月

江古田村

名主　太左衛門㊞

一、鐚弐貫文

同　　孫右衛門㊞
同　　伝右衛門㊞
年寄　　喜兵衛　㊞
百姓代　勘右衛門㊞
（三六カ町村村役人省略）

野方領触次
　中野村名主
　　卯右衛門殿

従来、御鷹野御用役人は出張のさい、宿泊代などを支払って宿所に泊まっていたが、経費がかかるため、宿泊所で手前賄い（自炊）とすることになった。これにともない御用状持ち出し人足が賦課されることになったため、その負担について村の遠近で負担の軽重がでるので、遠近により負担額を定めて触次のもとに集め、これを人足に出たものに支給するようにした。その世話人として、触次を頼んで給分を鐚三貫文支給することにしている。文書の形式は頼み証文とはいえないが、内容的には頼み証文とあまり変わりはなかった。このように野方領では新しい業務が起きるごとに触次の堀江家に給分を定めて世話方を頼んでいたが、ついには触次役そのものを頼み証文で頼むという事態が生まれた。宝暦七年（一七五七）一二月になると伊奈半左衛門役所の取り調べを機に野方領村むらはつぎのような証文を作成して、堀江家に御鷹野御用触次を頼んでいる[26]。

相渡シ申村々連判証文之事

一、野方領之儀、御鷹野諸御用触次役之儀、貴殿方え組合相頼置申候、然所此度外領も筆紙墨代相極り申候由ニ付、貴殿儀も筆紙墨代之儀被仰聞御尤ニ存候、依之ニ村々相談之上触次役貴殿方え猶又相頼申候、筆紙墨代書

役為給金と壱ケ年高百石ニ付銀三匁ツヽ、村々より左之通遣シ可申候、尤其年七月中ニ差遣シ可申候間、前々之通御鷹野諸御用触次役何ケ年も貴殿相頼申候、為後日之村々連判相渡申所、仍て如件、

宝暦七丑年十二月　　　和田村

一、銀六匁

名主　武右衛門㊞

年寄　銀右衛門㊞

百姓代　権左衛門㊞

（三八カ村村役人連印略）

この証文には、頼一札や頼み証文といった呼称は記載されていないが、「前々の通御鷹野諸御用触次役何ケ年も貴殿相頼申候」という表現から頼み証文であることは明瞭である。領々の鷹場で「筆紙墨代」をきめることになったのを機会に、「筆紙墨代書役為給金」として一年間に村高一〇〇石に銀三匁を徴収して渡すことにしたといい、前々の通り触次役を頼むとしている。本文につづいて各村が負担すべき銀高が記載されている。そしてこの一札とともに村むらは別につぎのように届書を提出している。(27)

覚

一、御鷹野諸御用触次組合村々之儀、此度御尋ニ付申上候、野方領私共村方之儀は、中野村名主卯右衛門触次ニ相頼置申候処、少も相違無御座候、依之ニ村々連印之以書付申上候、以上、

宝暦七丑年十二月　　　野方領和田村

名主　武右衛門㊞

年寄　銀右衛門㊞

百姓代　権左衛門㊞
（六一ヵ村町省略）

伊奈半左衛門様
御役所

伊奈半左衛門役所の「御尋」にたいして、野方領は中野村卯右衛門（堀江家当主）を御鷹野御用触次に頼んだことを報告しているのである。伊奈半左衛門は幕府の代官頭で、その管轄下に御鷹場があった。伊奈半左衛門役所では、御鷹野御用触次について筆紙墨代を村から支給させるようにし、各領でこれがおこなわれた。これとともに触次の問い合わせを各領におこなったようで、野方領ではこれに対応して、筆紙墨代・書役給金を定めて、あらためて中野村名主卯右衛門（堀江家）に触次を頼み、これを役所に報告したのである。こうした広域業務をおこなうための触次役の選出を村方にまかせて報告させるという方法は、つぎに検討する日光社参などでも享保社参からおこなわれた施策であった。村むらの広域の連携が習慣化して安定してきた近世中期では、その方が業務遂行に支障が少ないということであろう。いっぽう地域の側では、かつては任命されてなった触次であったものも、これを契機に給金を出して世話を頼み、これを役所に届ける関係となり、次第に地域が触次を主体的に選択する側面が強くなったのである。

つぎに中野村地内にあった淀橋の普請組合についてふれておこう。この組合村がいつからあるのか事情は明らかではないが、宝暦四年（一七五四）閏二月に掛け替えの御普請が命じられ、組合村むらが連判で請証文を提出している(28)。この証文では、人足は「中野村卯右衛門方より相触次第前々之通差出シ可申候」とあり、卯右衛門（堀江家）が触次を勤めていたことがわかる。「前々之通」としているので、これ以前にも、淀橋については堀江家が触次として、組合村むらから人足が出て掛け替え、修復などがおこなわれたのであろう。ところでこの人足の扱いでも宝暦一〇年（一七六〇）に頼み証文が出されている(29)。

相渡シ申頼証文之事

一、此度淀橋長拾間横弐間壱ケ所、同小橋弐間ニ弐間壱ケ所、合弐ケ所御懸替御普請御座候、然所拙者共村々先年より組合ニて人足且又諸色等差出シ申候、此度も致承知申候所、私共村方は遠方ニ御座候間、貴殿儀を相頼申候ニ付、高割ニて人足等御出シ可被下候、尤賃銭之儀は壱人ニ付百文宛之賃銭ニて、人足等御出可被下候、頼入申候、賃銭之儀は追て員数次第何程ニても差出し可申候、何分ニも貴殿方ニて賃銭人足ニて御出可被下候、頼入申候、若賃銭相滞申候ハヽ、此証文を以何方迄も御願可被成候、其節一言之儀申間敷候、為後日頼証文、仍て如件、

宝暦十年辰十一月

多摩郡田無村
名主　市郎左衛門㊞
同　長兵衛㊞
年寄　半兵衛㊞
百姓代　権左衛門㊞
（九カ村村役人省略）

これには事書に「相渡シ申頼証文之事」、書止めにも「為後日頼証文、仍て如件」とあり、頼み証文の呼称が明確に確認できる。淀橋組合に属していた田無、下里、安松、所沢、上・中・下清戸、野口、上保谷村などが、中野村から遠方であるために一人に一〇〇文の賃銭で中野村で雇って勤めさせてほしいと頼んでこの証文を差し出したのである。証文では、とくに触次の給分についてはふれていないが、これまでの例からみて一定の世話料は提供されたのであろう。

以上、野方領の触次であった中野村堀江家が、御鷹野御用触次以下のさまざまな業務が広がるなかで、頼み証文に

より世話方を頼まれてゆき、御鷹野御用触次そのものもあらためて頼まれるようになったことをみてきた。そこで中野村内外で堀江家の地位の変化について検討してみることにしよう。

すでにふれたように中野村の名主堀江家は戦国期には北条氏の小代官として中野郷を支配し、城山と称された場所に居館をかまえる土豪であった。近世初期には持高一三〇石で名主の外に、問屋場、白土御用触次役などを勤めた。しかし享保期には、すでに家勢が衰えてきており、享保一九年（一七三四）二月には、村から当時の所持地七六石分の伝馬役を除くことを確認してもらっている[30]。持高を大きく減少させたところで、伝馬役免除を認められたのである。同年同月には、「惣百姓困窮」という理由から、四、五年分の村入用を勘定して役人の宿泊やろうそく代、江戸宿入用などの代銭支出を定めている[31]。また享保二〇年（一七三五）には、これまでの名主給分金が七両だったのを御用が多く、「貴殿困窮」という理由から、一〇両としている[32]。名主の伝馬役規定や給分の引き上げも、惣百姓による村入用監査や費用節約の仕法と一体のものであった。諸役人賄方の申し合わせは、元文四年（一七三九）にも「惣百姓相談」の形式で取り決められ、連判証文が作成されている[33]。さらに寛延二年（一七四九）には村の帳簿が確認され[34]、同三年（一七五〇）には年貢米永の監査がおこなわれたようで、不正はないとしながらも、村側は堀江家にたいして、今後、口永の徴収には、永高を記載した書付を出すようにもとめた惣百姓連判証文を差し出している[35]。また寛保三年（一七四三）には、堀江家は質地に入れた城山の土地が取り戻せなくなっている[36]。

堀江家は、名主を勤めつづけたものの、惣百姓側から村政への規制がことあるごとに働いており、その支持なしに地位をたもつことはできなくなっていたといえる。宝暦一二年（一七六二）には、享保一一年（一七二六）以来、名主役を勤めてきた堀江家の当主卯右衛門が病気のため退役を申し出ると、村ではその間、年貢勘定や村入用について「非道」はなかったことを保障して、倅が跡役に就任するように惣百姓連印で願い出た[37]。またその倅卯右衛門が病死すると、安永六年（一七七七）七月に年寄が差添人となるとして一七歳の遺子に名主を継がせることを出願している[38]。

さらに享和二年（一八〇二）には倅を名主見習いに立てることにし、[39]天保一四年（一八四三）には養子相続させて名主とするように願い出ている。[40]この天保一四年（一八四三）には野方領は、新当主が若年のため心配する役所にたいし、付添役をつけることで触次役を継承させるとしてこれを実現した。[41]さらに嘉永四年（一八五一）にはその弟への相続を願っており、名主役継承同様に、触次役継承にも地域の支持が大きかったことがわかる。[42]このように古くからの触次でも村や地域秩序の変容のなかで、新しくとらえ直され、村や地域社会の惣代としての側面を付与されていったことがわかる。頼み証文の呼称がそうしたところで展開したということは、注目すべきであろう。

3　日光社参と頼み証文

頼み証文により地域の業務を委託するという事例として鷹場のほかによくみられるのは、助郷役や用水の管理であった。ここでは日光社参の人足動員にともなう頼み証文について検討しておきたい。

日光社参は将軍が徳川家康が遷葬された東照宮に参拝する行事である。[43]将軍の威令を示す行事として譜代大名・旗本などを率い数万におよぶ行列で盛大におこなわれた。これにともない人馬の動員も広範囲におよんだ。人足動員は当初は、街道の宿駅で調達できない人足は江戸の伝馬町を中心に動員をおこなったり、行列通過の各藩の動員によって遂行された。伝馬町や諸藩は軍役や町役としてこれを勤めたということになる。地域での動員については、元禄七年（一六九四）の社参では江戸近郊は伊奈半左衛門が問屋や用元に指示して調達にあたっている。用元とは戦国時代以来江戸廻りの地域的単位となっていた領の触次やとりまとめをおこなうものであった。ところで元禄九年（一六九六）、幕府は助郷制の整備をおこない人馬調達は、幕府が直接宿駅—助郷村むらへ証文を発行しておこなうこととなった。幕府が宿駅へ人馬調達権を公的に付与して、交通の機構整備をおこなったのである。このため各藩、伝馬町が役を負担する必要性は失われる。宿駅が直接村むらから人馬を動員するので用元の関与も必要なくなった。こうした編成替えを幕府がおこなったのは、大規模交通にたいして、領や用元を媒介とした人馬徴収能力が低下していたためで、その原因は、用元などの地域掌握が動揺して、村むらの自立化が進んでいたことにあるといわれる。

こうしたなかで享保一三年（一七二八）に八代将軍吉宗の日光社参がおこなわれた。この人馬調達は関東八カ国の国役としておこなわれた。ここでは村むらを二、三〇より四、五〇カ村の組合にまとめ触次名主をきめさせて、伊奈半左衛門役所―触次―組合村という編成で人馬調達を実現するようにした。人馬の配置、運用は郡単位でおこなわれたが、郡のなかの組合は村数・石高に大きな格差があり、地域の実情に応じて、村むらが独自に編成した。村むらは役所からの触れに対応して、寄合などで相談して触次を頼み、その負担を約束するなど自主的に組合を運営せざるをえなかった。頼み証文がつくられる環境が整ってきたといえる。しかし享保社参では、頼み証文といえる文書はまだほとんどあらわれていない。上野国新田郡米沢村外一八カ村の触次の頼み証文はその数少ない事例である(44)。

「(表紙)
享保十三年
　日光御社参御用御触次帳
　　戊申二月五日
　　　村々組合証文之事　」

一、当四月日光就　御社参伊奈半左衛門様より以御廻状人馬人足村々組合触次之名主相極、名主・組頭以連判証文指上ケ、当分より万端御用奉窺候様ニ被　仰付候、依之十九ケ村之組合名主・組頭相談之上ニて相極、御触次御名主高林村与五兵衛殿・新井村源兵衛殿御両人頼入、右之御触次御用等相窺候、右御両人申渡候通り重キ御役ニ御座候間、少も無相違急度相勤可申候、

一、常々御地頭様方より被　仰付候通、御公儀様御役人様方え少も慮外申上間敷候、被　仰付候御用之趣随分念

入奉承知相勤可申候、

（九ケ条省略）

一、御用ニ付江戸・古河惣て何方へ往来被成候共、組合之村々へ御用筋御申越被成候事難斗候間、人壱人御連可被成候、

右之通今度御両人頼入御触次御用相窺申候、御用向之義ニ付、入用之金銭無滞割合取立、此表組合村々触元牛沢村助之進殿方迄相渡可申候、為後日名主・組頭・百姓代印形証文、仍如件、

組合拾九ケ村
名主
組頭
百姓代

享保十三年
戊申二月五日

日光御社参御用
組合村々御触次
新井村
源兵衛殿
高林村
与五兵衛殿

ここでは伊奈役所の廻状を受けて、一九カ村の名主・組頭が相談の上、新井村源兵衛と高林村与五兵衛を触次に頼むことにしている。これについては、触次が江戸・古河に詰めるときの連絡は触元牛沢村助之進におこなうこと以下、古河での人足詰め所の小屋支度、人馬当てについての賃銭での調整、古河詰め人馬の夫食・飼料の負担、人足の口論

禁止などを守ること、触次の供として百姓をつけるなどの規定がある。村むらには触元がいて、これとは別に触次の人選がおこなわれたことがわかる。頼み証文を示す事書などはなく、議定的性格のある箇条がやや長いが、末尾にも「両人頼入」とあるので、頼み証文と把握することができる。またこれにつづいて「御触次御用相窺申候」とあるように、村むらから触次は伊奈役所に報告されている。村むらの出した届書の一例を示すとつぎのようである。(45)

指上ケ申連判証文之事

酒井雅楽頭知行所
上野国勢田郡駒形新田
名主　三郎右衛門

右は日光就御社参御用、御触次申合相究候様ニ被為仰付奉畏候、左之村々拾六ケ村申合右之名主三郎右衛門相究申候、御用被為仰付可被下置候、為其連判証文指上ケ申候、為後日仍て如件、

酒井雅楽頭知行所
上野国勢田郡堀越村
名主一　年寄一　組頭三

右同断横沢村
名主一　年寄一　組頭一

（一三カ村省略）

享保十三申年二月

これは上野国勢多郡堀越村以下の村むらが触次を報告したものである。享保社参の場合、頼み証文よりこうした届書が多く作成されたようである。

いっぽう安永五年（一七七六）の社参になると、頼み証文が多く残されている。まず武蔵国埼玉郡上久喜村他一九

カ村の場合、触次となった新堀村名主にたいしてつぎのような頼み証文を渡している。(46)

一札之事

一、当四月日光就

御社参ニ付、伊奈半左衛門様御掛りニて、古河宿後詰寄人馬之儀高千石ニ付馬六疋・人足九人之積りヲ以、四月十五日御矢来入被仰付候旨承知奉畏候、遠里之所追通シ御座候得ハ弱人馬ニて相勤兼候節御用御差支ニ罷成候故、丈夫之人馬壱疋壱人も遅参不参無之差出、御改ヲ請御矢来入仕候て、正人馬ニて相勤可申候、尤先達て御ケ条書之趣逸々写取、承知之上ニ御座候得は少も指支候儀無御座候、依之頼の一札印形差出し申候所、如件、

安永五年申三月　弐拾ケ村々連印

触次名主

新堀村　七右衛門殿

ここでは書止めに「依之頼の一札印形差出申候所、如件」とある。「頼の一札」の部分の判読がむずかしいが、この文書が頼み証文であることは明示されているといえる。ところでこの頼み証文では、村々は正人馬を出す予定で触次を頼んだのであるが、同月中には、方針が変更され雇人馬で処理することになった。そこでふたたび作成されたのが、つぎに示す証文である。(47)

一札之事

一、当四月日光就

御社参伊奈半左衛門様御掛りニて私共村々之儀は、古河宿後詰寄人馬高千石ニ付馬六疋人足九人之積ヲ以四月十五日御矢来入被　仰付候旨承知奉畏候所、遠里ノ所追通シニ御座候得は弱人馬ニて御勤兼候節ハ御用御指支

ニ罷成候故、随分丈夫之人馬相尋雇出し仕度、雇人馬賃金之儀ハ高千石ニ付金弐拾弐両弐分積リ指出し可申候間、貴殿御世話ヲ以何れ成共御頼被成御用御差支無之様頼入候、弥雇相究候ハ、証文之節手付金高百石ニ付弐分ツ、差出、残金之儀ハ人馬古河宿御矢来入相済次第急度貴殿方へ御渡シ可申候、其節少も遅滞申間敷候、其為当時頼一札入置候処、如件、

宝(安)永五年申三月　　武州埼玉郡
弐拾ケ村々連印

同国同郡触次
名主　七右衛門殿

雇人馬にした場合、当然その費用が問題になるので、雇賃銭を一〇〇〇石に二二両二分の割合で村むらから支出すること、手付けと残金の支払いを約束して、触次に頼むことにしたのである。前者は触次の頼み証文で、後者は雇人馬の世話の頼み証文といえる。ところでこの書止めには「頼一札」とあり、この呼称の早い例となっている。かりに前者の読みが正しいとすると「頼の一札」が「頼一札」へ変化したことを示すめずらしい事例といえる。それはともかく、雇人馬負担となると、触次に手付けを渡し、金銭の運用をまかせることになる。社参に限らず助郷でも雇人馬の運営を請け負わせることはみられた。この場合、請負ということまで進んでいなかったようであるが、多額の金銭がかかわるだけに一任というわけにはいかなかった。このため今度は触次が村にたいして一札を出すことになった。小久喜村については、その一札が残っているが、同村の負担額を記して、雇人馬は「身元慥成粕壁宿問屋安左衛門方へ懸合申、御日限ニ至り人馬相揃候」と手はずを整えて勤めることを説明している[48]。おそらく他の一九カ村についても同様の文書が触次から交付されたのであろう。金銭の管理がかかわる場合、頼んでまかせるだけというのではなく、頼まれた側も適正な運営を約束する一札を出すということも次第に多くなっていったのである。

つぎに下総国相馬郡の場合をみよう。下総国相馬郡長沖村以下一五カ村では、触書が到着すると豊田村名主十左衛門と押切村名主武左衛門を触次に頼むことにして、つぎの頼み証文を作成した(49)。

（表紙）「安永五年
村々連判帳
申正月　」

一札之事

来ル四月日光　御社参ニ付、今般伊奈半左衛門様方より御触書を以、寄人馬之儀被　仰渡候ニ付、村々申合触次名主相究、名前早々書上、此節より御用向承知仕可相勤旨被仰渡候、依之当組合相談之上其元触次名主ニ相究申候、然上は右御用ニ付諸入用之儀、隣郷外組合と見合、並合を以割合差出申候、仍一札如件、

安永五年申正月

下総国相馬郡
長沖村
名主　喜左衛門㊞
（一五カ村村役人省略）

頼み証文の呼称を示すようなものはないが、内容は明らかに頼み証文である。触次となった豊田村名主の記録では、最終的には組合村数は二三カ村組合となったが、正月四日より七日まで長沖、横須賀村に周辺村むらが寄り合ったり、世話役が村ごとに書類を持参して、御請証文と「触次名主連判」をとったので全村名のそろった頼み証文にはならなかったようである(50)。おそらく残りの八カ村は別の頼み証文に連印したのであろう。

いずれにしても頼まれた十左衛門は、頼み証文を添えて江戸の伊奈半左衛門の役所に触次の届をおこない、これを

代官所にも報告している。これについての触次の入用帳の冒頭はつぎのようになっており[51]、

覚

一、四拾弐文　正月十一日　長沖新田
是ハ触次名主頼之連判伊奈半左衛門様御役所え差上候江戸遣
但凡高百石ニ付四十八文掛
（以下、省略）

連印状が「触次名主頼之連判」と頼み証文であると認識していた。また組織的であったかは不明だが、安永社参では伊奈役所は頼み証文を受理して、触次の確認をおこなったことがわかる。頼み証文はここでは代表委任にとどまらず、代表適格性を証明する文書としても役割をはたしているのである。

ところで幕府よりの触れは、豊田村へは最初安永四年（一七七五）一二月二三日付けで飯塚伊兵衛代官所より出されたものが、閏一二月二日に長沖村から廻されてきた[52]。また御請証文などをふくむ触書は、翌年正月四日に押切村名主武左衛門と長兵衛新田名主長兵衛が持参して拝見したという[53]。したがってこの時点では、豊田村名主十左衛門が触次となることは予定されていたのではなかった。同日夜に長沖村名主宅で羽根野・羽黒・長沖・須藤堀・長沖新田の代表が集まって御請証文と触次名主連判をとったという記事があるので、このときに豊田村名主十左衛門が触次に頼まれたとみられる。この記事のある「諸用控」[54]が正月五日の日付で起こされているのも、前日に頼まれたために、五日付けで帳面を書き始めたことを示している。

豊田村では安永五年（一七七六）正月に名主十左衛門が老衰のため、その子の十左衛門（吉明）が二七歳で名主となった。同家は、近世前期に名主を勤めた甚兵衛家の隠居分家とつたえられ、十左衛門（吉明）の祖父の代から名主を

勤めており、明和元年（一七六四）の村内所持高は一二三石余であった。寛政八年（一七九六）には所持高六二石余となり、十左衛門（吉明）とその父の時代に大きく成長した。村内では指導的な地位にあり、地域でもそれなりの声望は高まりつつあったといえる。しかし武蔵国多摩郡中野村の堀江家のような戦国以来の有力土豪の系譜を引くというわけではなく、近世的な名主を中心とする地域秩序の展開のなかで、触次に選出されていったものであったと考えられる。[55]この地域では、宇都宮へ詰人馬を命じられており、組合は実際に人足を率いて出勤する正人馬で勤めたので、引率するには壮健な若い名主が適当と判断されたのかもしれない。当初、触次名主は二名であったが、実際、勤務が始まる四月になると、押切村名主武左衛門は組合の相談で、二人では費用がかかりすぎるという理由から触次を辞退することになった。[56]相馬郡では三月二一日に豊田・長兵衛新田・泉・稲村・古戸の各社参組合が連合して、古戸村新兵衛を触次惣代に頼むことにした。豊田村十左衛門の記録では、これを「惣代頼組合」と称している。[57]このように地域で組合をつくり触次を頼み証文で頼み、さらに触次が集まって「惣代頼組合」をつくり、触次惣代を頼むということもみられた。こうなると若い名主でも触次惣代の指導で勤めることができるので、これを受けて押切村名主の触次辞退がなされたとみることもできよう。

4　小括——百姓仲間と頼み証文

以上、確立期の頼み証文を地域社会の変容に注意しながら検討してきた。頼み証文の呼称や様式が確立する一八世紀後半には、村むらがかかわる地域型の証文が多くなり、そのなかに「頼」文言が事書・書止めに記載され、頼みを主題とする文書であることを強調する傾向が強まり、やがて「頼一札」「頼証文」などの呼称があらわれた。また村むらが頼み証文を作成する背景には、近世初期以来の触元・触次のもとに編成されていた領などの地域秩序が変容してきたことが背景にあった。日光社参などでは旧来の触元を通じての動員が行き詰まったことを背景に、村の名主が中心となり惣代を出して編成する組合型の地域動員に切り替えられ、そこに頼み証文が出現した。また御鷹野御用触次の中野村堀江家のように、古くからの触次でも、役料が定められたことを契機に業務委任の関係が地域で再確認され、組合惣代的な役割へ変化していった。領主の任命により御用を請け負っているという関係（特権付与をふくむ）から、村むらの業務を委任される形式へと変化する過程で頼み証文が作成されたのであった。

こうした地域社会の変化について、寛政六年（一七九四）に「跋文追加」が書かれた大石久敬の地方書『地方凡例録』の名主についての記事が参考になる。ここでは、西国筋の庄屋と関東の名主が比較され、西国筋は庄屋が世襲なので役威が重く、村もよく治まるが、関東では享保の頃より、年番名主制などが普及して、「百姓仲間ゆえ役威」もないとしている。小百姓の力が台頭して、名主の世襲制が崩れて、百姓仲間の立てる名主になったというのは、村のなかで頼み証文が成長する条件でもあった[58]。大石久敬はこの村役人を論じた部分の最後で、大庄屋について、幕領では、やはり享保の頃、勘定奉行神尾若狭守春央のときに、村のためによくないと廃止されたとしている[59]。神尾若狭守が勘定奉行に就任したのは元文二年（一七三七）で、宝暦三年（一七五三）まで在職したので、大石久敬のいう享保の頃というのは誤りで、神尾春央勘定奉行時代に引きつければ寛延二年（一七四九）の大庄屋廃止令だったと考えられる[60]。幕府は正徳三年（一七一三）、後に大庄屋廃止令といわれた法令を出した。これは六代将軍家宣から家継への代替わりの巡見使派遣を受けて出されたもので当時の幕府の基本姿勢を示すものとされる[61]。享保初年の会津御蔵入騒動では、百姓の代表である村役人に不正を追及された郷頭（大庄屋）たちは、かつては自分たちは領主側から給米を受けていたが、大庄屋廃止令でいったん廃止となり、その後、まもなく帰役を命じられたときより、給分は「地下割合」で百姓方から支出されるようになった。このため「郷頭共ノ義も百姓共召抱役人之様ニ存、年増百姓我儘仕」っていると主張した[62]。会津御蔵入騒動の百姓の本来の要求は年貢増徴をめぐるものであり、郷頭の問題はその一部にすぎなかったが、『地方凡例録』のいう百姓仲間の立てた名主といった論理と同じ論理が郷頭の足元にもおよんできたということはいえる。つまり大庄屋が代表している地域社会が、百姓仲間の論理に包摂されてゆくことが、この時期の地域社会の特徴的変化であったのである。[63]関東ではこうした秩序が頼み証文をともなってあらわれてきたのであった。

三　地域型証文と惣代給

頼み証文を作成して、相互に頼み頼まれることを確認するということは、当然、契約社会への契機をふくむ。したがって頼み証文の成立と同時に、証文には頼まれた側が任務を遂行し、頼んだ側がなんらかの保証を約束するという表現があらわれる。しかし一八世紀前半までの村社会にあらわれた頼み証文における双方のかかわりは、自由な個人間の意思の一致という意味で契約というにはなお躊躇するようなものであった。たとえば名主など村役人の頼み証文では、頼んだ内容は村行政一般になるので明確な業務規定はない反面、年貢・諸役を滞りなく勤める以下の約束が頼んだ側からなされるのが一般で、対等な契約という性格がはっきりあらわれてこない。[64]訴願惣代のものでは、訴訟の内容が委任の内容になって、この点では明確で、これにたいする費用の補償規定もあるが、報酬的性格はなかったのではと考えられる。というのは訴訟中の耕作は頼んだ側が手伝うという規定がみられるように、出訴中の諸掛かりは保障しているものの、それ以外となると、報酬といえるような配慮はなかったようである。この点では上方の訴訟での究め状などの方が、記載がみられることが多かった。また相互の結束、一体性を確認するために、頼まれた側は「情を限り」に、つまり命がけで、頼んだ側は、違反した者は村におかないとか、家・妻子を売ってでも費用を負担するなどという、いわば無限責任を負うような規定がなされることがある。[65]ことに百姓一揆などの場合、幕末維新期までこうした史料が残っている。

近代法で、委任は無償を本則とするが、有償をさまたげないと規定される。委任は「他人の特殊な経験・知識・才能などを利用する」契約と定義され、受任者の経験・知識・才能などを、委任者が信頼して、事務処理を依頼するところに成立し、受任者は自分の意思と能力を必要とするその業務を遂行するために裁量することのできる余地を認められている。[66]委任は、こうしたある種の知的労務であった。このためローマ法では知的な（裁量を必要とする高級な）労務は対価と結びつくのに適さないという考えがあり、これが継承された。しかし近代社会になって委任業務が複雑化して専業的知識が不可欠になると、報酬規定が必要になり、有償をさまたげないという規定があらわれたといわれる。[67]頼み証文でも、こうしたところがあった。

一八世紀後半になり、地域社会のなかに頼み証文が広がるようになるにともない、頼み証文に双務的要素や報酬的要素が強くなるようになる。ここでは安永社参で武蔵国埼玉郡中曽根村他騎西領二五カ村（二七カ村ともある）が、利根川船橋掛け普請の担当にあたり、水深村名主弥左衛門に触頭惣代と普請の代金納を頼んだときの事情を検討しておこう。

社参のために利根川に船橋をかける組合が指定され、村むらは相談の結果、触頭惣代を頼むことにした。これにあたってつぎのような一札を差し出している。[68]

相定申候事

一、金拾五両　　　廿七ケ村高割

内拾両弐分ハ　　　右村面割
四両弐分ハ

外ニ村高

三百石分人足廻状持出しとして御引可被成候

右ハ栗橋中田之間房川御舟橋当領組合、触頭惣代貴殿相頼、書面之給を以御用中惣代役御勤可被下候、尤右割合
之儀当時より勤仕廻迄三度ニ御割合御取立可被成候、依之組合相極メ連判一札、仍如件、
安永五年申正月
埼玉郡小浜村始
中曽根村
名主　治郎右衛門　印
与頭　彦左衛門　印
百姓代　杢左衛門　印

触頭惣代の名前は記載がないが、伊奈半左衛門役所への届書には水深村弥左衛門を惣代に頼んだ旨の記述がある。この文書は頼み証文というより、議定書的な性格が強いが、ともかく中曽根村他二七カ村は、一五両を給分として支給することで同人を触頭惣代に頼んだのである。つぎに騎西領二五カ村とされる頼み証文がある(69)。

一札之事
当申四月日光就　御社参ニ栗橋中田之間利根川御舟橋御普請、村役諸色之儀品数多少ニ付御割合難被為成ニ付、代永御割賦被成下候内弐割引村々勝手合を以貴殿御納被下候様相頼候所相違無御座候、然上ハ右代永早速差出可申候、為後日一札、仍如件、
安永五年申正月
騎西領廿五ケ村惣代
下高柳村
名主　彦四郎　印
今鉾村
名主　要　蔵　印

下早見村
名主　惣右衛門印
水深村
触頭名主　弥左衛門殿
右之一札、村々惣代印ニて弥左衛門相渡候写也

ここでは、船橋の普請について必要とする資材が多様であり、これを資材にそって負担すると不均衡がでて配分できないので、村むらは代金納して納めるようにしたいと頼んでいる。文中「弐割引」という意味がわからないが、これにたいして触頭側からは村方へ頼まれたことを確認する請書が提出されている。(70)

一札之事
当申四月日光就　御社参ニ栗橋中田之間利根川御舟橋御普請、村役諸色品数多少ニ付品納難被成、殊ニ遠方故村々御勝手合を以、右御割賦代永之内弐割引ニて、拙者方より相納候様御対談申所相違無御座候、然上ハ拙者方ニて引請相納可申候、尤右諸色一件納方等何ニても御村々へ御難少も掛ケ申間敷候、為後日一札、仍如件、
安永五年申正月
水深村
引請人
触頭名主　弥左衛門印
葛梅村
証人
名主　忠兵衛　印
騎西領廿五ケ村

御名主中

右之一札ハ今鉾村要蔵ニ栗橋てうやニて預ケ置候写也

利根川船橋掛け普請は全体では六八カ村組合（七〇カ村という記載もある）に割りかけられ、惣人足一万二八四七人余の人足と総額三七二両余の資金を徴収しておこなわれた。(71) これだけの規模になると、専門的能力のあるものを頼んで、給分も支給する必要がでてくるのも当然である。給分が、一五両というのはたんなる事務取扱にしては多額であるが、しかし扱った金額・事業規模にしては、相応といえるかもしれない。つまりこの惣代の給分は、事業の規模に応じて配慮されたもので、この点で報酬的なものだったとみることは可能であろう。もちろん水深村弥左衛門は惣代としてその差配をおこなうだけで、技術のあるものは惣代の裁量で別にもとめることも考えられる。その給金もふくまれたため、多額な給分となった可能性もある。

つぎに、寛政四、五年の武蔵国埼玉郡八条領三一カ村の場合をみよう。寛政三年（一七九一）八条領用水の取り入れ口の入り樋の開閉管理をめぐって、地元の西方村平内と紛争があり一時、村むらが直接管理した。しかし翌四年（一七九二）三月調停がなって、ふたたび平内に開閉役を頼み、給米の支給を約束している。(72)

相頼申一札之事

一、八条領大用水路圦戸開閉之義、前々より貴殿方ニて右圦戸明立御勤被下候所、去亥年行届キ不申儀も御座候ニ付直勤ニ可致候得共、当子年よりハ猶又御心付被成御勤被下候由、其上圦番家作等迄相建御勤被成候得は、私共村々右圦戸明立之儀ニ付、何ニても申分無御座候、然上は御心附是迄之通り御勤可被下候、勿論右給米之儀は年々無滞相渡し可申候、依之村々連印頼一札相渡し申所、如件、

寛政四年子三月　　埼玉郡八条領

八条村

名主　彦兵衛　印
年寄　兵左衛門印
（二八カ村村役人中略）

同領西方村
平　内殿

八条領大用水路の圦戸開閉は、宝暦二年（一七五二）二月にそれまで西方村の山谷組と藤塚組が勤めてきたところ問題が生じ、村むらが直接勤めることを要求したが、扱いが入って迎組と西方組が勤めることになった。この組のとりまとめ名主二名にたいして、村むらから相対証文が出されているが、その一人が平内であった。(73) 宝暦二年（一七五二）には圦戸開閉の賃米は一〇〇石に一升五合と定められた。(74) その後、平内が頼まれて一〇〇石に二升となっていたが、八条領の組合は三二カ村で高一万六五〇〇石余なので、給米は三石三斗であったという。(75) 天明四年（一七八四）には凶作のため一〇カ村が給米の節約のため直勤をもとめた。(76) この一件は、組合全体の要求ではないと却下されたが、寛政三年（一七九一）にまた問題となり今回の頼一札となったのである。この一件の取り調べで平内は、実際業務にあたるのは村の定使で給米から四斗を渡し、古くから認められていた引き分人足四人分について村入用として渡しているると説明している。(77) この点からみると、寛政期までは開閉役はまだ平内と村とが共同で請け負っているという性格があったようである。寛政四年（一七九二）のこの頼み証文には、西方村の署名がないのも、西方村が頼まれているという側面があったからであろう。西方村名主平内は宝暦八年（一七五八）に触次の分担分けがおこなわれたときに、阿部飛騨守（忍藩）領分麦塚村他八カ村から頼まれて触次となり、このころは、触次と圦戸開閉役とを兼ねていたが、人足の調達を村民に依存していたことから村請的な部分を残していたと考えられる。

ところで寛政五年（一七九三）四月になると、入樋の不用締め切りについて、八条領麦塚村他三〇カ村がつぎのよ

うな頼み証文を出している。(78)

寛政五丑年八条圦前不用〆切頼証文

相頼申一札之事

一、八条領大用水圦前不用〆切之儀、前々より領中勝手を以貴殿相頼毎年仮〆切致来り候処、近年度々之出水ニて右入用多分相懸り村々難儀仕候ニ付、右圦戸開閉役相勤被成候縁を以、此度領中相談之上、以来右入用一式高百石ニ付長銭百七拾弐文当りを以、年々無滞相渡可申候、尤右体相定申候上は、已後出水等之節迚も決て増銭不仕候筈相談相極申候、為後日村々連印頼ノ一札相渡申(候脱カ)、仍如件、

寛政五丑年四月

八条領

麦塚村

名主 源五右衛門印

年寄 伊右衛門印

百姓代 孫兵衛 印

(三〇カ村村役人中略)

西方村

平 内殿

右之通不用〆切領中左之村々頼一札入置申候、尤西方村之儀居村ニて直勤も可致処、一統之儀故連印致置、勿論明俵縄共村方小前取集年々弐百俵六拾房差出し、出銭之儀は差出し不申候、

ここでは大用水の圦前不用締め切りについて、これまで仮締め切りをしてきたが、たびたびの出水で多額の費用がかかるという理由から、この入用一式について一〇〇石に一七二文を村むらから出し、出費がこれ以上かかっても増

銭を出さないという条件で頼んでいる。圦戸開閉役との関係がもう一つ明らかではないが、開閉役は給分であり、樋などの修復費は基本的には別に徴収されるべきものであった。これにたいしてこの場合は、出水があっても増銭を出さないとしており、平年にはこれにより一定の得分が出ることが見込まれていたのであろう。したがってこれは請負契約の頼み証文とすることができる。ところでこの頼み証文には西方村は名主茂右衛門、百姓代山治郎が署名している。ここでは西方村は村としては頼む側に廻っており、平内が個人的に請け負うことになったのである。文書を写した説明では、西方村は地元であるので直勤もできるが、組合一統のことなので署名したとある。また明俵・縄を提供する代わりに出銭を出さないと従来からの地元村の立場に変更がないことを確認している。逆にいえば、平内の個人請負であったからこそ、このことを記録して後世に地元村の立場をつたえる必要があったのである。

西方村の寛政四、五年の一件では一年間の間をおいて、同一地域で「頼一札」「頼ノ一札」の呼称が使われており、両者が近似していたことがわかる。この「旧記」の編纂にあたって、この文書を「頼証文」と称していることも注意される。また「旧記」には寛政四年（一七九二）九月の「古利根川中川元荒川洲浚切広御普請」がおこなわれるにあたって、「入置申惣代頼一札之事」という事書をもつ頼み証文が収録されており、(79)このころには、頼み証文により地域惣代を頼むことが一般化していたことがわかる。

請負の内容をもつ頼み証文は、一九世紀になると次第に多くなってくる。なかには頼み議定証文と称して、請負の条件を詳細に定めて頼む頼み証文が出現するようになる。主として、助郷惣代のものに多くみられるが、給分は費用があまったものをとってよいとしており、請負であることがはっきりしている。たとえば文化九年（一八一二）の武蔵国足立郡下谷塚村外三九カ村が、助郷会所惣代と取り交わした議定頼み証文はつぎのようである。(80)

議定頼証文之事

助郷勤高壱万千五百八拾壱石

壱ケ年積金人馬賃銭
一、銭五千三拾七貫七百三拾五文
　但、助郷勤人馬賃銭幷不参雇人馬賃銭共、平均高百石ニ付銭四十三貫五百文以上、壱ケ年十四割正月より三度
　ツ、取立可申候、壱度割高百石ニ付三貫百七文以上、是ハ壱ケ年助郷人馬平均賃銭積金、此内助郷出人馬之
　分人足壱人ニ付銭百文馬壱疋ニ付銭弐百文ツ、之積、幷不参人馬賃銭其外当申より寅迄七ケ年之間壱ケ年金
　四拾壱両ツ、宿人馬持立、助郷会所諸入用惣代給料共、
（三カ条中略）
一、宿助郷御伝馬勤方之義、当申より来ル寅迄七ケ年宿助郷議定為取替等も仕候間、来酉より来ル寅迄六ケ年之
　間此頼証文取用ひ年々御取斗ひ可被下候事、
前書之通り助郷村々相談之上、年来仕来通り右賃銭平均ニ取極差引勘定仕候得は、勤人馬無甲乙助郷村々至極勝
手ニ相成取〆宜御座候ニ付、毎月五日定日ニて右割合之通り助郷会所え持参仕、詰合惣代相渡可申候、尤右賃銭
外え相渡候てハ混雑致差支ニ相成候間、此段村々ニて承知取斗ひ助郷会所之外え決て相渡申間敷候、且又壱ケ年
助郷惣勘定取調之義、十二月ニ至り勤人馬賃銭不参人馬賃銭幷宿人馬持立助合金共相賄、残り候分ニて助郷会所
諸入用惣代給料其外共相賄被下候様取極申候、右之通り助郷村々勝手ヲ以相頼申候上ハ、書面取極之趣少も違変
仕間敷候、万一心得違之村方も有、右取極賃銭相滞候村方も有之候ハヽ、此証文ヲ以何方迄も申立可被成候、為
後日助郷一同議定連印頼一札入置申処、如件、

文化九申年十二月

下谷塚村
名主　長太夫
年寄　武右衛門

留次郎
百姓代　忠左衛門
（三九カ村村役人省略）

助郷会所詰
富右衛門殿
外惣代役中

ここでは、草加宿助郷の村むら四〇カ村が助郷会所詰の惣代に頼み議定証文を出している。草加宿は五〇人五〇疋を人馬継ぎ立てに備えねばならなかったが、宿方困窮のため備えが十分でなかった。このため助郷村むらと対立がときどき生じて、仕法を実施してきた。文化八年（一八一一）一二月には、宿方助成として宿駅の人馬をそれまで四五人四五疋としていたところ、さらに七年間の間七人五疋を潰して、助郷村むらが負担した分を積み立てて立て直しをはかることになった。この議定で村むらは問屋場付近に助郷会所を取り立てて、惣代をおいて人馬勤札の配布、賃銭の支払いをおこなわせることを認めさせている[81]。宿駅助成の代償に、助郷会所を設けて、助郷割り当てや賃銭の管理を村むらが掌握することにしたのである。この議定を受けて、翌年一二月に助郷会所詰惣代たちに、その後六年間の運営を頼んで出されたのが、この頼み議定証文であった。ここではまず助郷勤高一万一五八一石の負担が一年間、銭五〇三七貫文余と定められ、村むらはこれを一四等分して、会所に支払うことが定められた。ここから惣代は、勤め人馬にその都度支払いをおこなうことになる。また宿駅側の助成分一年に四〇両と助郷会所諸入用と惣代給料がここから支給される。後書き部分で「十二月ニ至り勤人馬賃銭不参人馬賃銭並宿人馬持立助合金共相賄、残り候分ニて助郷会所諸入用惣代給料其外共相賄」うとしており、これが請負であったことがわかる。中略部分には日光門主・勅使・諸大名通行に関する負担、日光御普請・臨時通行の負担など、例外的に通行が多かった場合の規定があり、惣代

表 11　関東の頼み証文と惣代給

年代	国・郡・村	事書	内容	報酬	出典
元禄 9 年 11 月	下総・相馬・豊田	(無し)	入作の高役負担出訴の頼み.	成功すれば高掛り諸役免除	『龍ケ崎市史』近世史料編 II, 165-167 頁.
延享元年 5 月	武蔵・豊島・上落合他 50 カ村	相渡申村々連判証文之事	鷹野人足扶持の請取世話の頼み.	筆墨紙代の内雑用代として米 1 俵に銭 22 文	中野区立歴史民俗資料館(都立大学図書館蔵)・堀江家文書. 大石学・落合功氏の教示.
宝暦 7 年 12 月	武蔵・多摩・和田他 38 カ村	相渡シ申村々連判証文の事	御鷹野諸御用触次役継続の頼み.	筆墨紙代書役給金として 1 カ年高 100 石につき銀 3 匁	『豊島区史』資料編二, 518-520 頁.
明和元年 11 月	武蔵・比企・大塚	相極申連判之事	増助郷免除出訴の頼み.	別の極めに, 雑用小遣い 1 日, 284 文, 比企郡 27 カ村	新編『埼玉県史』資料編 11, 近世 2, 121 頁.
安永 5 年正月	武蔵・埼玉・中曽根	相定申候事	日光社参川船普請触頭惣代の頼み.	金 15 両	『加須市史』資料編 I, 874 頁.
安永 9 年 7 月	武蔵・足立・大門宿他 3 カ村	相渡申議定書之事	水除堤御普請願惣代の頼み.	極雑用 1 日鐚 350 文, 外腰掛入用, 飛脚賃等は別に出す	『浦和市史』第三巻, 近世史料編 III, 134-135 頁.
寛政 5 年 4 月	武蔵・埼玉・八条村他 30 カ村	相頼申一札之事	用水の圦戸開閉役の頼み.	入用一式高 100 石に長銭 172 文	『越谷市史』続史料編(一), 329-330 頁.
文化 2 年 8 月	武蔵・多摩・柴崎他 3 カ村	頼一札之事	分水掛かり一件出訴惣代の頼み.	雑用 1 日銀 2 朱, 水車 1 カ所に 2 朱, 諸入用は水車家別	『小平市史料集』第 23 集, 125 頁.
文化 9 年 12 月	武蔵・足立・下谷塚他 39 カ村	議定頼証文之事	宿助郷惣代の頼み.	勤人馬賃銭, 宿助成金の残りを惣代給に宛てる. 請負	『草加市史』資料編 II, 268-272 頁.
文化 10 年 12 月	武蔵・秩父・古大滝他 1 カ村	入置申頼一札之事	江戸煙草問屋の無株商人への出荷規制反対の訴願惣代への頼み.	江戸上下路雑用 1 日限 5 匣, 両所 1 日限 10 匣, 金 2 両先渡し, 長逗留は費用がかかるので, 早期の帰村	『大滝村誌』資料編二, 山口家文書, 289 頁.
文化 11 年正月 6 日	武蔵・大里・押切六給新田他 7 カ村	内儀定頼一札之事	新田 8 カ村増永御免願出訴惣代の頼み.	小分は 1 人 5 匁, 格別の場合相談する.	『江南町史』資料編 3, 近世, 256-258 頁.
文化 12 年 3 月	武蔵・埼玉・飯塚他 8 カ村	儀定一札之事	日光山法会の助郷の取極につき議定.	領主手当では間に合わないので惣代賃前後 3 匁, 30 日の内 5 匁	『岩槻市史』近世史料編 IV, 地方史料(下), 361-362 頁.
文化 13 年 4 月	武蔵・多摩・百草	取極儀定一札之事	境争論につき, 返答人惣代の頼み.	江戸雑用 1 日 2 匁銭 200 文, 農行取上仕付日々1 人宛	『日野市史史料集』近世 2, 133-134 頁.
文化 13 年 12 月	武蔵・埼玉・蒲生	頼議定証文之事	宿助郷惣代の頼み.	請負	『草加市史』資料編 II, 272-274 頁.

文政2年6月8日	武蔵・多摩・柳窪	入置申儀定一札之事	出訴につき惣代の頼み.	1日3匁	『東久留米市史』史料, 172頁.
文政2年12月	武蔵・埼玉・蒲生他八条領12カ村	相頼申一札之事	触次役の頼み.	給金高100石に鐚300文, 諸御用高100石に鐚50文	『越谷市史』続史料編(一), 301-302頁.
文政3年9月	常陸・真壁・山王堂	入置申頼一札之事	水除堤出入出訴の惣代の頼み.	諸雑用1日銀4匁5分, 腰掛入用その外臨時入用は帳面に記し差し出し	『明野町史』資料, 第二十一集, 137頁.
文政6年10月	武蔵・埼玉・伊原他12カ村	相頼申一札之事	川俣井筋普請につき, 惣代の頼み.	別議定, 請負入札, 出入の場合, 在方1日500文, 江戸出府1日5匁	『越谷市史』続史料編(二), 旧記四, 46頁.
文政10年4月22日	下総・葛飾・長崎他2カ村	相頼申一札之事	水溜出入につき, 臨時入用金支払の頼み.	1日鐚500文	『流山市史』近世資料編Ⅱ, 142頁.
文政10年11月	下総・葛飾・布施	村方連印議定証文之事	新河岸反対訴願の頼み.	1日, 名主5匁, 組頭4匁, 百姓代惣代3匁5分, 荷宿4匁	『柏市史』資料編六, 布施村関係文書(下), 388-389頁.
文政11年正月	武蔵・足立・瀬崎他41カ村	頼議定証文之事	草加宿助郷につき議定.	助郷会所諸入用並びに惣代給料100石に金2分, 惣代宿料100石に米3升	『草加市史』資料編Ⅱ, 296-304頁.
文政12年正月	武蔵・荏原・品川新宿	差入申頼証文之事	旅籠屋中積金預りの頼み.	世話料1年5両	『品川区史』続資料編(一), 377-378頁.
天保6年正月	武蔵・足立・太郎左衛門新田他1カ村	頼議定証文之事	草加宿助郷につき議定.	助郷会所諸入用並びに惣代給料100石に金2分, 惣代宿料100石に米3升	『草加市史』資料編Ⅱ, 337-340頁.
天保9年正月	武蔵・埼玉・西袋他9カ村	当戌より亥迄弐ヶ年季惣代頼議定証文之事	草加宿助郷惣代就任の頼み.	助郷会所諸入用並びに惣代給料100石に金2分, 惣代宿料100石に米3升	新編『埼玉県史』資料編15, 近世6, 463-466頁.
天保14年3月	武蔵・埼玉・花積他14カ村	議定一札之事	日光御参詣につき, 岩槻宿継立方惣代の頼み.	惣代料1日6匁	『春日部市史』第三巻, 近世史料編Ⅳ, 670頁.
天保14年8月	武蔵・入間・厚川14カ村	相頼申一札之事	新田開発・新堰設置取止めの出訴の頼み.	惣代上下路雑用1度金1分, 惣代1人4匁	『坂戸市史』近世資料編Ⅱ, 370-372頁.
(天保15年5月)	武蔵・埼玉・瓦曽根他11カ村	頼一札之事	関東取締出役より道案内の者差出につき, 大原村増五郎へ口入の頼み.	給金1カ年金3両	『八潮市史』史料編, 近世1, 301-302頁.
嘉永元年10月	下総・葛飾・若芝新田他11カ村	相頼申議定一札之事	増永免除願につき議定.	諸雑用1昼夜5匁5分	『流山市史』近世資料編Ⅱ, 533-534頁.

嘉永4年2月29日	武蔵・埼玉・八条他30カ村	相頼申議定一札之事	千間堀浚人足助合免除の歎願につき，惣代の頼み.	諸雑用は，此節諸色高直につき出日1日7匁5分	『八潮市史』史料編，近世Ⅰ，685-686頁.
嘉永5年2月	相模・大住・岡田他14カ村	差出申頼一札之事	助郷惣代の頼み.	請負，高100石につき雇替代金並びに助郷会所入用共金12両	『藤沢市史』第二巻，827-830頁.
安政2年6月	武蔵・多摩	頼一札之事	鮎漁につき，願出の惣代頼み.	雑用1日銀7□外ツツ	『日野市史』史料集，近世2，377-379頁.
安政4年3月	武蔵・埼玉・藤塚	頼一札之事	蔵田圦普請人足差出拒否につき，申出の頼み.	雑用1日5匁	『春日部市史』第三巻，近世史料編Ⅴ，553-554頁.
安政4年8月	上総・山辺・片貝	差入申頼一札之事	海岸御巡検様御止宿一件出訴惣代の頼み.	異変の場合，1カ年20両宛10年間，永久家相続世話	『千葉県山武郡九十九里町誌資料集』第八輯，178-179頁.
安政5年3月	武蔵・埼玉・登戸他24カ村	相頼申一札之事	越谷宿助郷惣代就任の頼み.	請負，1カ年高1石に長銭900文	新編『埼玉県史』資料編15，近世6，523-524頁.
安政6年9月28日	武蔵・多摩，入間両郡村々	糠類議定之事	糠高騰訴訟につき惣代の頼み.	1日雑用銀10匁	『里正日記』第七巻，450-451頁.
安政6年11月	武蔵・新座・膝折宿他14カ村	糠歎願議定之事	糠高騰訴訟につき惣代の頼み．追加加入.	1日雑用銀10匁	『里正日記』第七巻，445-446頁.
文久元年7月	武蔵・埼玉・八条領村々	頼一札	千住宿見廻の頼み.	昼飯料として1日金1朱	『八潮市史』史料編，近世Ⅰ，744頁.
文久2年10月	武蔵・埼玉・和戸他7カ村	頼一札之事	幸手宿人馬継立惣代の頼み.	1カ月銭6両（ママ）	『久喜市史』資料編Ⅱ，近世Ⅰ，423-425頁.
文久3年8月22日	上野・山田・塩原他3カ村	差出申頼一札之事	倉賀野宿助郷雇い人馬の頼み.	68両の請負	『大間々町誌』別巻二，近世資料編，273頁.
慶応2年3月17日	武蔵・男衾・野原他7カ村	入置申頼一札之事	助郷雇い人馬掛け合いの惣代の頼み.	掛け合い中諸入用二カ村の惣代に「壱間」金2分2朱宛	『江南町史』資料編3，近世，749頁.
慶応2年4月	武蔵・多摩・上連雀他3カ村	頼議定一札之事	品川宿・川崎宿助郷免除の歎願につき，惣代の頼み.	出勤1日に金1分，1カ月9日で金2両1分の見積	『武蔵野市史』下巻，900-901頁.
明治2年3月	武蔵・足立・篠葉	議定申一札之事	草加宿助郷人馬取極につき頼み議定.	助郷会所諸入用並びに惣代給料100石に金2分，惣代宿料100石に米3升，諸色高直につき上増給料	『草加市史』資料編Ⅱ，407-409頁.
明治2年6月	武蔵・足立・上谷塚他1カ村	相頼申一札之事	草加宿助郷改正一件出訴惣代の頼み.	願雑用高100石に金2朱	『草加市史』資料編Ⅱ，413頁.

明治2年7月24日	武蔵・秩父・新大滝他1カ村	暇頼一札之事	三峰山一件につき出訴惣代の頼み.	1日20匁	『大滝村誌』資料編四，山中家文書，28-29頁.
明治2年8月	武蔵・秩父・新大滝	頼一札之事	三峰山一件につき出訴惣代の頼み.	1日20匁	『大滝村誌』資料編三，千島家文書，116-117頁.
明治2年9月	武蔵・秩父・新大滝他1カ村	頼一札之事	三峰山一件につき出訴惣代の頼み.	1日20匁	『大滝村誌』資料編七，木村一夫家文書，351-355頁.
明治2年9月	武蔵・秩父・古大滝他1カ村	頼一札之事	三峰山一件につき出訴惣代の頼み.	1日20匁	『大滝村誌』資料編四，山中家文書，388-389頁.

の負担が過重にならない配慮がなされている。助郷の場合、こうした請負関係の頼み証文が近世後期には多数残されているのである。

最後に、表11に関東の頼み証文のなかから惣代給を明記した頼み証文を示した。関東では四七件確認できる。古いものでは、元禄九年（一六九六）一一月の下総国相馬郡豊田村が入作者との出入にあたって、訴訟に勝利した場合、高掛かりを免除することを約束した頼み証文がある。こうした高掛かり免除や夫役免除の約束は近世初期の上方にもみられるので、中世的なものと考えられる。これにつづくものもないので、一般には報酬記載のある頼み証文は一八世紀末からあらわれて、一九世紀に広くおこなわれる傾向があるとみることができる。またこのなかで地域型の頼み証文が三四件を占めていることも注目できる。村のなかで成立したものは、人間関係が緊密で、報酬を明記するほどの相互の隔離と自立がなかったと考えられるが、これにたいして地域では、とくに助郷や用水など専門的な仕事もあり、また金銭的な支出が課題の問題が多く、相互に独立したものとして、報酬や補償を明記する必要が進んだといえる。いっぽう村内型、地域型にかかわらず、日常業務の委任についてのものは二六件、訴願惣代にたいするものは二一件であった。日常業務の委任について、対価が報酬として支払われるのは当然として、訴願惣代にたいしても雑用の外に手当が出されることもみられ、費用弁償的な支払いのほかに報酬的なものがふくまれていった様子がうかがえるのである。もっともこれらは別の証文でなされることも多いので、あくまで頼み証文からみた傾向にすぎないが、専門の業務にたいする報酬化という方向があったことは読み取れるのではなかろうか。

おわりに

頼み証文は、中世の頼みから近代の委任の間にあって、百姓的世界が自律的に育てた社会的結合を文書様式としてあらわしたものである。一七世紀に端を発した頼み証文は、村の家父長的な社会的結合の解体のなかにあらわれたが、やがて一八世紀に入ると地域のなかで発展を始め、呼称や様式が定着してゆく。この過程は関東地域にとくに強く認められた。ここでは頼み証文により地域の触次、用元などが、百姓仲間の規制を受け惣代性を付与されてゆくことが確認できる。また一九世紀前後には、惣代にたいして給分を頼み証文で保障したり、請負形式で委任をおこなったり、報酬の約束をおこなうことも多くなっていった。頼み証文を媒介に、地域の業務委任が積み重ねられてゆくということが広くみられたのである。頼み証文の頼一札の呼称などは関東地域で使用されるなかで、他の地域に普及したのではないかと考えられる。

(1)　頼み証文についての著者の研究は、「元禄期の山野争論と村」(徳川林政史研究所『研究紀要』徳川黎明会、二四号、一九九〇年後に同『日本近世の村と百姓的世界』校倉書房、一九九四年に所収)、「百姓的世界の成立と百姓結合」(同前書、新稿)、『近世の百姓世界』(吉川弘文館、一九九九年、人と人のきずな)、以下本書所収の論文がある。

(2)　藪田貫「国訴の構造」(『日本史研究』二七六号、一九八五年、後に同『国訴と百姓一揆の研究』校倉書房、一九九二年に所収)、引用は同著八五―八六頁。

(3)　津田秀夫『近世民衆運動の研究』(三省堂、一九七九年)。

(4)　たとえば宮城公子「変革期の思想」(歴史学研究会・日本史研究会編『講座日本歴史』四、東京大学出版会、一九七〇年)。

（5）　藪田貫「村方出入と百姓一揆」（日本村落史講座編集委員会編『日本村落史講座』五巻、雄山閣出版、一九九〇年、後に同前掲書に収録）。
（6）　注(1)の研究参照。
（7）　『朝日町史編集資料』九号（朝日町教育委員会、一九七八年）一八頁。
（8）　頼み証文データベースは拙稿「頼み証文の様式と機能」（『東洋大学文学部紀要』、五六集史学科篇二八号、二〇〇三年、本書第四章）において公開した。この段階の総件数は六二一件であったが、今回の調査により八二九件となった（白川部達夫『近世民衆の社会的結合意識に関する基礎的研究』平成一六年度―平成一七年度科学研究費補助金・基盤研究c・2研究成果報告書、二〇〇六年所収）。件数は増加したが、前回のものと傾向は大きく変わらない。なお原則として、コピー版などで史料の全体がわかるものに限り採録し、文書目録などのものは入れていない。件数は増加したが、前回のものと傾向は大きく変わらない。なお上方の範囲は、近江・伊賀・山城・大和・摂津・河内・和泉・紀伊・播磨・淡路・丹波・丹後・但馬・伊勢・志摩である。上方以西は、西国とした。
（9）　大石慎三郎『享保改革の経済政策』増補版（御茶の水書房、一九六一年）一三九―一四五頁。なお一四二頁には信濃国佐久郡御影新田村の年貢量のグラフが紹介されているが、これでも享保一三年（一七二八）に大きな年貢増徴があったことがわかる。
（10）　『丹生川村史』資料編二（丹生川村史編集委員会、一九九七年）七七八―七八一頁。
（11）　長野県中野市壁田・高橋新治家文書・書状一三〇番（中野市誌編纂準備委員会『高橋新治氏所蔵文書目録』一九六九年、なお現在の当主は高橋清氏である）、以下高橋新治家文書とする。
（12）　高橋新治家文書・書状一二八番。
（13）　高橋新治家文書・書状一二九番。
（14）　高橋新治家文書・書状一三二番。
（15）　中野市誌編纂準備委員会『高橋新治氏所蔵文書目録』（一九六九年）三―四頁。
（16）　拙稿「初期頼み証文の成立についての覚書」（『「東洋思想における個と共同体の探求」研究報告書』東洋学研究所・共同研究・竹村牧男プロジェクト、二〇〇五年所収、改題の上本書第五章所収）参照。
（17）　古川貞雄「村方騒動展開の一過程」（『長野』五四号、一九七四年）。以下壁田村については同論文に負うところが大きい。

前提となっている地域の惣代関係については、山崎圭「信州幕領における地域支配と陣屋元村名主・郡中代」（『史学雑誌』一〇九編八号、二〇〇〇年、後に同『近世幕領地域社会の研究』校倉書房、二〇〇五年所収）が参考となるが、ここではこれにかかわる地域支配の史料が明らかでなくふれることはできなかった。
(18) 古川貞雄「村方騒動展開の一過程」（前掲）に全文の紹介がある。
(19) 高橋新治家文書・書状六七番。
(20) 高橋新治家文書・書状七〇番（『高橋新治氏所蔵文書目録』一六頁による）。
(21) 高橋新治家文書・書状八一番。
(22) 大石学「中近世移行期の多東郡中野郷と小代官堀江家」（東京学芸大学『近世史研究』四号、一九九〇年、後に同『享保改革の地域政策』吉川弘文館、一九九六年、第一編第一章、第二章に改稿されて収録。本稿では『近世史研究』所収によった）。
(23) 鷹場については大石学『享保改革の地域政策』（前掲）第二編第一章に簡単な説明がある。また同「近世江戸周辺農村の機能と性格」（徳川林政史研究所『研究紀要』徳川黎明会、一九八三年号、後に同『享保改革の地域政策』前掲、第二編第二章に収録、ここでは『研究紀要』所収によった。なお堀江家についても一部本論文によっている。）以下、とくに記さない場合、これによっている。
(24) 中野区立歴史民俗資料館・堀江家文書（写真版）（首都大学東京附属図書館所蔵）、F二八七番。
(25) 同前、F四一〇番。
(26) 同前、F四一三番。『豊島区史』資料編二（豊島区史編纂委員会、一九七七年）五一八―五二〇頁に関連史料がある。
(27) 同前、F四〇番。『豊島区史』資料編二（前掲）五一七―五一八頁に関連史料がある。
(28) 同前、L九三番。
(29) 同前、L九六番。『田無市史』一巻（田無市史編さん委員会、一九九一年）七四四―七四五頁。
(30) 大石学「中近世移行期の多東郡中野郷と小代官堀江家」（前掲）。
(31) 中野区立歴史民俗資料館・堀江家文書（写真版）、B二二番。
(32) 同前、B一番。

(33)　同前、Ｂ二三番。
(34)　同前、Ｂ二番。
(35)　同前、Ｂ三番。
(36)　大石学「中近世移行期の多東郡中野郷と小代官堀江家」(前掲)。
(37)　中野区立歴史民俗資料館・堀江家文書(写真版)、Ｂ五番。
(38)　同前、Ｂ六番。
(39)　同前、Ｂ八、九番。
(40)　同前、Ｋ一七三番。
(41)　同前、Ｆ四二八番。御鷹御用触次については、大石学「近世江戸周辺農村の機能と性格」(前掲)参照。
(42)　同前、Ｆ四二九番。年欠文書であるが、堀江家は村々と「触次勤方改正議定之事」(Ｆ四二七番)という議定を結び、触次業務の公正化を約束している。
(43)　大友一雄「日光社参と国役」(『関東近世史研究』一八号、一九八五年)。以下、日光社参については、とくに記さない限り、同論文を参照した。
(44)　『太田市史』史料編、近世二(太田市、一九七九年)四八五—四八六頁。
(45)　『前橋市史』六巻、資料編一(前橋市史編さん委員会、一九八五年)七四八頁。
(46)　埼玉県立文書館収蔵・鬼久保清家文書三八番。『新編埼玉県史』資料編一五、近世六(埼玉県、一九八四年)九四九頁。『白岡町史』資料一〇近世文書一(白岡町教育委員会町史編さん室、一九八七年)四二頁。なお書止めは県史は「頼文一札」、白岡町史では「願入一札」となっている。文書を実見したところ判読がむずかしいが、ここでは「頼の一札」と読んでみた。「頼入一札」の可能性もあるが、いずれにしても「頼一札」への変化には変わりない。
(47)　同前、『新編埼玉県史』資料編一五、近世六(前掲)九四九頁。『白岡町史』資料一〇近世文書一(前掲)四二頁。
(48)　同前、『新編埼玉県史』資料編一五、近世六(前掲)九五〇頁。
(49)　『龍ケ崎市史』近世史料編二(龍ヶ崎市史編さん委員会、一九九四年)三八九—三九〇頁。
(50)　同前、四〇五—四〇六頁。

(51)　同前、三九〇頁。
(52)　同前、三八五頁。
(53)　同前、三八七頁。
(54)　同前、四〇五―四〇六頁。
(55)　『龍ケ崎市史』近世調査報告書二（龍ヶ崎市史編さん委員会、一九九六年）、「豊田村名主日記」解説。
(56)　『龍ケ崎市史』近世史料編二（前掲）四一四頁。
(57)　同前、四〇九頁。
(58)　大石久敬著・大石慎三郎校訂『地方凡例録』下巻（近藤出版、一九六九年）八八―九〇頁。
(59)　同前、九四頁。
(60)　『新訂寛政重修諸家譜』一六巻、二二八頁。『日本財政経済史料』二巻、九六四頁。
(61)　山崎圭「信州幕領における地域支配と陣屋元村名主・郡中代」（前掲）参照。山崎は久留島浩・渡辺尚志らの従来からの見解を批判する形で、この大庄屋廃止令は「小農自立の影響などにより後退していた在地土豪の地域支配力を正徳三年時点で最終的に否定したという点だけに求めることはできない」とし、この時期あらわれた請負人の展開と不正という新しい問題に対処するためのものだったという注目すべき見解をのべている。ただ特権を付与されて、地域の公共性をになう「在地土豪の地域支配力」と請負という負担形態は、次元のことなるものであるので、かならずしも矛盾するものではないように思われる。中野村堀江家などは元和期より問屋場を請け負っていたともいえる。問題は請負の内容で、請負が地域社会のなかで百姓側からとらえられてゆくのは、一八世紀後半以降ではなかろうかと考えている。これは頼み証文とのかかわりでの予想にすぎないので、今後検討を深める必要があるが、そうみるとここで問題にしている地域社会は山崎のいうⅢ期がほぼ相当すると考えられる。
(62)　青木虹二編『編年百姓一揆史料集成』二巻（三一書房、一九七九年）四六八頁。
(63)　久留島浩「直轄県における組合村――惣代庄屋制について」（『歴史学研究』一九八二年度大会報告特集号、後に同『近世幕領の行政と組合村』東京大学出版会、二〇〇二年所収）。
(64)　たとえば拙稿「元禄期の村と頼み証文」（大野瑞男編『史料が語る日本の近世』吉川弘文館、二〇〇二年、本書第六章所収）の信濃国佐久郡下海瀬村の元禄三年（一六九〇）の頼み証文など。

(65) たとえば拙稿「元禄期の山野争論と村」（前掲）で紹介した常陸国筑波郡大田村の元禄二年（一六八九）より同四年（一六九一）の頼み証文。「情を限り」は元禄二年（一六八九）一一月六日の頼み証文。

(66) 我妻栄『債権各論』中巻三（岩波書店、一九六二年）六五二―六五三頁。

(67) 同前、六五四、六五八―六五九頁。

(68)『久喜市史』資料編二、近世一（久喜市史編さん室、一九八六年）四五二頁。同史料は『加須市史』資料編Ⅰ（加須市、一九八四年）八六四―八九〇頁にも掲載されている。

(69)『久喜市史』資料編二、近世一（前掲）四五三頁。

(70) 同前、四五三頁。

(71) 同前、四五四頁。

(72)『越谷市史』続史料編一（越谷市教育委員会社会教育課、一九八一年）三二六―三二八頁。

(73) 同前、三二二頁。

(74) 同前、三二三―三二四頁。

(75) 同前、三二五―三二六頁。

(76) 同前、三二四―三二六頁。

(77) 同前、三二五頁。

(78) 同前、三二九―三三〇頁。

(79) 同前、二七〇―二七一頁。

(80)『草加市史』資料編一（草加市史編さん委員会、一九八九年）二六八―二七二頁。

(81)『草加市史』資料編一（前掲）二六二―二六三頁。

付記　本論を作成した直後に、上方の摂津国川辺郡金楽寺村の文書に「文化九申年正月　頼証文之留」と題する冊子が発見された。これにより上方に頼み証文という呼称があったことが確認できた。この冊子には、旗本長谷川氏領の大庄屋・陣屋役人の不正を訴えた運動の頼み証文が四点写されている。興味深いのは地元で作成された頼み証文三点には、事書なし・「申合一札之事」・「一札之事」と、とくに頼み証文を示す呼称はないのに、惣代たちが江戸から引き上げることになったときに、残って活動をつづける金楽寺村庄屋にあたえた証文の書止めに「為後日頼一札差入申処如件」と頼み証文を示す呼称があることである。このことは庄屋たちが江戸で「頼一札」という呼称を知った可能性を示している。公事宿などで知識をえることは考えられることであろう。こうして帰国した金楽寺村庄屋は、これら四点の文書を写した冊子に「頼証文之留」という表題をあたえたと考えると、頼み証文の呼称の流布事情が想像できるのである。いずれにせよ金楽寺村庄屋が「頼一札」をふくめて、これらの一札が頼み証文という呼称で一括りにできるものであるという認識をもっていたことはまちがいない。この「頼証文之留」の存在については尼崎市立地域研究史料館の中村光夫氏のご教授をえた。なおこの一件については同氏「旗本長谷川氏領の大庄屋・陣屋役人忌諱騒動」(『地域史研究』七巻三号、一九七八年)に分析がある。頼み証文の命名は『尼崎市史』六巻(尼崎市、一六七七年)一〇六頁の嘉永七年(一八五四)と推定される「頼一札之事」という文書に「国訴総代頼み証文案文」と題がつけられているのが早い例である。藪田貫の命名はこれらをふまえているのであろう。しかし藪田が文書の意義をみいだして位置づけた功績は決定的であり、これを「発見」者とすることは妥当であると考えている。

第八章　頼み証文と民衆社会

はじめに

日本の近世は、人びとの識字率が高く、広範な民衆が文書形成にかかわっていた時代であった。ここで検討する頼み証文も、こうした風潮のなかで、成長していった文書様式である（1）。

頼み証文は、「頼み」を「証文」としたもので、その基盤には、人びとの頼み関係の長い前史がある。その細部に立ち入ることはできないが、中世では人を憑む（頼む）関係は「主従之礼」にあたるといわれたように、人を頼むものは、その従属のもとにあると理解された（2）。

いっぽう、近世になると一七世紀中葉頃から「頼み」は「証文」としてあらわされるようになる。頼みは、人格的信頼の意識であり、人と人との直接的な人格的結びつきであるところに価値をみいだしている側面が強かったので、文書を媒介とするものではなかった。それが証文により、頼みが相互に確認されるようになる。その場は、村と百姓の世界である。またその発生と成長は、畿内の惣村型の結合の強い地域ではなく、東国の家父長的な縦型の結合の強い地域に主としてみられた。村の家父長的編成が小百姓の台頭のなかで解体する過程に発生・成長したものであった。一七世紀中葉になると戦国以来の系譜を引く村の土豪百姓の力が衰え、名主など村の役務や訴訟を担えなくなる。こうしたなかで名主の頼み証文や入会などの訴訟の頼み証文が生まれたのである。

頼み証文は、最初、村社会の頼み関係の変化のなかで発生した。それが一八世紀中葉になり、地域社会のなかに広まるようになると、頼一札、頼書、頼み証文といった名称で呼ばれるようになり、使用が普及した。一揆・村方騒動の惣代や鷹場惣代、助郷惣代、用水の惣代の選出などで広く頼み証文が作成され、業務や訴訟委任の性格を強めた。この時期、地域社会でも土豪的地域代表から惣代名主制への移行が進んでおり、このなかで頼み証文の名称の確立と普及がみられた(3)。

以上が頼み証文の展開の概略であるが、ここではこれらを前提として、頼み証文の使用が普及した一九世紀について、日常的な多様な利用状況を紹介しつつ、その重層構造を検討してみたい。

一　惣代と地域形成

現在、筆者が自治体史などで確認している頼み証文件数は全体で八二九件である。史料目録などにあるものはここにふくめていないので、調査の限界はあるが、その推移の概略を知ることはできる。この内、一〇年ごとに明治三年（一八七〇）まで示したのが図1である(4)。図1には一カ村以上の複数村が差出者となり作成された地域型の頼み証文件数も示しておいた。頼み証文は、一七世紀末ごろから一定数継続的に作成されるようになり、事実上の成立をみた。この段階では、村内で作成されることが多く、村の社会的結合の変化から自然発生的に生じたことと照応している。その後、一八世紀後半にその呼称があらわれ普及し始める。一七七〇年代に二〇件をこえるのは、頼み証文の文書認識が確立したためであった。呼称があらわれる早い事例は、地域型の頼み証文で、村内的な関係から地域へ文書利用が拡大したため、共通の呼称と様式が必要となったことが、文書様式の確立につながったと考えられる。

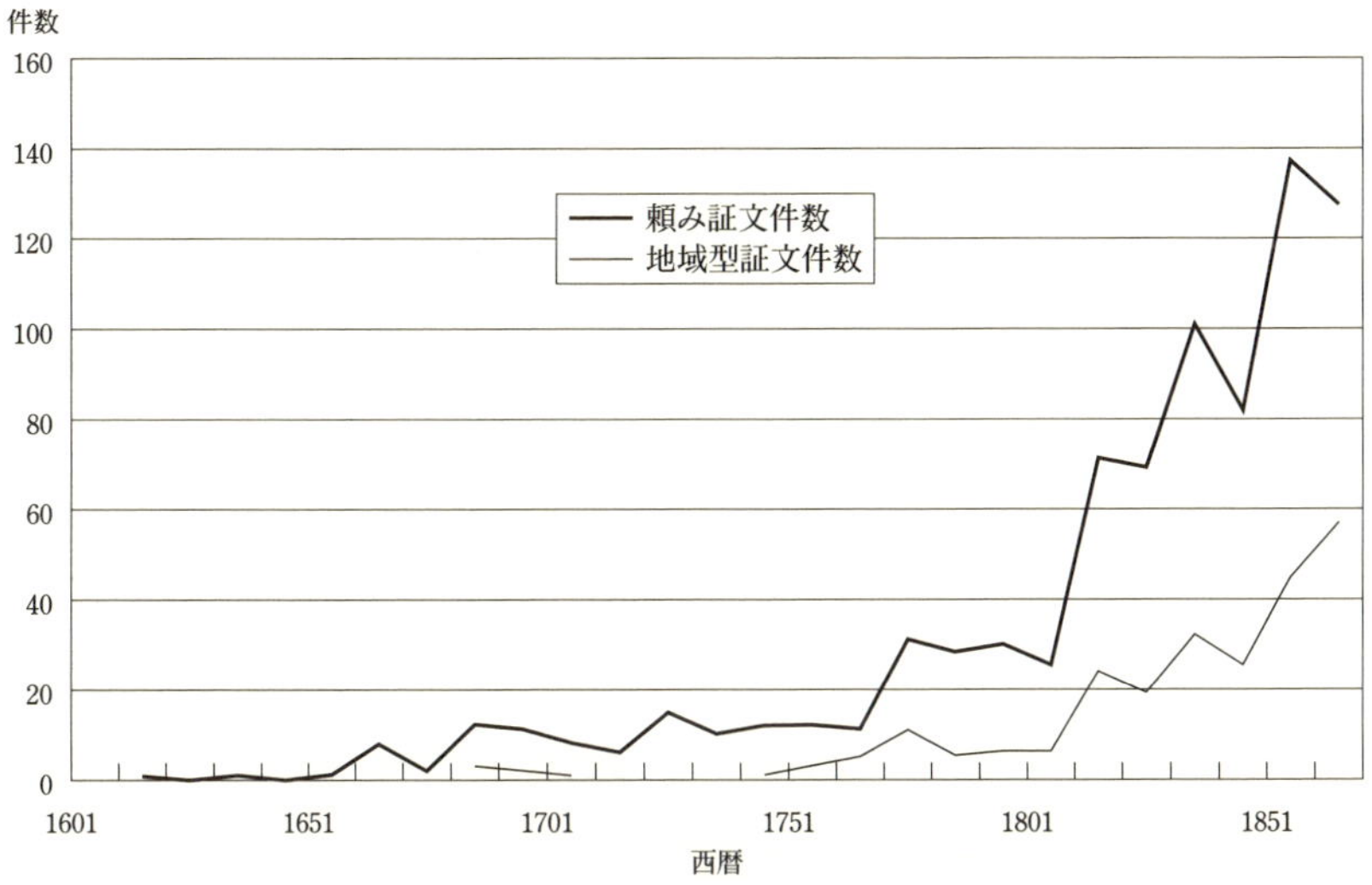

図1　頼み証文の件数

いったん文書の名称が定式化して知られるようになれば、その利用は格段に広がる。こうして一九世紀に入ると頼み証文の利用が急速に広がり、一八一〇年代（化政期）には五〇件をこえ、一八三〇年代（天保期）と一八五〇年代（嘉永―万延期）にはピークを形成している。一九世紀では頼み証文の三分の一から半分ほどが地域型の頼み証文で、頼み証文が地域社会のなかに根付いていることがわかる。煩雑になるので示さなかったが、地域型頼み証文総数一九六件中一〇八件が関東のもので、ここでは頼み証文は地域結合の媒介項として重要な役割をはたした。その一例として武蔵国埼玉郡八条領の文政六年（一八二三）一〇月の頼み証文をみてみよう。(5)

相頼申一札之事

一、八条領村々之内上拾三ケ村之儀、葛西井筋本川俣村地内元圦より瓦曽根溜井迄之内、来申春定式場御普請自普請之儀、当御目論見御案内并仕立方一式貴殿惣代ニ御頼ミ申上は、諸御用向は勿論御場所御差支無之様御引受御勤被成候、尤出金之儀は自普請所皆出来以前ニ不残相渡し可申候、依て村々連印頼一札相渡し申処、如件、

文政六未年十月

埼玉郡八条領
伊原村名主　七郎兵衛
（一二カ村三六名省略）

柿木村　惣兵衛殿

ここでは八条領上一三カ村が、葛西井筋用水の定式普請の惣代を柿木村の人物に頼んで頼一札を出している。文書の事書には「相頼申一札之事」とあり、書止めには「頼一札」とある。またこれらを写し留めた『旧記』では、この文書を「惣代頼証文」と称しており頼み証文の呼称と認識が確認できる。この証文には別に議定一札が添えられており事情がわかる。これによれば葛西用水組合上郷の村々が困窮して用水普請の出金に困難をきたしたため、一年に高一〇〇石あたり銀三〇匁五分を出し、七年季契約で引受人を入札して頼むことにして、落札したものを惣代としようとしたことがわかる。議定一札には、柿木村名主として、頼み証文の宛所である惣兵衛の名前がみえるので、彼が落札者であった。惣代は、用水普請だけでなく、用水管理にかかわる諸御用向きも取り扱うもので、たんなる請負人ではなかった。この地域では、用水組合を中心に日常的な地域運営の惣代が頼み証文で委任されることが広くみられた。ことに一九世紀の特徴は、ここでみるように頼みにともない明確な報酬の規定が充実し、近代の委任契約的側面が強くなることであった。近代法では、委任は他人の特殊な経験・知識・才能などを利用する制度といわれるいっぽうで、無償を本則として有償をさまたげないとされる。無償を本則とするのは、ローマ法で一定の裁量権をゆだねられた知的業務は、代償にふさわしくないとされたからで、近代では社会が複雑になるにしたがって成長した委任業務を位置づけるために有償をさまたげないという規定をしたのである(6)。頼み証文では、当初費用負担の約束はあることが多いが、一定の金額を定めることはみられなかった。それが一九世紀の関東の頼み証文には普通にあらわれるようになり、このような報酬をともなう請負的性格の頼み証文へ発展していった。とくに専門的管理能力を要求される助郷惣代や用水組合惣代の場合はよくみられ、請負条件を定めた議定一札と頼み証文を合体させた頼み議定証文という名称のものもあらわれた(7)。

二　人の移動と村のネットワーク

村では、地域と同様に村役人の就任や訴願惣代の選出にあたって頼み証文が多く作成された。一九世紀には、百姓一揆の訴願闘争や村方騒動の惣代、村役人の交代などで頼み証文が普通につくられるようになった。図1で頼み証文件数と地域型の頼み証文件数の動向を示したが、両者の間の領域は村内でおこなわれた頼み証文で、その中心は訴願惣代や村役人の交代にともなう頼み証文であった。この点で、基本的性格が変わらないことは、確認しておかなければならない。しかし一九世紀になると、頼み証文が村の日常事務処理に利用されることもみられるようになり、そこに新しい状況が反映されていることが注目されるので、以下その局面にかかわる頼み証文を紹介してみたい。

文化一〇年（一八一三）四月、江戸の町人川島屋は、使用人の行き倒れにあたって、次のような頼み証文を出している(8)。

相頼申一札之事

一、我等召抱長兵衛死骸之義、何れ之御寺え成共取置致度候間御世話頼入申候、勿論別紙寺証文も持参致候間、此死骸ニ付何方より後難等決て無御座候、為後日之頼一札、依て如件、

文化十年酉十月廿一日　江戸横山町弐丁目

家主川島屋

甚兵衛　㊞

（親類一名省略）

根木名村
大和村
御役人中

この頼一札にはもう一通、書止めに「引取一札」とされた文書が添えられている。引取一札は下総国匝瑳郡大田村へ使用人を遣わしたところ、途中で病気となり、看護を受けたが養生の甲斐なく死亡したことを知らされた。早速「罷越」て死骸をあらためたが、病死にまちがいなく、たしかに引き取ったので後難はかけないとしている。その上で、この頼一札では、死骸を寺院に埋葬する世話を依頼しているのである。頼一札では、使用人の「寺証文も持参致」としているが、おそらく、川島屋は現地にはゆかず、引取一札、頼一札、寺証文の三つをもたせて別の使用人にゆかせたか、あるいは飛脚に託してことの処理にあたったのであろう。村側は行き倒れ人が病死したような場合、身元に知らせて、確認をさせるが、身元でも人を派遣するのがむずかしいことが多く、頼一札で事態を処理したのである。(9)

この場合は、川島屋という町人から村へあてられたものであるが、頼一札が村から村へ出されることもみられる。たとえば文政一〇年（一八二七）八月、下総国香取郡金江津村名主が奥書して滑川村村役人へあてた一札は次のようである。(10)

相頼申一札之事

□百姓勘右衛門夫婦幷同人母親儀実体□共ニ候共困窮罷有候ニ付、農業渡世之間□御村方ニ煙草商売仕度様願出候ニ付、何卒□方ニ御差置被下度奉存候、尤同人儀其御村□等不相守候歟、何事ニよらず悪事之□も致し候ハハ御沙汰可被下候、早速□可申候、其外何様之変事出来仕候共□村方ニ少も御苦難相掛申間敷候、

依之□□申一札、如件、
文政十年亥ノ八月
組合惣代　勘右衛門㊞
清兵衛　㊞
滑川村
御役人中
□書之通相違無御座候間奥印仕候、以上
金江津村名主　猶　蔵　㊞

この金江津村と同郡滑川村は、利根川を挟んで対岸にあたる村である。農間稼ぎに煙草屋をするために滑川村に移りたいという百姓のためにこの証文が作成された。一札では移住したいという百姓や組合惣代が差出者となっているが、本文の内容構成は金江津村の名主が移住をのぞむ百姓の身柄を保障し、滑川村役人に円滑な事務処理を頼んでいるものである。檀那寺の出す宗門一札に添えられる人別送り状の変形のようにも見受けられるが、人別送り状にある宗門を除いて異動先の村の宗門に入れてほしいという文言はない。農間渡世とはいうものの、店をかまえて通うだけならば、「夫婦幷同人母親」とか「御差置被下度」などという必要はなく、移住を前提としていると考えられるから、宗門一札や人別送り状とは別にこの一札が出されたのであろう。あるいは近村なので正式な人別の移籍をしないで、この頼み証文でことを済まそうとしたのかもしれない。同様な頼み証文はほかにもある。文久四年（一八六四）三月武蔵国秩父郡下三沢村の名主が同郡金崎村にあてた一札は、次のようである[11]。

御頼ミ申一札之事

一、当村百姓角蔵当子ノ五拾壱歳罷成候者幷女子せん当子ノ十才ニ罷成候処、当村方広太郎其御村方要蔵殿右両人口入を以、其御村方百姓長次郎殿方え親類之由身を以御頼ミ候処実正ニ御座候、依之当村宗門人別帳相除申

候間、其御村方宗門人別帳ニ御加入可被下候、
右倅角蔵宗旨之儀者当村真言宗正光寺旦那ニ紛無御座候、為念一札如件、
文久四甲子年三月
松平下総守領分
同州同郡下三沢村
兼帯名主　十八郎　㊞
金崎村　宮前佐右衛門様

こちらは下三沢村の名主が自村の百姓一家の転居手続きを金崎村の名主に依頼しているものである。倅といっているので、兼帯名主の倅ということだろうか。「頼ミ申一札」とはいうものの中身は宗門送り状といってよい。村によって表現に差があるが一札とか送り一札とでも書き出せばそれで、宗門送り状として通用するものである。しかしこの場合、そうせずに「御頼ミ申一札之事」という事書をあたえており、依頼の意思を強調している。本来なら、宗門送り状と頼一札を別にすべきところを一通で済ませてしまおうということであろうか。頼み証文が一般化するなかで、いままでなら他の証文様式であらわされた文書にまで、その文言が浸透していったためこのような形式になったのであろう。村から村へ手続き業務を依頼する場合、相互に上下関係がないので願書や届書という形式ではおさまりが悪い。かといって一札では依頼の意思がつたわりにくい。そうしたときに頼一札という文書表現はよく適合していたといえるかもしれない。

近世後期になって、村をこえた人のかかわりが多くなり村と村の連絡業務が密接になるなかで、相互に依頼を確認したり、依頼の意思を丁寧に表現する必要が生じたことが、頼み証文が日常業務の局面に広がっていった一因であった[12]。そのありかたは、広域な人びとのかかわりの広がりにともなうできごとに、村が行政的に対応してゆくもので、領域的ではなく、ネットワーク的なものであった。この点で前章で検討した村と村との取り結ぶ地域結合とは連動し

つつ、ことなる位相を示しているのである。

三　民衆社会と文書形成

頼み証文の出現は、近世の小百姓的村の成長のなかでおこなわれた。その意味で頼み証文は発生の当初から民衆的基盤をもっていた。しかしそれは個別の百姓が個別の問題について頼み証文を作成するというものではなかった。頼み証文としてあたえられた枠組みは、村の結合であることが一般であった。これにたいし一九世紀になると、人びとが個別に文書形成に参加することが飛躍的に増加した。こうしたなかで、頼み証文も村の枠組みをこえて、個々の民衆レベルで作成されるようになった。

頼み証文は、依頼・委任を文書化したものであるから、民衆レベルでも、その必要が発生したところにあらわれる。死後の後事を託する一札や詫びの依頼の一札などは、内容からいって頼み証文の形式に近く、一九世紀になり頼み証文の形式が知られるようになれば、頼み証文として表現されることがあった(13)。また請負契約も頼み一札とされた事例がある(14)。さまざまな依頼が頼み証文にされるので、一定の場合に限らないと考えられるが、一例として、水車設置の頼み証文をあげておこう(15)。

相頼申一札之事

一、此度貴殿之御村内ニ水車壱ケ所相仕立御座候ニ付、其御村郷右衛門殿之名前ニて願書之処相頼度申上候、

文政八年酉二月廿七日　　　前沢村　清右衛門

倅　卯之助

小山村　郷右衛門殿

文政八年（一八二五）二月に武蔵国多摩郡小山村に水車設置を計画した同郡前沢村の百姓が、小山村の百姓に名義を借りることになり、頼みの一札を出している。江戸廻りには鷹場があり、水車の設置には規制があった。他村のものが水車設置を願えば許可されないことも考えられる。また村との関係も用水などの問題が絡んで複雑であった。このため村内のものを代人として出願することになったのであろう。そこで依頼されたものが頼まれたことを確認するために一札をとったのである。背後には、出願の礼金などもあるのであろうが、そのことはふれられていない。名義の貸し借りであるので、表向きにできない証文ではあるが、名義を貸した側は問題の起きたときに備えて一札をとっておく必要を感じていたのであろう。

こうした頼み証文は、他の証文形式であらわされることもあり、頼み証文として定例的に使用されたわけではない。これにたいし、定例的に使用されたと考えられる場合もみられる。つぎの証文は、粟田御殿名目金（青蓮院名目金）の借用を頼んだ一札である。(16)

　　頼一札之事

粟田御殿様御貸附金之内御金四両奉願拝借仕度、依之身元見届ケ之上、御貸附相成候様奉願候、且返納之儀は、被仰付次第、聊無遅滞返納可仕候間、何卒右願之通り、御聞済被下置候様、偏ニ奉願候、以上、

常州河内郡寺田村

　安政三辰十月　　拝借人　治右衛門㊞

　　　　　　　　　組合　　七郎右衛門㊞

　　粟田御殿　御用達

　　　五郎左衛門殿

この証文の宛所の五郎左衛門は、粟田御殿名目金の取扱人になった。粟田御殿とは、京都の青蓮院門跡のことであ

る。寺社名目金は寺社修復などの名目で、資金を貸し付けることを幕府から認められ、債権を保護されていた。このため在村の豪農などが差加金を提供して、貸し付けに参加した。この五郎左衛門もそうした人物の一人であったが、彼はここでは、粟田御殿名目金の管理者として、借用をのぞむ百姓から、仲介を頼まれる立場に立って、頼み証文をとっているのである。これにより依頼された形式が確認され、貸し付け業務が開始される申請書的役割をはたした。こうした証文は、安政三年（一八五六）一〇月で一二通残っており、粟田御殿名目金貸し付けの手続き文書の一つとしておこなわれたことがわかる。

仲介者への頼み証文が定例化され一定範囲で使用されていることが明らかな事例は、飯盛女の奉公にともなう頼み証文である。そのひな形を示そう。(17)

相頼申一札之事

一、此誰と申女子ハ我等娘ニ候所、不如意ニ付、道中旅籠屋食盛女奉公ニ差出度存候得共、我ら共方ニ可然奉公口無之難渋之折柄、幸貴殿は旧来之懇意ニ付、右奉公□世話致呉候様達て御頼申入候所、御承知被下、此度何国何宿旅籠屋誰殿方本紙証文之通被遊被下、則請状之上右給金我等共方え不残慥ニ請取申候所実正ニ御座候□然上は右女子ニ付、故障等申もの壱人も無之、若彼是申候もの御座候ハヽ、我等共何方迄も罷出埒明貴殿へ聊御苦労相懸申間敷候、為後日差出申頼一札、仍如件、

――――　　　　　　　　　　　　　　　　　　――――

人主――――

――――

請人――――

――――

誰殿

これは下総国相馬郡取手宿の宿役人が参考のために写していたものである。内容は飯盛女の奉公に入れようとしたところ、奉公先がなくて難渋したが、懇意の人物が仲介に立って、無事奉公がかない、給金も全額受け取ったとして、後日のため頼み証文を入れるとある。この文章では、頼んだ事柄はすでに達成されているようにみえ、あらためて頼み証文を出す理由がわかりにくくなっている。しかし下野国都賀郡大沢宿には、嘉永四年（一八五一）から元治二年（一八六五）まで実際に使用された頼み証文が一二点残っており頼みの内容がわかる。(18) 大沢宿では飯盛女の奉公には、宿請人が要求されたようで、飯盛女の親元などから宿請人にあてて頼み証文が出されていた。飯盛女の給金は高額で、病気など事故も予想されたことから、宿請人の保障が必要とされたのである。頼み証文には国元が遠いので、奉公に入った後の問題の処理を頼む旨の文言がある。頼み証文は奉公人請け状に添えられて、奉公先の旅籠屋に渡されており、同日付の奉公人請け状と頼み証文がセットで残されている。このように下野・常陸地域の宿駅では、飯盛女の奉公に頼み証文を添えることが定例化していたため、飯盛女に関心をもった取手宿役人がひな形を写し取ったのであろう。

頼み証文の使用が定例化したことが確認できるもう一つの事例は、医師の治療にともなう頼み証文である。文化一二年（一八一五）五月、武蔵国比企郡伊子村の百姓が、志賀村の医師にたいして差し出した頼み証文は、その早いものである。(19)

差出申一札之事

一、当十六日夜五ツ半時秀蔵儀不斗及刃傷候ニ付、親類組合村役人立合、相談之上、貴医様方え療治御頼申上候、然ル上は、右手負人養生不相叶、落命仕候共、少も貴医様方え御恨申間敷候、若万々一此儀ニ付、御公宜(儀)ニ相成候共、諸入用差出少も御苦労相懸ケ申間敷候、為念一札、仍て如件、

文化十二亥年五月十七日　　伊子村手負人秀蔵

名主竜五郎

組頭　七郎右衛門

（親類・五人組・四名省略）

親　甚右衛門

志賀村

多田元佐様

横田貞保様

（裏書）
「医師療治頼一札　五月十七日書く」

伊子村で刃傷事件があり、その手負人の治療を頼んだ一札である。養生がかなわないで死亡しても医者を恨まない、公儀沙汰となっても迷惑をかけないということを約束している。文書には、表記はないが、裏書に「医師療治頼一札　五月十七日書く」とあり、この文書を作成した人物が「頼一札」を書いたという認識をもっていたことがわかる。医者が困難な治療に取り組んだときに、治療が成果をあげず、患者が死にいたることもあるが、このさいに遺族の批判に当面することもある。場合によっては、訴訟沙汰になることも考えられる。また刃傷事件はそれ自体犯罪に関係しており領主側から究明されることも予想される。これらの事態をあらかじめ回避するために、頼み証文をとっておくことは、有効な対策であったろう。武蔵国葛飾郡大川戸村の医師良斎家の初代医師良斎は、文化九年（一八一二）生まれで、慶応二年（一八六六）に死去したが、文政期には漢方医を開業していた[20]。この良斎家には、天保六年（一八三五）から慶応元年（一八六五）までの医療の「頼一札」が二六件残されている。そのほとんどが「疪」の治療で、容態が心配されるときには、頼み証文をとっておくのが例だったとみられる。こうした対処法は、近代にも引き継がれた。二代目貞斎時代の明治一五年（一八八二）から明治三六年（一九〇三）まで治療についての「依頼証」が九件残っている。当然、これらは現在の手術の承諾書に系譜的にはつながるものだったといえるであろう。

以上、一九世紀になると民衆の個人レベルで頼み証文が作成されるようになり、書式が定例的に使用されるものもあらわれた。これらに共通している特徴の一つは、村という枠組みにとらわれない、それぞれの個別的契約関係として頼み証文を作成したことである。この点で、その担い手は百姓的というより、民衆的存在とすることが適当であろう。またもう一つは頼みを確認することにより、差出者がその頼みに拘束されてゆくということであった。ここでの頼み証文はそのことを期待して作成されており、頼んだ相手の行動を規制する側面は弱かった。相互に対等な契約というより、依頼・依存という側面が表にでているといえる。この点が地域型の業務委任の頼み証文との大きなちがいであった。頼み証文の成立と展開は、「頼み」を「証文」にあらわすことで、頼むものが頼まれるものへの人格的依存から解き放されてゆく側面をもった。それは地域に広がり、いっそうの深化をみたが、その枠組みは村および村むらという社会集団あるいは社会的結合を媒介にしたもので、個々の民衆レベルに展開したときは、ことなった様相を示したのである。もちろん民衆が文書形成に参加し得るようになったこと自体は、新しい展開ではあった。医療の頼み証文についてみると、頼み証文の対象に想定されているのは、医者の治療に従順にしたがう民衆ではなく、その治療を監視し、抗議する民衆である。この点で、民衆の自立のあらわれでもある。しかし一方で頼み証文を媒介に依存関係に編成されてゆく側面を避けることはできなかった。それは文書による新しい自立—依存関係であり、契約社会の不可避の側面であったととらえられるのである。

おわりに

以上、一九世紀の頼み証文にあらわれた新しい傾向を検討した。この時期、地域では地域型の頼み証文が増加し、報酬をともなう業務委任の契約的側面を強めていった。また村では、村をこえた人のかかわりの展開にそって、村と村がネットワーク的に結ぶ業務が増加し、そこに頼み証文が使用されるようになった。いっぽう従来の村や村むらという頼み証文の枠組みだけでなく、民衆が個別に頼み証文作成にかかわるようになった。このこと自体は民衆の自立の成果ではあったが、それゆえにいっそう頼み証文は、頼んだ側がそのことで依頼・依存に制約されるという側面が強くあらわされるものとなった。それは文書による新しい自立—依存関係として展開したといえるものであった。

一九世紀の頼み証文のあらたな展開は日常的には地域では、地域管理業務の蓄積が専門性を帯びてきたことにともなう業務委任の展開を、村では、村をこえた人のかかわりの増加にともなう村と村の行政事務の深まりを背景にしていた。地域社会の公共的（行政的）機能の深化のなかに頼み証文が展開したといえる。いっぽう民衆レベルでの使用は、人びとを依頼の文書による契約化という新しい自立—依存関係へ編成する方向のなかに展開した。それは前者の公共的秩序形成に対応する、私法的秩序の形成を意味した[21]。一九世紀の頼み証文にあらわれた新しい事態はそのような重層構造を映し出していると考えるのである。

（1）頼み証文は、藪田貫が畿内国訴の代表委任の制度を検討するなかで、「発見」したものであった（同『国訴と百姓一揆の研究』校倉書房、一九九二年）。その後の著者の検討の成果は、本文に記述した通りである。なおこれにかかわる論文は本書各章に収録した。

（2）『関東御式目』一九条（池内義資編『中世法制史料集別巻』、岩波書店、一九七八年）四二頁。

（3）この点については、「頼み証文と地域社会」（本書第七章）として別稿を準備しているので、ここでは立ち入らないことにする。さしあたっては『近世の百姓世界』（吉川弘文館、一九九九年）参照。

（4）本書第七章・表9より作成。

（5）『越谷市史』続史料編二（越谷市教育委員会社会教育課、一九八二年）四六頁。

(6) 我妻栄『債権各論』中巻二(岩波書店、一九六二年)六五三、六五八―六五九頁。

(7) 文化四年(一八〇七)八月の武蔵国埼玉郡西袋村で名主役の就任に「入置申議定証文之事」という事書のある文書を、書止め部分で「頼ミ一札入置申候」と表現して、頼み証文と議定の混同(相互浸透)が生じていることが認められるものを初見として(『八潮市史』史料編近世二、八潮市史編さん委員会、一九八七年、二二一―二二三頁)、文化七年(一八一〇)三月の相模国高座郡羽鳥村で村入用の借用を頼むのに「御頼申議定連印証文之事」と事書があり、書止めに「頼証文」の明示のある文書があらわれる(『藤沢市史』二巻、藤沢市史編さん委員会、一九七三年、六九―七二頁)。さらに文化九年(一八一二)一二月に武蔵国足立郡下谷塚村外三九カ村が宿助郷惣代に「議定頼証文之事」という事書の証文を出しており(『草加市史』資料編二、草加市史編さん委員会、一九八九年、二六八―二七二頁)、文化期に相次いで、頼み議定証文が作成されるようになったことがうかがえる。拙稿「頼み証文の様式と機能」(前掲)の頼み証文データベース参照。

(8) 『富里村史』史料集一、近世編(富里村史編さん委員会、一九七八年)六七頁。

(9) 天保一三年(一八四二)八月の武蔵国橘樹郡長尾村での行き倒れ人処理の頼み証文は、親族の江戸町人が「遠方」なので引き取りにゆけないとして、村方での埋葬を頼んでいる(川崎市長尾井田太郎家文書、状三三)。柴田純「行旅難渋者救済システムについて」(『史窓』五八、二〇〇一年)、同「近世のパスポート体制」(『史窓』六一、二〇〇四年)。

(10) 『下総町史』近世編史料集二(下総町史編さん委員会、一九八七年)一〇九頁。

(11) 『皆野町誌』資料集一、近世文書(皆野町誌編集委員会、一九八〇年)一六三頁。

(12) 早いものでは、村人の買受地の年貢処理を頼んだ天明六年(一七八六)三月の丹波国天田郡額田村から井田村庄屋へあてた「御頼申一札之事」という文書がある(衣川栄一編『福知山領井田村水上家文書』二、一九七二年、四八頁)。頼み証文の認識が十分確立していない時期に、自然発生的に表現が生まれたものの一つと考えられる。一九世紀では、文化一〇年(一八一三)四月に武蔵国葛飾郡川妻村のものから埼玉郡葛梅村役人・組合にあてられた勘当人の帰住を頼んだ一札は、書止めを「頼一札」としている(『鷲宮町史』史料二近世、鷲宮町、一九八一年、五二八頁)。また明治四年(一八七一)一一月上総国夷隅郡下植野村から同村が属した第九大区戸長へ江戸へ出ていたものの帰住手続きを「御頼一札」として提出している(拙稿「頼み証文の様式と機能」(前掲)の頼み証文データベース参照)。

(13) たとえば、文化一二年(一八一五)四月摂津国豊島郡上止々呂美村の百姓は「死後頼一札之事」として、死後の年回忌を依頼している（『箕面市史』史料編四、共有文書諸家文書、箕面市史編集委員会、一九七〇年、二四四―二四五頁）。また天保一二年（一八四一）に美濃国山県郡岩滝村の村方騒動で百姓が出した詫びを入れることを頼んだ頼み証文は「御詫御頼申一札之事」となっている（青木虹二・保坂智『編年百姓一揆史料集成』第一六巻、三一書房、一九九一年、六―七頁）。

(14) 弘化四年（一八四七）八月の若狭国下中郡田烏浦永源寺らが本堂普請で大工にあてた一札は「本堂普請頼一札之事」となっている（『小浜市史』諸家文書編三、小浜市史編纂委員会、一九八一年、六六七―六六八頁）。

(15) 『東久留米市史』史料（東久留米市史編さん委員会、一九七八年）二三四頁。

(16) 茨城県竜ケ崎市千秋、塚本太一郎家文書、一〇三番。拙著『江戸地廻り経済と地域市場』（吉川弘文館、二〇〇一年）五章参照。

(17) 茨城県取手市、染野修家文書、番号一九一八―一四〇二。

(18) 栃木県今市市大沢町、町田清家文書、番号三九など。飯盛女の出身地は同宿では越後が多かった。ほかに実物は未見であるが、下野国都賀郡合戦場宿には嘉永期の「年季頼一札」が「奉公人年季証文」とともに六点あり（栃木県立文書館『栃木県史料所在目録』第二四集、一九九四年、小平道彦家文書）、また同郡石橋宿で文政元年（一八一八）の「相頼申一札之事」があることが判明している（栃木県立文書館『栃木県史料所在目録』第二二集、一九九二年、伊沢光三郎家文書）。なお宇佐美ミサ子『宿場と飯盛女』（同成社、二〇〇〇年）にはふれられていないので、同書の対象とした相模方面には頼み証文の利用はみられず、常陸・下野方面に限定されるとも考えられる。

(19) 『滑川村史調査史料』第三集（滑川村史編さん室、一九七九年）一九三―一九四頁。寛政一二年（一八〇〇）七月の上野国利根郡岩室村の「入置申一札之事」は頼一札などの明示はないが、書止めに「御療治頼上奉存」とあり、医師への事実上の頼み証文となっている（『新編白沢村誌』資料編、白沢村誌編纂委員会、二〇〇三年、一〇一頁）。

(20) 埼玉県立文書館『収蔵文書目録』第四三集、小池氏収集文書・小林（正）家文書目録、二〇〇四年、一三〇、一四九―一五〇、一九〇頁。本論作成段階では、整理中のため未公開で、現文書は確認できなかったが、解説および目録で読み取れる範囲でも医療の手続き文書として定例化しているのは明らかである。

(21) この事実は、巨視的には国家と市民社会の分離のなかで、村の枠組みが溶解してゆくことを意味しているが、それはあくまで新しい事態を摘出した場合のことで、頼み証文全体の趨勢としては、この時期、村内型の頼み証文はなお中心的比重を占めていたことは、冒頭で強調した通りである。

付記　本論の表や頼み証文件数については、現状にあわせて訂正した。本論については、細野健太郎「十九世紀における頼み証文と地域医療」（『立正史学』九七号、二〇〇五年）が武蔵国比企郡伊子村の頼み証文の成立事情などについて立ち入った検討をおこなっている。その上で細野は療治の頼み証文は刃傷沙汰という治安的なもので、この面で村のものであると拙稿を批判している。細野の検討で頼み証文の背景の理解が深まったことには感謝したい。事実関係は細野と拙論にとくにちがいはなく、その把握で細野は村に力点をおいて理解している点でことなっている。たしかにこの頼み証文についてはそうした側面が強かったことは理解できる。しかしそれでは村という枠組みが意味をなさなくなった明治以降、療治の頼み証文が作成されつづけて、手術の承諾書的な意味をもったことは理解できない。また近世後期には刃傷沙汰以外にも療治の頼み証文が作成された。参考までに甲斐国都留郡下鳥沢村の頼み証文をあげよう（『山梨県史』資料編一一、在方Ⅲ、山梨県、二〇〇一年、五八八頁）。

相奨（ママ）申一札之事

一、当廿四日より□八儀、少々風邪ニて相勝不申候処、尤常々持虫有之故、貴殿御頼申候処、早速御出被下、御見症被成下忝奉存候、然ル上は御療治中、若哉変症出候共、其御元様御恨申上間鋪候、且此一件ニ付、御検使御出役之上、万一
公辺え被御召出候共、御難渋之義無之様引受可取計候、且諸雑用等も無差支可差出候、為後日親類・組合加印仕、御頼一札差上候処、依て如件、

安政五午年三月　　下鳥沢村

組合　彦兵衛　㊞

親類　茂　助　㊞

同村　秀益殿

ここでは風邪と持虫の治療に頼み証文が作成されていることがわかる。親類・組合が一札を出しているので、病人は独り身の百姓であろうか。医者は同村のものなので、患者のだいたいの事情を知っていたであろう。いずれにせよ風邪という個人的な問題でも頼み証文が作成されており、この点にまで村がかかわったとは考えにくい。この場合、医師が心配するのは、病状が悪化

した場合の親族との紛争であり、これが公権力とのかかわりで問題になることである。これが刃傷沙汰の場合は、近世では村は治安維持機能を公儀からまかされている面があるし、村の自治の上でも、村が関与する面はあろう。しかし通常の病気の場合、家族・親族と医師との間で問題は処理されたと考えてよい。したがって療治の頼み証文は私法的側面に広がっていたと判断している。なおこの頼み証文の文言の整い方をみると、この医師は日頃から療治の頼み証文をとる習慣があったのではと思える。細野の検討は一定の有効性はあったが、それだけに問題がとどまるものではないという点で、本論の視点を変更する必要はなかった。

あとがき

ミッシングリンク。どこか謎めいた響きをもつこの言葉を知ったのは、高校時代のことであった。何百万年も前の失われた環＝ミッシングリンクを求めて、アフリカの荒野をさまよう。それは報われない何かを探し続ける行為のように思えた。たとえ何かが見つかっても、それで終わりではなくつぎの環が求められる。結局、途方もなくあてどのない行為なのではないか、そんな気がした。歴史学というものは、そういうものなのだということが、まだ思いもつかなかった遠い昔のことである。

本書の研究には多くの人々との出会いがあり、不思議な機縁が道を開いてくれた。本格的に着手するきっかけになったのは、一九九四年の日本史研究会の大会報告を引き受けてからである。その前年に当時日本史研究会の若手であった岩崎奈緒子さんらと喫茶店で話したのがきっかけとなって、翌年になって大会報告の依頼を受けた。報告準備では、水本邦彦さん、大島真理夫さんらに大変お世話になった。報告の後の飲み会では、水本さんをはじめ藪田貫さん、平川新さん、杉本史子さんらと一九七〇年代によく言われた自立と連帯ということについて語り合ったのも印象に残る思い出となっている。すこし荷が重いとも思ったが、本書の題名も結局、そこに落ち着いた。

それからまた図書館で頼み証文の探索がつづき、折々集約する作業をおこなって論文とした。この間、飛躍的に充実した自治体史の史料集が大きなささえとなった。そこから一つ一つ頼み証文を抜き出して整理する作業を続けた。頼みが証文になるとき、頼み証文の呼称の生まれるときをもとめて探しつづけたが、際限のないことであった。はじめから分かりきったことなのに、やってみなければ気が済まないのが悪い癖である。どこまで埋められたか、心許ないが一度まとめておきたいと思って出版に踏み切ることにした。頼み証文のデータベースは紙数の関係で収めることができなかった。他日を期したい。

最後に論文を書く機会をあたえて下さった多くの方々や史料所蔵者の方々、図書館など関係諸機関の方々に心からお礼を申し上げたい。

本書の編集にあたっては、山本徹さん、木村素明さんにお世話になった。また高木宏さんには富山大学で偶然お会いしたのが縁で、本書の出版にあたって相談にのっていただくことができた。記してお礼を申し上げたい。

二〇一〇年九月

白川部達夫

※本書の刊行には、独立行政法人日本学術振興会平成二二年度科学研究費補助金（研究成果公開促進費）および東洋大学・井上円了記念研究助成金の交付を受けた。

初出一覧

序　章　日本近世の自立と連帯——頼み証文研究の視座（新稿）

Ⅰ　中近世移行期の頼みと義理・公儀

第一章　民衆の社会的結合と規範意識——頼みと義理（岩田浩太郎編『新しい近世史』五・民衆世界と正統性、新人物往来社、一九九六年）

第二章　戦国期の社会的結合と公儀形成（原題「戦国期の頼みと公儀」『東洋学研究』四四号、東洋大学東洋学研究所、二〇〇七年）

Ⅱ　頼み証文の成立と構造

第三章　近世の百姓結合と社会意識——頼み証文の世界像（『日本史研究』三九二号、一九九五年）

第四章　頼み証文の様式と機能（『東洋大学文学部紀要』五六集史学科篇二八号、二〇〇三年）

Ⅲ　百姓的世界の展開と頼み証文

第五章　寛永期の庄屋と百姓結合（原題「初期頼み証文の成立についての覚書」竹村牧男編『東洋思想における個と共同体の関係の探求』東洋大学東洋学研究所内プロジェクト平成一六年度研究報告、二〇〇五年）

第六章　元禄期の村と頼み証文（大野瑞男編『史料が語る日本の近世』吉川弘文館、二〇〇二年）

第七章　頼み証文と地域社会（『東洋大学文学部紀要』五九集史学科篇三一号、二〇〇六年）

第八章　頼み証文と民衆社会（『歴史評論』六五三号、二〇〇四年）

索　　引

さ　行

や　行

ら　行

わ　行

著者略歴

1949 年　北海道に生れる.
1972 年　立正大学文学部卒業.
1978 年　法政大学大学院人文科学研究科単位取得満期退学.
1994 年　博士号（文学）取得.
現　在　東洋大学文学部教授.

主要著書

『江戸地廻り経済と地域市場』（2001，吉川弘文館）
『近世の百姓世界』（1999，吉川弘文館）
『日本近世の村と百姓的世界』（1994，校倉書房）
『村の身分と由緒』（共編著，〈江戸〉の人と身分 2，2010，吉川弘文館）
『近世関東の地域社会』（編著，2004，岩田書院）
『近世社会と知行制』（共編著，1999，思文閣出版）

日本近世の自立と連帯
——百姓的世界の展開と頼み証文

2010 年 10 月 8 日　初　版

［検印廃止］

著　者　白川部達夫《しらかわべたつお》

発行者　財団法人　東京大学出版会
代 表 者　長谷川寿一
113-8654　東京都文京区本郷 7-3-1 東大構内
http://www.utp.or.jp/
電話 03-3811-8814　FAX 03-3812-6958
振替 00160-6-59964

印刷所　株式会社平文社
製本所　誠製本株式会社

ISBN 978-4-13-026223-1　Printed in Japan